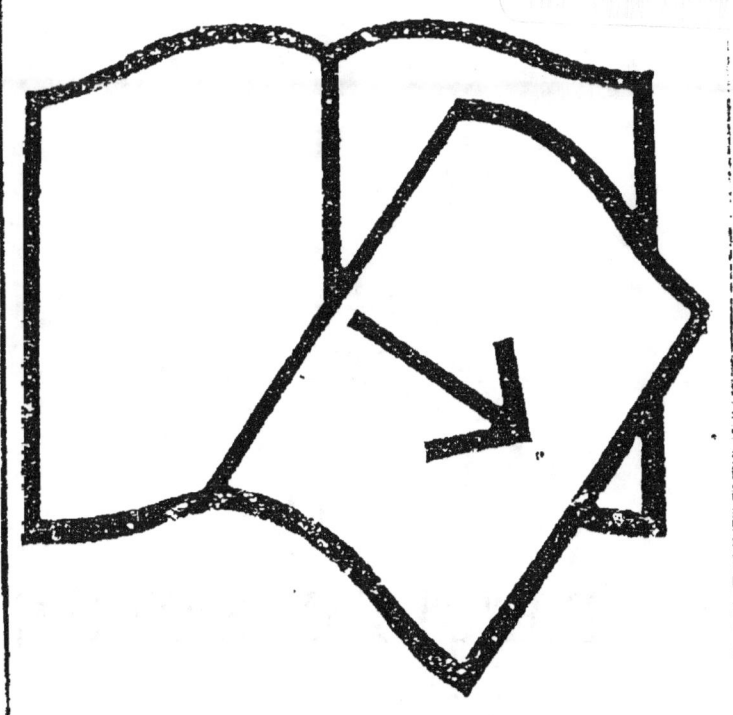

Couvertures supérieure et inférieure manquantes

# LA
# PETITE SŒUR

# OUVRAGES DE HECTOR MALOT

## COLLECTION GRAND IN-18 JÉSUS

### ROMANS

| | |
|---|---|
| LES VICTIMES D'AMOUR : LES AMANTS..................... | 1 vol. |
| — — LES ÉPOUX..................... | 1 — |
| — — LES ENFANTS..................... | 1 — |
| LES AMOURS DE JACQUES............................. | 1 — |
| ROMAIN KALBRIS..................................... | 1 — |
| UN BEAU-FRÈRE..................................... | 1 — |
| MADAME OBERNIN..................................... | 1 — |
| UNE BONNE AFFAIRE................................. | 1 — |
| UN CURÉ DE PROVINCE............................... | 1 — |
| UN MIRACLE........................................ | 1 — |
| SOUVENIRS D'UN BLESSÉ. — SUZANNE................... | 1 — |
| — — MISS CLIFTON............ | 1 — |
| UN MARIAGE SOUS LE SECOND EMPIRE................... | 1 — |
| LA BELLE MADAME DONIS............................. | 1 — |
| CLOTILDE MARTORY.................................. | 1 — |
| LE MARIAGE DE JULIETTE............................ | 1 — |
| UNE BELLE-MÈRE.................................... | 1 — |
| LE MARI DE CHARLOTTE.............................. | 1 — |
| LA FILLE DE LA COMÉDIENNE......................... | 1 — |
| L'HÉRITAGE D'ARTHUR............................... | 1 — |
| L'AUBERGE DU MONDE : LE COLONEL CHAMBERLAIN... | 1 — |
| — — LA MARQUISE DE LUCILLIÈRE. | 1 — |
| — — IDA ET CARMELITA.......... | 1 — |
| — — THÉRÈSE................... | 1 — |
| LES BATAILLES DU MARIAGE : UN BON JEUNE HOMME.. | 1 — |
| — — COMTE DU PAPE....... | 1 — |
| — — MARIÉ PAR LES PRÊTRES. | 1 — |
| CARA............................................. | 1 — |
| SANS FAMILLE..................................... | 2 — |
| LE DOCTEUR CLAUDE................................ | 2 — |
| LA BOHÈME TAPAGEUSE : RAPHAËLLE................... | 1 — |
| — — LA DUCHESSE D'ARVERNES.. | 1 — |
| — — CORYSANDRE.............. | 1 — |
| UNE FEMME D'ARGENT............................... | 1 — |
| POMPON........................................... | 1 — |
| SÉDUCTION........................................ | 1 — |
| LES MILLIONS HONTEUX............................. | 1 — |

### ÉTUDES

| | |
|---|---|
| LA VIE MODERNE EN ANGLETERRE..................... | 1 — |

F. Aureau. — Imprimerie de Lagny.

# LA PETITE SŒUR

PAR

HECTOR MALOT

TOME SECOND

SIXIÈME ÉDITION

PARIS

E. DENTU, ÉDITEUR
LIBRAIRE DE LA SOCIÉTÉ DES GENS DE LETTRES
PALAIS-ROYAL, 15-17-19, GALERIE D'ORLÉANS
—
1882
Droits de traduction et de reproduction réservés

# LA PETITE SŒUR

## TROISIÈME PARTIE

### I

Le succès de Geneviève avait été assez grand, assez bruyant, pour réaliser les espérances de gain conçues par sa famille.

Elle avait été demandée dans quelques salons, et, grâce à la publicité que Faré lui avait faite, allant dans tous les journaux, disant un mot ici, glissant une petite réclame là, la recommandant aux uns, la vantant aux autres, elle s'était trouvée à la mode. « Nous aurons la petite Mussidan ».

Et, quand « la petite Mussidan » avait joué quelque part, c'était le lendemain de nouvelles démarches de Faré pour célébrer ses triomphes. On eût été assurément moins facile pour une jeune fille de talent, si grand qu'eût été ce talent, qu'on ne l'était pour une enfant.

Mais les espérances qui ne s'étaient pas réalisées

c'étaient celles de Geneviève même : on n'avait point eu à faire faire de belles robes pour madame de Mussidan, car ce n'était point la mère qui accompagnait la fille, c'était le père.

La place de « la comtesse » n'était pas dans le monde ; elle n'eût pas su s'y présenter, ni surtout y représenter ; avec elle le nom des Mussidan eût été compromis, et puis, considération non moins importante, elle eût perdu du temps. Puisque c'était à elle qu'il appartenait de subvenir aux dépenses de la maison, on n'allait pas changer ces habitudes prises. Continuer de travailler n'est pas dur ; ce qui est pénible, c'est de commencer. Mieux valait la laisser à sa besogne.

A chacun sa tâche : tandis que la mère travaillait à la maison pour les besoins de la famille, le père prendrait sur son sommeil pour conduire sa fille dans le monde, où il se présentait non en père d'artiste, mais en gentilhomme, ce qui était utile à l'enfant.

La première maison où Geneviève avait paru avait été celle de la marquise de Lucillière, et ce début avait été très habilement choisi pour la lancer, car la marquise, à l'affût des curiosités et des personnalités en évidence qui pouvaient jusqu'à un certain point remplacer l'entrain, la jeunesse et la beauté que l'âge lui avait enlevés, avait l'un des salons les plus en vue du Tout-Paris élégant, et c'était être à la mode que d'être reçu chez elle. C'était par l'entremise de Faugerolles, sollicité par Sébastien, que cette exhibition avait été arrangée ; et comme madame de Lucillière n'avait rien à refuser à son couturier, le maître de sa vie, elle avait accepté de montrer ce petit prodige à ses amis et elle avait promis de lui donner deux cents francs.

Quand M. de Mussidan, accompagné de Geneviève était arrivé à l'hôtel de Lucillière, il ne s'était point présenté en père d'artiste; mais, prenant son air superbe, il avait dit aux valets de l'antichambre d'annoncer le comte de Mussidan, et il avait fait son entrée la tête haute, lentement, noblement, pour aller saluer la marquise, assez stupéfaite de ces manières, mais trop indulgente et trop dédaigneuse en même temps, pour s'en fâcher.

Cependant il s'était trouvé des gens moins indulgents et moins dédaigneux qui n'avaient point accepté que le père de la pianiste qu'ils engageaient et qu'ils payaient prît ces façons chez eux. Ceux-là avaient été blessés qu'il se conduisît en invité, prenant la première place dans le salon comme s'il était un personnage, s'asseyant aux tables de jeu aussi bien qu'à celles du souper, et toujours en tout et partout, avec des airs superbes, ne s'occupant de sa fille que pour recevoir les compliments qu'on adressait à celle-ci, et les faire siens, exactement comme il faisait siens les dix louis qu'il empochait. Dans ces maisons on s'était contenté d'avoir « la petite Mussidan » une fois, et, pour se débarrasser de son père, on ne l'avait pas priée de revenir.

La surprise avait été pour M. de Mussidan.

— Avez-vous remarqué, avait-il dit à madame de Mussidan, qu'on ne demande jamais deux fois Geneviève dans la même maison. Moi, rien ne m'échappe.

C'était une de ses prétentions de tout voir et de tout savoir ; cependant, dans le cas présent, il déclara qu'il ne comprenait pas pourquoi, ayant engagé Geneviève une fois, on ne l'engageait pas une deuxième, une troisième.

— Peut-être ne joue-t-elle pas aussi bien que se l'imagine notre indulgence de père et de mère ; les parents sont si bêtes pour tout ce qui touche leurs enfants ; sans doute nous nous aveuglons.

— Si vous aviez assisté à son triomphe, vous ne parleriez pas ainsi.

— Rien n'est plus trompeur que ces triomphes ; c'est pour ne pas m'associer à ces mensonges que je n'ai pas voulu aller au Conservatoire, et non parce que je ne m'occupe pas de cette petite. Qui l'a préparée à ce que vous appelez ce triomphe ? C'est moi, il me semble. Vous ne contesterez pas, n'est-ce pas, que j'ai tout quitté : mes occupations, mes plaisirs ; que j'ai tout sacrifié pour la promener chaque jour pendant deux ou trois heures ; et cela au risque de compromettre ma santé. Madame la comtesse restait chez elle, bien tranquille, et moi, pendant ce temps, par le vent, par la neige, par la grêle, par le froid, par le chaud j'arpentais l'avenue de Clichy. Maintenant, qui sacrifie son sommeil, qui passe les nuits, pendant que madame la comtesse reste chez elle bien tranquille ? Moi, toujours moi. Qui s'en va à chaque instant inspecter les boutiques des marchands de musique pour voir si le portrait de Geneviève est exposé à leur vitrine ? Joli métier que je fais là. Et qui entre chez ces gens, qui se fait aimable pour leur demander d'exposer cette photographie ? Moi, encore moi. Qui va dans les journaux remercier, quand on a dit quelques mots de Geneviève ? Ce n'est pas vous, n'est-ce pas ? Jolies boutiques aussi, celles-là : des agités, personne à qui parler, des garçons de bureau grossiers ou pressés comme leurs maîtres. Et cependant je fais tout cela pour votre fille.

Madame de Mussidan avait été très émue de ces reproches, non pas précisément à cause des sacrifices que son mari s'imposait, mais parce que le but qu'elle avait poursuivi en faisant travailler Geneviève au Conservatoire menaçait de n'être pas atteint. Dans son inquiétude elle s'était confiée à madame Gueswiller qui, avec sa connaissance du monde musical et de ses habitudes, lui avait répondu qu'ils ne faisaient pas tout ce qu'il fallait pour lancer Geneviève.

— Et que faut-il donc faire ?

— Il faudrait lui faire donner des concerts, ou si vous ne voulez pas vous embarrasser de tous les ennuis que cela entraîne, la faire jouer dans un des grands concerts du dimanche ; vous en seriez quitte pour cent francs.

— Comment, il faut payer ?

— Mais sans doute.

Si réellement il n'y avait que cent francs à dépenser, ce n'était pas un grand sacrifice, et on pouvait d'autant mieux se l'imposer que depuis que Geneviève avait obtenu son prix, elle avait gagné plusieurs milliers de francs qui avaient exclusivement profité à son père, n'ayant eu pour elle que les sacs de bonbons et les bouquets qui accompagnaient quelquefois son cachet.

Mais en entendant parler de cent francs à dépenser pour faire jouer Geneviève avec accompagnement d'orchestre dans un des grands concerts du dimanche, M. de Mussidan avait poussé les hauts cris :

— Que je paye cent francs maintenant pour votre fille, voilà qui est fort ! C'est madame Raphélis qui vous a mis cela en tête ?

— Et pourquoi ? dans quel but ?

— Comment pourquoi ! Mais pour nous exploiter tout simplement, aujourd'hui, demain, dans un an, comme nous avons été exploités hier, l'année dernière, par cette madame Raphélis, qui a besoin qu'on parle d'elle et qui trouve ingénieux d'obtenir les réclames qui lui sont nécessaires en exploitant le talent de ma fille, « son élève » diront les journaux. Je ne donnerai pas ces cent francs.

Et comme il avait tenu bon, c'avait été madame de Mussidan qui les avait donnés, après les avoir gagnés à grand'peine.

Le succès de Geneviève avait été très vif, et de nouveau M. de Mussidan avait eu la satisfaction d'empocher quelques cachets de deux cents francs.

## II

Depuis que M. de Mussidan avait intérêt à ce qu'on parlât de Geneviève dans les journaux, il avait changé d'attitude avec Faré, qui n'était plus « Effaré », mais « ce brave Faré, ce cher garçon, ce jeune ami » ; ne redevenant « Effaré » que lorsqu'il n'avait pas pu s'acquitter assez vite des besognes dont on le chargeait.

Et encore était-ce seulement dans le particulier, au déjeuner ou au dîner, que M. de Mussidan s'exprimait librement sur le compte de son jeune ami :

— Il est joli, votre Effaré, je lui ai demandé avant-hier de faire passer dans son journal une petite note sur ton dernier concert, et rien n'a encore paru.

Mais Geneviève ne permettait pas qu'on accusât Faré :

— C'est qu'il n'aura pas pu ; si quelqu'un est heureux de nous rendre service, c'est bien lui.

— Cela l'honore de nous rendre service ; quand il se présente quelque part en mon nom, cela montre qu'il a des relations ; s'il nous rend quelques légers services, ceux qu'il reçoit de moi en se parant de mon nom sont d'un tout autre ordre; et il le sait bien, le gaillard; c'est là ce qui le stimule quelquefois; car enfin vous devez bien comprendre que ce n'est pas pour vos beaux yeux qu'il s'occupe de notre publicité.

Et comme M. de Mussidan aimait à imiter les gens, ce qui, selon lui, les rendait tout à fait ridicules, il imitait Faré se présentant dans les journaux :

— Je viens vous demander de faire passer cette petite réclame. — C'est Faré qui parle, il est poli, aimable, insinuant; le secrétaire de la rédaction, pressé et ennuyé, lui répond en bougonnant ou ne lui répond pas du tout. Faré insiste. — A propos de qui votre réclame? — Mademoiselle de Mussidan. — La fille du comte de Mussidan qui... Là-dessus le ton du secrétaire de la rédaction change, il se fait gracieux, et l'on envie Faré qui me connaît. Vous verrez que cela le servira, le posera; il arrivera ce garçon, et je ne lui aurai pas été inutile.

En effet, il était arrivé « ce garçon », mais non pas précisément parce qu'il connaissait M. de Mussidan. C'était le moment où certains journaux, pour le plaisir de leurs lecteurs, ou pour les besoins des couturières, des parfumeurs, des épileuses, des chausseurs, venaient d'inaugurer les chroniques mondaines, dans lesquelles en racontant ce qui se passe, ou plutôt en inventant ce qui ne se passe pas dans le *high-life*, on peut glisser toutes les réclames assez bien payées pour figurer à cette place d'honneur. Un jour que Faré était en train d'écrire son bulletin commercial, son rédacteur en chef l'avait fait appeler.

— Vous en avez assez, des halles et marchés. Ne dites pas non. Il y a mieux que cela en vous. Je vous tire du riz et vous mets dans la poudre de riz. A partir d'aujourd'hui vous me ferez des chroniques mondaines.

— Je n'y entends rien.

— Vous n'entendiez rien non plus au bulletin commercial ; vous vous y êtes vite fait ; vous vous ferez tout aussi vite au bulletin du *high-life*. Cela n'est pas plus difficile, et même il n'y a pas besoin de la même exactitude. De quel nom me signerez-vous cela ?

— Je n'y ai pas pensé.

— Un nom chic ; un nom de fleur. Quelles sont les fleurs à la mode ? Voulez-vous Gardénia ?

— Si cela vous plaît ?

— Le gardénia est une fleur distinguée ; va donc pour Gardénia. Vous commencerez demain.

— Mais...

— Ne vous inquiétez pas, cela ira très bien. Vous parlerez de tout ce qui se passe dans le grand monde, des réceptions, des bals, des dîners, des mariages, des séparations de corps, des baptêmes, des enterrements. Vous citerez des kyrielles de noms. Vous donnerez les menus des dîners, vous détaillerez les toilettes. Vous parlerez de tous les sports, hippique, nautique, etc., mais au point de vue mondain. De même des déplacements en sport nemro-

1.

dique; — si le mot ne se dit pas, vous l'inventerez, cela fera bien..

Faré était inquiet. Quelle singulière idée de lui donner à faire la chronique du grand monde, lui qui vivait au haut des buttes Montmartre et qui était un paysan. Malgré l'envie qu'il avait d'abandonner le riz, la poudre de riz lui fit peur; il voulut se défendre :

— Je crains de ne pas vous réussir cela. Puisque vous jugez que je peux faire autre chose que les marchés, j'aimerais mieux vous écrire des chroniques ordinaires.

— Il ne s'agit pas de ce que vous aimez mieux, mais de ce qui est utile au journal, et c'est une chronique mondaine qu'il me faut; si vous ne l'acceptez pas, je la donnerai à un autre. Il y a une place à prendre; acceptez-la, croyez-moi. Vous me remercierez prochainement. Le temps de la discrétion est passé. Les gens qui s'amusent veulent qu'on sache comment ils se sont amusés, et ceux qui ne s'amusent pas veulent savoir comment s'amusent les heureux de ce monde, ça leur fait des belles relations... en imagination; il faut donner les premières du monde comme on donne les premières du théâtre. D'ailleurs, toutes les femmes ne sont-elles pas aujourd'hui des cabotines, continuellement et partout en représentation, qui veulent qu'on parle d'elles, de leur personne, de leur toilette, de leur goût, de leurs amants, de leurs enfants si elles n'ont pas d'amants ? Essayez, vous verrez quels succès vous obtiendrez. Il y aura des femmes qui se déshabilleront devant vous pour vous montrer le signe qu'elles ont sous le sein, de façon à ce que vous le décriviez bien. Il y aura des maris qui vous déshabilleront leur femme eux-mêmes.

— Je vais essayer.

— Très bien. Seulement ne vous avisez pas de me faire ces chroniques dans un style simple et naturel. Plus vous serez affecté, plus vous serez maniéré, plus vous serez prétentieux, mieux vous réussirez, Si vous arrivez à être ridicule avec talent, votre fortune est faite.

Il prit un paquet de journaux couverts de marques au crayon rouge :

— Voilà les modèles du genre.

Et lisant :

« Madame Martin, née Brossard, est toujours
» charmante; elle portait une robe d'un bleu divin,
» bleu de madrigal ; une fleur d'aubépine qui avait
» un parfum de newmonhay. »

Puis se mettant à rire :

— Il faudra soigner ces salades.

Il prit un autre journal, et continua de lire :

« Elle s'appelle Marguerite, de ce doux nom pré-
» destiné que le printemps, avec son vol hésitant et
» capricieux de papillon, ne se lasse jamais d'écrire
» sur l'émeraude des prés, en lettres blanches au
» cœur d'or. »

— Je ne pourrai jamais ! s'écria Faré.

— Si, si ; vous vous y ferez, ça s'attrape très bien. Il faudra vous procurer aussi une collection de citations en toutes les langues, excepté en grec et en latin, ce qui vous donnerait un air pédant : « *Oh !* *giôventu primavera della vita.* — *La donna e mobile.* — *Alas poor Yorick.* — *Never oh ! never more.* — Il faudra vous en procurer en espagnol, c'est très chic. Pas d'allemand, n'est-ce pas ? J'espère que nous aurons des *mensualités* de couturiers, de parfumeurs, de modistes, de fleuristes, comme nous en avons des financiers, je vous donnerai les noms en vous disant combien de fois ils doivent revenir par mois dans le journal.

Les exigences de cette nouvelle profession et surtout les ignorances de Faré avaient eu pour résultat de le rapprocher de M. de Mussidan, qui était devenu une sorte d'oracle pour lui, qu'il consultait dans ses heures d'embarras, — et elles étaient nombreuses.

Porte-t-on une chaîne à son gilet quand on est en habit ? Quand on sort à cheval avec une femme doit-on se tenir à sa droite ou à sa gauche ? Peut-on mettre la cravate noire avec l'habit ?

Questions terribles pour lui qui se représentaient à chaque instant et à propos de tout, et que M. de Mussidan tranchait en formulant les lois du cérémonial comme un maître d'école débitant une règle de grammaire.

Et pour les généalogies, ce casse-tête qui lui valait tant de lettres de réclamations, combien lui était-il plus utile encore !

Mais il les faisait payer ses conseils et ses leçons, M. de Mussidan, au moins par le ton avec lequel il les donnait. Quelle pitié, quel mépris, non dans ses paroles mêmes, mais dans son air !

Pour l'adoucir et quand il se sentait trop honteux, Faré commençait par lui montrer un bout d'article sur Geneviève dont il pouvait parler maintenant utilement et d'une façon productive. Par malheur, le style qu'il avait adopté par ordre ne lui permettait pas de dire ce qu'il aurait voulu. Il fallait qu'il le soutînt, ce style extraordinaire et qu'il fût ridicule même quand il avait le désir d'être simple et sincère. « La toute charmante mademoiselle Geneviève de Mussidan, de la grande famille des Mussidan et des Puylaurens, qui remonte aux derniers comtes de Toulouse, a enchanté hier l'auditoire d'élite de la duchesse de... Ce n'est pas une musicienne, c'est sainte Cécile elle-même. Ses mains d'enfant égrènent des perles, tandis que son âme magnétise le clavier, qui devient un buisson printanier d'où s'envolent les gazouillements d'amour des rossignols. »

Cependant, malgré la collaboration de M. de Mussidan, et aussi malgré celle des maris qui lui envoyaient des notes sur leur femme, et celle de certains jeunes gens qui venaient lui demander de dire quelques mots *madrigalés* de telle femme à la mode, il y avait des jours où il regrettait presque les suifs ; au moins ils n'ont pas de généalogie.

Combien de fois, remontant à Montmartre pour aller manger le pot-au-feu ou le rata que sa mère avait préparé, désespérait-il de trouver les menus qu'on lui demandait, avec le service soit à la française, soit à l'anglaise, soit à la russe. Là encore il devait formuler, aussi bien pour le service que pour les plats.

— Je t'ai préparé un bon dîner, lui disait sa mère, un pot-au-feu avec un chou de notre jardin.

Et malgré les menus raffinés qu'il venait d'inventer, les laitances de carpes à la romaine, les foies d'écrevisses à l'alsacienne, les paonneaux à la Dubarry, les œufs de vanneaux à la morille blonde, il le mangeait avec un plaisir extrême, ce pot-au-feu « aux choux de notre jardin ».

## III

L'exposition des portraits de Geneviève aux vitrines des marchands de musique, les concerts publics, les réclames de Faré en faveur de mademoiselle de Mussidan, de la grande famille des Mussidan et des Puylaurens, enfin tout ce qu'on avait combiné, essayé, n'avait pas fait que l'héritière des Mussidan et des Puylaurens fût plus demandée dans les salons.

C'était même le contraire qui s'était produit : à mesure que le talent était venu, la vogue avait diminué.

— Un vrai talent, la petite Mussidan.

— Et cependant elle ne joue plus nulle part.

— Dame! il y a le père. Comment voulez-vous qu'on introduise chez soi une jeune fille qui ne peut venir que flanquée de son père, un bonhomme qui s'imagine vous faire honneur en entrant chez vous, et qui se conduit comme un souverain en visite chez l'un de ses sujets, approuvant ceci, blâmant cela, vous donnant des conseils quand il ne vous donne pas des leçons. C'est insupportable. Et pour lui faire accepter le cachet de sa fille, que de cérémonies, que de grimaces !

Cela avait été un grand chagrin pour Geneviève, elle n'était donc bonne à rien ; les belles espérances qui l'avaient soutenue dans son travail d'être utile à sa mère et à son père n'étaient donc que des rêveries de petite fille ?

Que répondre à son père lorsqu'il lui reprochait de n'être plus demandée dans le monde ?

— Je voudrais bien que tu m'expliques, une fois pour toutes, comment tu avais des engagements à onze ans et comment tu n'en as plus à quatorze. Tu avais donc plus de talent à ce moment que tu n'en as maintenant ? Tu ne travailles donc plus ? Tu ne te perfectionnes donc pas ?

— N'est-il pas tout naturel que je ne sois pas à quatorze ans ce que j'étais à onze ? Je ne suis plus une curiosité, un petit prodige, si j'en ai jamais été un. Combien de pianistes ont plus de talent que moi.

— Si tu ne devais pas en avoir plus que tous tes rivaux, ce n'était pas la peine de commencer. Ah ! cette madame Raphélis, en voilà une à qui je ne pardonnerai jamais ! Une vaniteuse, une ambitieuse, une exploiteuse, une misérable (une misérable égoïste), qui ne recule devant rien pour satisfaire ses intérêts.

Mais si Geneviève se taisait avec son père, elle n'avait pas la même retenue avec Faré, son confident.

C'était une habitude qui s'était peu à peu établie pour la mère et la fille de monter tous les dimanches rue Girardon, excepté une fois par mois, où elles allaient à Asnières chez les Limonnier. Et cependant Geneviève n'était plus la petite fille joueuse qu'elle avait été à onze ans, quand elle ne pensait qu'à courir, à sauter, à grimper aux arbres. Elle jouait bien encore en arrivant, après avoir été embrasser M. Couicouic ; mais ce n'était plus la même rage de mouvement, de tourbillonnement. Au bout de quelques instants son besoin de se dépenser se calmait, et c'était paisiblement qu'elle se promenait avec Faré en causant, pendant que les deux mères restaient assises sous le porche de la maison, les regardant.

Bien souvent maintenant ils étaient seuls, les hasards et les exigences de la vie ayant dispersé la famille Gueswiller : Florent était sous-chef d'orchestre au casino de Luchon, Salomé et Auguste faisaient partie comme harpiste et comme violoncelliste d'une troupe qui parcourait l'Amérique. Lutan jouait dans l'hiver aux concerts Pasdeloup et dans l'été au Jardin d'acclimatation ; enfin Sophie, qui pendant la semaine courait les quatre coins de Paris pour donner ses leçons, était bien aise de se reposer le dimanche et de jouir du plaisir de ne rien faire.

C'était le moment où Geneviève contait ses peines et ses inquiétudes à son ami. La précocité qu'elle avait montrée pour la musique, elle l'avait en tout, pour les choses de l'esprit aussi bien que pour celles du sentiment. On grandit vite en serre, et c'était vraiment en serre qu'elle avait été élevée. Aussi était-elle sensible à des idées et à des préoccupations qui ne sont pas ordinairement celles d'un enfant de son âge : pensant à l'avenir, se croyant des devoirs à remplir, se sentant une certaine importance et même de la responsabilité.

C'était cela que, dans ses confidences, elle exprimait le plus souvent à Faré, parlant gravement, affirmant ses opinions et ses idées, mais toujours avec cette douce modestie qui était sa nature même et un sourire résigné qui éclairait sa physionomie un peu sérieuse.

— Mauvaise semaine encore, je ne suis pas sortie.

— Mais vous avez joué dans le concert de madame Bobelli.

— Pour le plaisir, pour la gloire, et j'ai été bien heureuse de jouer avec un pareil entourage. Je veux dire que je peux jouer comme cela tous les soirs sans que cela change la situation de la maison. J'aurais eu tant de bonheur à gagner assez pour que ma mère ne travaille plus, et pour que mon père ne souffre pas de toutes ces petites économies auxquelles il est réduit ! N'est-ce pas terrible, pour un homme comme lui, de ne pas pouvoir rentrer en voiture quand il pleut. Si vous saviez comme cela le contrarie d'être mouillé, comme cela l'humilie d'être crotté !

— Moi aussi cela m'ennuie d'être mouillé.

— Eh bien, moi aussi ; mais nous, qu'est-ce que cela fait ? tandis que papa !... J'avais fait tant de beaux rêves, j'avais si bien arrangé les choses quand je travaillais pour avoir mon prix ; c'est cela qui me soutenait, qui me donnait du courage. Et rien.

— Cela viendra.

— Quand ? Ce n'est pas seulement le présent qui me tourmente, c'est l'avenir, c'est surtout l'avenir. Car l'héritage de la tante de Cordes, moi je n'y crois pas du tout. Pourquoi mourrait-elle, ma tante ? elle n'a que soixante-dix ans ; et puis pourquoi me laisserait-elle sa fortune ? elle ne me connaît pas. On donne à ceux qu'on aime, n'est-ce pas ?

— Elle s'occupe de vous, au moins.

— Oui, pour m'envoyer des cadeaux à ma fête, à mon anniversaire, au jour de l'an ; mais maman a bien raison quand elle dit que donner un cadeau n'est pas donner sa fortune.

— Est-ce curieux que vous, à votre âge, vous vous tourmentiez plus que je ne me tourmente moi-même, et cependant j'ai ma mère aussi qui ne peut pas se passer de moi, qui ne peut pas travailler comme travaille la vôtre.

— Oh ! vous, un homme !

— A quoi est-il arrivé cet homme ? La belle situation de raconter tous les matins d'une façon comique ce qui se passe dans le grand monde où je n'ai jamais mis les pieds !

— Mais quand on jouera vos pièces...

— Les jouera-t-on ? Le collaborateur qu'on m'a imposé au Gymnase aime mieux faire passer les pièces pour lesquelles il est seul que de faire jouer la nôtre. A la Porte-Saint-Martin, mon drame attend depuis deux ans son tour qui n'arrivera peut-être jamais. Il en est de même de mon opérette dont Lutan a fait la musique. Moi aussi j'ai caressé de beaux rêves qui, vous le voyez, ne sont guère en train de se réaliser.

— Vous n'avez qu'à attendre ; moi, plus j'attends moins nos affaires s'arrangent ; il y a deux ans j'ai gagné jusqu'à mille francs par mois, cette année je ne gagne rien. Et pourtant maman ne pourra pas travailler toujours. Que ferons-nous ? Jamais mon père ne me permettra de donner des leçons quand je serai en âge d'avoir des élèves.

Il la regarda assez longtemps sans parler, comme s'il était irrésolu, voulant et ne voulant pas ; puis, faisant un effort évident pour rire :

— Mais pourquoi donc, dit-il, dans tous vos arrangements d'avenir ne prévoyez-vous pas que vous vous marierez un jour ?

Elle aussi eut un mouvement d'embarras, et, comme lui aussi, elle parut faire un effort pour sourire.

— Me marier ! dit-elle, mais je ne me marierai jamais.

Ils étaient à ce moment au bout du jardin, à l'endroit où la vue s'étend librement sur la vallée de la Seine, jusqu'aux coteaux qui la ferment, et ils parlaient tous deux comme s'ils regardaient avec attention le paysage qui se déroulait devant eux : vivement elle se tourna vers la maison et fit quelques pas pour rejoindre sa mère.

Mais il la suivit et, continuant :

— Pourquoi donc, demanda-t-il, me dites-vous que vous ne vous marierez jamais ?

— Ah ! pourquoi, pourquoi !

Elle chercha durant quelques secondes, puis ayant trouvé :

— Mais parce que je dois travailler pour maman ; comment voulez-vous que maman vive, si je l'abandonne ? Maman ne peut pas se passer de moi.

— Ce sera votre mari qui travaillera pour vous et pour votre mère.

Elle se mit à rire franchement :

— Mais les hommes ne travaillent pas, ils ne sont pas faits pour ça...

— Eh bien, et moi, est-ce que je ne travaille pas ? est-ce que vous croyez que je ne travaillerais pas ?

— Oh ! vous, vous êtes un bon fils.

— C'est avec les fils qui aiment leur mère qu'on fait les maris qui aiment leur femme.

## IV

Pour ne plus venir le dimanche rue Girardon, Lutan n'avait pas rompu ses relations avec Faré; au contraire, le temps les avait faites plus intimes, plus amicales : ils étaient l'un et l'autre à peu près du même âge, ils soutenaient la même lutte, ils avaient les mêmes espérances, ils souffraient des mêmes déceptions ; c'étaient là des points de contact qui devaient les rapprocher et qui les avaient en effet étroitement unis.

Presque tous les soirs, ils remontaient ensemble à Montmartre, Faré sortant de son journal, Lutan de son théâtre, et il fallait que le temps fût vraiment bien mauvais pour qu'ils ne s'attendissent pas devant le passage Jouffroy, où ils avaient coutume de se rencontrer. Alors, côte à côte ou bras dessus bras dessous, par les rues où les passants se faisaient de plus en plus rares à mesure qu'ils s'éloignaient du centre de Paris, ils marchaient lentement en causant.

— Quoi de neuf depuis hier ?

Et chacun à son tour racontait ce qui lui était arrivé de neuf ou plus souvent ce qui ne lui était pas arrivé, — les journées se suivant et s'enchaînant dans leur vie sans grands changements, c'est-à-dire sans la réalisation de ce qu'ils espéraient et de ce qu'ils attendaient.

— Où en sommes-nous?

Puis, après avoir constaté qu'ils n'en étaient à rien et avoir dit son fait à la destinée, ils en venaient à causer d'eux-mêmes.

Les rues étaient désertes; de temps en temps seulement, on entendait les pas pressés de quelques retardataires qui avaient hâte de gagner leur lit. Pour eux, maîtres enfin de leur volonté et de leur parole après les besognes absorbantes de la journée, ils ralentissaient leur marche et prenaient possession du boulevard qui leur appartenait à eux seuls. Alors, quand la nuit était belle, ils allaient de la place Pigalle à la rue des Martyrs, tournant sur eux-mêmes, au grand étonnement des sergents de ville de service dans ce quartier et qui les suivaient de l'œil avec une certaine inquiétude.

C'était l'heure de l'abandon et de la confiance où ils se confessaient en s'expliquant mutuellement leurs caractères, non pas tant pour parler d'eux que pour chercher la confirmation de leurs espérances dans une approbation amicale. Au contact des réalités de la vie le doute leur venait bien souvent.

— Sincèrement, crois-tu que je serai jamais un auteur dramatique?

— Sincèrement, crois-tu que je serai jamais un musicien?

Et le musicien expliquait comment son ami avait toutes les qualités de l'auteur dramatique, tandis que, de son côté, celui-ci expliquait que le musicien était né pour être un compositeur de talent.

Puis arrivaient les graves questions esthétiques.

— Moi, voici ce que je comprends.

— Moi, voilà ce que je voudrais.

Les statues des morts et des vivants démolies, ils voyaient plus clairement leur avenir. Alors ils s'animaient, ils marchaient plus vite, et, si l'heure de se séparer était venue, Lutan conduisait Faré jusqu'au haut des buttes. Par les rues qui descendent droit, ils voyaient Paris, qui sous son ciel rouge, s'étalait confusément devant eux.

— Sois tranquille, disait Lutan, ton nom emplira cette ville qui dort sous nous.

Mais quelquefois aussi, ils abordaient des questions qui, pour être moins hautes, ne les passionnaient pas moins, — celle de leur vie intime; c'était beau d'être un jour des hommes glorieux, mais c'était quelque chose aussi d'être des hommes heureux.

Sous ce rapport, Lutan était plus facile à contenter que Faré : il ne demandait à la femme que la beauté ou l'éclat ; il ne tenait pas à être aimé ; surtout, il ne voulait pas aimer; la passion l'effrayait; cela encombre et dérange ; ce qu'il lui fallait, c'était une belle maîtresse, qu'il prenait aujourd'hui et qu'il quittait demain sans qu'elle pût troubler son existence de travail ou dévoyer ses idées ; l'art devait être chaste, au moins pendant le temps nécessaire à la production d'un opéra.

Pour Faré, au contraire, la femme était tout, mais la femme capable de tendresse et de passion, qui aimait et se faisait aimer, qui prendrait sa vie et lui donnerait le bonheur, qui l'inspirerait et le soutiendrait.

En l'entendant parler ainsi, Lutan haussait les épaules et lui disait :

— Quand tu l'auras trouvée, fais-moi signe.

Comme il lui répétait cela pour la vingtième fois peut-être, le lendemain du jour précisément où Geneviève avait conté ses inquiétudes à son ami Faré, celui-ci lui répondit :

— Je l'ai trouvée.

— Je la connais ?

— Parfaitement.

Lutan devint sérieux, c'était d'une de ses sœurs qu'il s'agissait sans doute, de Sophie assurément ; il était tout heureux à la pensée que Faré allait devenir son beau-frère, leur amitié n'en serait que plus étroite, et puis Sophie ne pouvait pas trouver un meilleur mari.

Il marchait à côté de Faré, il lui prit le bras et le serra :

— Tu as deviné ? dit Faré.

— Dame !

— Comment cela m'est venu, n'est-ce pas ? En la voyant si gentille, si jolie, si bonne, si simple, si intelligente, si richement douée.

Lutan n'avait pas vu tout cela dans sa sœur, mais

enfin ce n'était pas à lui d'élever la plus légère contradiction ; puisque Faré la voyait ainsi, c'était parfait.

— Et puis elle est si tendre, si affectueuse pour sa mère !

— Ce n'est que juste.

— Oui, mais si douce, si indulgente pour son père.

— Comment indulgente ?

— Est-ce qu'il ne faut pas être douée d'une dose exceptionnelle d'indulgence pour accepter M. de Mussidan avec ses idées et ses exigences ?

Lutan fut un moment avant de se remettre de sa surprise.

— Mais c'est une gamine ! s'écria-t-il.

— Et c'est bien là ce qui rend ma situation si embarrassante. Bien entendu elle ne sait pas que je l'aime. Tu dois bien penser que je ne le lui ai pas dit et que je serais malheureux, que je serais honteux qu'elle l'eût deviné. Ce n'est pas moi qui voudrais troubler cette innocence d'enfant d'un mot ou même d'un regard. Je n'ose presque plus jouer avec elle. Je n'ose plus la balancer. Quand elle me regarde, je baisse les yeux. Et quand nous causons, je lui parle comme à une personne extra-raisonnable. Ainsi hier, elle a passé l'après-midi à la maison. Nous nous sommes promenés en tête-à-tête dans le jardin, et elle m'a confié ses chagrins.

— Ah ! elle a des chagrins ?

— Des inquiétudes pour son avenir ; elle doute d'elle, de son talent ; elle a peur de ne pouvoir pas être pour ses parents ce qu'elle aurait voulu. Eh bien! j'ai été parfaitement ridicule, mon cher; sérieux, compassés, nous n'avons parlé que d'argent, quand j'aurais tant voulu lui dire en lui prenant les mains dans les miennes, en la regardant avec toute la tendresse qui était dans mon cœur : « Compte sur moi, chère petite Geneviève, sur moi qui t'aime et qui veux être ton mari. »

— Tu l'aimes, tu l'aimes, mais comment l'as-tu aimée, depuis quand l'aimes-tu ?

— Depuis que je la connais; mais pas du même sentiment que j'éprouve maintenant; j'avais pour elle une affection attendrie, pour sa grâce, pour son courage, peut-être bien même de l'admiration pour son talent. Puis quand l'enfant est devenue une jeune fille, j'ai été touché par sa beauté, il s'est passé en moi quelque chose de mystérieux que je n'ai pas analysé... et je l'aime.

— Quelle drôle d'histoire ! Voilà une aventure qui te promet de l'agrément, car enfin, tu l'aimes pour l'épouser, n'est-ce pas ?

— Mais assurément.

— Eh bien, et le père ? M. le comte de Mussidan, qui compte parmi ses ancêtres Sébastien de Mussidan et Guillaume de Puylaurens, crois-tu que M. le comte de Mussidan, fier de son nom comme il l'est, acceptera pour gendre M. Ernest Faré, un Effaré, comme il dit dans ses jours de dédain, quand il n'a pas besoin de toi ?

— Et ce n'est pas tant le père qui m'effraye que la fille. Mets-toi un peu à ma place et vois combien ma situation est difficile. Je ne peux pas lui dire que je l'aime et cependant d'autre part je ne veux pas qu'elle perde les sentiments de tendre affection qu'elle m'a montrés depuis qu'elle me connaît.

— Je vois, je vois, mais je t'avoue que je ne comprends pas grand'chose à toutes ces susceptibilités-là ; il me semble que quand on aime une femme c'est pour le lui dire... quand on n'a pas autre chose à faire.

Faré ne releva pas ce qu'il trouvait de grossier dans ces paroles, il continua :

— Ce que je voudrais, ce serait qu'elle fût assez femme pour me deviner, pour comprendre à demi-mot.

— Et si elle ne te devine pas, si elle ne comprend pas à demi-mot, vous serez alors comme cela sérieux et compassés en parlant d'argent jusqu'à... Jusqu'où irez-vous ? Jusqu'à son mariage avec un autre qui aura parlé un langage intelligible.

— J'irai jusqu'à ce qu'elle ait quinze ans. Une fille qui est d'âge à se marier peut entendre des paroles d'amour.

— Est-ce que le code ne dit pas qu'il est loisible au Président de la République d'accorder des dispenses d'âge pour des motifs graves ? Si tu demandais au Président de la République une dispense pour parler d'amour ? En voilà une situation d'opérette.

Il prit une voix de femme, et chantant :

> Monsieur, avez-vous une dispense
> Pour me dire ça ?

— Trouve-moi plaisant si tu veux, moi je me trouve honnête, dit Faré sans se fâcher.

— Sais-tu ce que je trouve, c'est que cette situation va se prolonger assez longtemps encore ; ça te fera faire des vers et je les mettrai en musique.

## V

Faré n'était pas le seul qui attendît avec impatience que Geneviève eût atteint sa quinzième année; Sébastien et Frédéric l'attendaient comme lui et beaucoup plus impatiemment encore, car ces quinze ans devaient, croyaient-ils, faire leur fortune, en les tirant enfin de la misère honteuse dans laquelle ils se débattaient.

Sébastien était toujours introducteur des belles mondaines chez Faugerolles; mais ce n'était pas une position d'aller avertir Faugerolles que madame la duchesse, madame la marquise, madame la comtesse l'attendaient, pas plus que ce n'en était une d'écrire sur un carnet la mesure de la taille et la longueur des bras de madame la duchesse ou de madame la marquise. Satisfait de ses belles manières et de son élégance, Faugerolles avait porté ses appointements à deux cent cinquante francs par mois, mais il n'y avait pas là de quoi le faire vivre, surtout maintenant qu'il était marié. Car la femme de *Ba-ta-clan*, Clara, cette fille de comptoir qui ne ressemblait pas à ses camarades, mais qui était une honnête fille et une femme intelligente, avait si bien manœuvré ce beau garçon à la cervelle peu solide et au cœur tendre qu'elle s'était fait épouser, enragée, affolée par l'idée de devenir vicomtesse, sans s'inquiéter du reste. Mais maintenant qu'elle avait le titre et que le reste lui manquait, elle poussait son mari à le lui procurer n'importe comment. Pour devenir sa femme elle avait quitté une position qui la faisait vivre : la laisserait-il mourir de misère? permettrait-il, élégant comme il l'était, qu'elle n'eût pas une robe convenable pour sortir? Ouvrière, elle se serait résignée, mais elle avait un titre à porter.

Frédéric aussi était toujours croupier chez son directeur de cercle et si, de temps en temps, il attrapait comme cadeau après une veine heureuse pour la banque, une bague avec un rubis, une épingle avec une perle qu'il vendait aussitôt, il n'était pas pour cela dans une meilleure situation; s'il gagnait plus que son frère, il dépensait plus que lui, n'ayant jamais une certaine somme aux mains que pour aller la perdre dans un cercle rival de celui où il dirigeait la partie.

Tous deux en étaient donc au même point, c'est-à-dire au plus bas, perdus de dettes, sans crédit, et réduits à des expédients de comédie pour vivre.

Cette détresse cependant ils l'avaient supportée assez gaillardement en se disant, comme leur père se l'était dit toute sa vie : « Dans un mois notre tante sera morte. » Mais, à la longue, leur espoir s'était usé et maintenant ils se disaient : « Elle ne mourra jamais. »

Il fallait donc que par un effort personnel ils sortissent de cette misère; seulement, comme des gens qui depuis leur enfance ont toujours vécu sur le hasard, il fallait que le hasard eût un rôle dans leur délivrance.

— Franchement nous avons bien droit à une bonne chance; s'il y a une justice au ciel, elle doit se prononcer pour nous.

La combinaison à laquelle ils s'étaient arrêtés, après l'avoir pendant des années agitée, reposait donc sur le hasard et sur cette justice providentielle dont ils ne doutaient pas.

Ils s'associaient et ils ouvraient une maison de jeu sur la frontière espagnole, à portée des villes d'eaux des Pyrénées françaises : Sébastien apportait à cet établissement son élégance, ses belles manières et ses relations ; Frédéric, son expérience du jeu et sa compétence.

Elle était réelle, cette compétence, non seulement au point de vue pratique, mais encore au point de vue théorique, et il avait écrit de nombreuses lettres dans les journaux qui prouvaient qu'il connaissait à fond cette matière. Pendant longtemps son dada avait été de démontrer qu'il était impossible à un joueur, qui jouait habituellement dans les casinos et dans les cercles, où l'on prélève 5 0/0 sur les banques, ce qui est l'ordinaire, de n'être pas ruiné dans un délai fatal. Son raisonnement était des plus simples : la moyenne des banques prises par les joueurs étant de 50 louis, c'est 50 francs qui tombent dans la cagnotte; on fait environ huit taillés en une heure, soit

400 francs pour la cagnotte ; si l'on joue dix heures entre la nuit et le jour, elle a donc un bénéfice total de 4,000 francs ; de sorte que vingt joueurs, ayant 6,000 francs dans leurs poches, doivent être complètement décavés en un mois. Il partait de là pour demander que la police ne donnât d'autorisation d'ouvrir des cercles qu'à des gérants qui prendraient l'engagement de ne plus prélever 5 0/0 par taille, mais seulement une somme honnête à fixer par l'administration elle-même ; et ces cercles moraux, comme il les appelait, il s'offrait pour en ouvrir partout, en aussi grand nombre qu'on voudrait.

Pour répandre ces sages idées économiques, il avait eu besoin des journaux, et tout naturellement il s'était adressé à Faré qui, n'ayant jamais touché une carte de sa vie, s'était trouvé transformé en moralisateur du jeu, n'ayant rien à refuser au frère de Geneviève, pas plus qu'il ne refusait rien à son père.

Cependant, malgré les mémoires adressés à l'autorité compétente, malgré les nombreux articles que Faré avait faits ou fait faire, l'administration supérieure n'avait point jugé à propos de moraliser le jeu par les moyens que proposait « le vicomte de Mussidan », et, de guerre lasse, pressé par ses créanciers, harcelé par son frère Frédéric, en attendant qu'il pût ouvrir en France un ou deux cercles dans lesquels il appliquerait ses idées économiques, il s'était rabattu sur l'Espagne où, bien entendu, il ne serait pas question de réformes et où il plumerait les joueurs autant que cela lui serait possible. Bonne pour la France la morale, non à l'étranger

Mais pour que cette combinaison réussît, pour qu'il ne fût pas exposé à voir fermer son casino à peine ouvert, il lui fallait des protections en Espagne, et la seule personne en situation de le soutenir, au moins la seule à laquelle il pût s'adresser, était le marquis d'Arlanzon, qui, bien qu'exilé, gardait toujours une assez grande influence à Madrid sur les gens pratiques qui croient à toutes les restaurations et prennent leurs précautions pour les escompter.

C'était un singulier personnage que ce marquis d'Arlanzon, au moins un personnage équivoque. Aide de camp d'un prince, il n'avait jamais été soldat, pas même dans une armée insurrectionnelle. Possesseur d'un des grands titres d'Espagne, il n'était pas né noble. Mais heureusement pour sa fortune, il était né beau et intelligent; et c'étaient les grâces de sa personne qui avaient fait sa faveur et lui avaient valu son grade, son titre, ses richesses. D'une petite, d'une toute petite famille de l'Estramadure, il était parti de rien pour arriver à tout, et de Ramon Sapira on avait fait un marquis d'Arlanzon et un grand d'Espagne, allant chercher pour l'en décorer un beau nom éteint depuis assez longtemps déjà, sonnant bien à l'oreille, rappelant une longue suite de glorieux personnages, et par là pouvant tromper la foule, qui ne sait jamais le vrai des choses. En le voyant en France, dans les cérémonies, la poitrine trop étroite pour recevoir les ordres étrangers dont il était décoré et sur lesquels se détachait le cordon moiré de grand-officier de la Légion d'honneur, qui eût imaginé que c'était le fils d'un petit bourgeois d'Olivença?

Pour lui il avait depuis longtemps oublié son origine, et, comme on dit dans l'argot parisien, « il croyait que c'était arrivé ». Personne n'était plus grand d'Espagne que lui, et il ne voyageait jamais sans le chapeau, de peur d'être surpris par la mort et de ne pas l'avoir derrière lui à ses funérailles.

A ses yeux, la naissance était tout, et c'était là ce qui avait fait sa liaison avec M. de Mussidan, qui, rendu plus facile et plus coulant dans ses relations par les fatalités de la vie, — le mot était de lui, — avait toujours paru prendre au sérieux cette noblesse et cette grandesse, comme s'il ignorait que le marquis d'Arlanzon d'aujourd'hui n'avait que le nom des marquis d'Arlanzon de Charles-Quint.

Souvent, dans son enfance et alors que son père le promenait aux Champs-Élysées et au Bois, Frédéric avait rencontré le marquis, qui le faisait monter en voiture avec lui et s'amusait à conduire les deux frères chez les pâtissiers, s'ingéniant à leur faire plaisir par de petits cadeaux. Plus tard ces relations s'étaient continuées, le marquis ne paraissant pas connaître leur situation, et les traitant toujours en Mussidan. Puis quand il avait été question de lancer Geneviève et de la mettre à la mode, le marquis et son prince avaient été enveloppés pour l'entendre et lui accorder « leur haute bienveillance », ce qui devait faire bon effet dans les journaux.

C'avait été plus que la bienveillance que le marquis avait accordé à Geneviève, — des compliments, des louanges, de l'admiration, non seulement pour son talent, mais encore pour sa grâce, pour sa gentillesse.

— Quelle ravissante enfant! quelle femme délicieuse elle sera. Une merveille, une fée, une enchanteresse!

A ce moment ils n'avaient pas fait grande attention à ces compliments; mais quelques mois après, le marquis avait voulu épouser une jeune fille qui n'avait pas seize ans; le mariage avait été annoncé dans les journaux et il n'avait manqué que par la résistance obstinée de la jeune fille.

Ce projet de mariage entre un homme qui avait, depuis plusieurs années déjà, dépassé la cinquantaine et une jeune fille de seize ans avait éveillé les idées des deux frères.

Puisque le marquis d'Arlanzon était disposé à prendre pour femme une enfant, pourquoi n'épouserait-il pas leur sœur?

Elle avait assez de naissance pour le flatter et assez de beauté pour le séduire.

Lui, de son côté, avait assez de fortune et de dignités pour que ce fût un mariage avantageux pour eux.

## VI

En arrangeant ce projet, Frédéric et Sébastien n'avaient pas eu l'idée de se demander s'il était acceptable pour Geneviève.

Mais il fallait amener le marquis à vouloir ce mariage; et décider leur père à l'accepter. Ce qui pouvait présenter de sérieuses difficultés.

Sans doute, M. de Mussidan ne pouvait être que très heureux de voir sa fille épouser une belle fortune comme celle du marquis d'Arlanzon, et les avantages pécuniaires qu'elle trouverait dans ce mariage le feraient assurément fermer les yeux sur ce que la naissance du mari laissait à désirer; il avait bien épousé lui-même deux femmes qui n'avaient point de naissance et il avait bien donné son consentement au mariage d'un de ses fils avec la sœur d'un comédien. Mais ce qui ne lui plairait pas, ce qu'il n'accepterait pas volontiers, c'est que Geneviève se mariât avant dix-huit ans. En effet, si mademoiselle de Puylaurens mourait bientôt laissant une part de sa fortune à Geneviève, il avait l'usufruit de cette fortune jusqu'à ce que sa fille atteignît ces dix-huit ans.

D'autre part, pour trouver Geneviève charmante, il n'en résultait pas forcément que le marquis d'Arlanzon eût l'idée de la prendre pour femme ; et même il était probable qu'il n'y avait jamais pensé : elle lui semblait gentille, il le lui disait, voilà tout.

C'étaient eux qui, dans leur besoin de se créer des protections en Espagne, avaient pensé à ce mariage, par cette unique raison que le marquis était Espagnol, et c'était à eux de le faire : beaux-frères d'un grand d'Espagne qui avait de l'influence dans son pays, ils se croyaient assurés d'établir leur casino sur la frontière sans être inquiétés. Ce casino, c'était la fortune.

Et sur cette idée de fortune, ils s'emballaient avec les extravagances d'une imagination affolée par de longues années de misère, pendant lesquelles ils avaient remué en rêve des millions.

Elle serait donc bonne à quelque chose, cette petite sœur qui était venue leur voler une part d'héritage.

Comment inspirer au marquis l'idée d'épouser cette petite fille qui n'était encore qu'une enfant ? Si elle avait seulement quinze ans ! Malheureusement elle ne les avait pas, et ils ne pouvaient pas attendre patiemment que les jours et les mois eussent accompli leurs cours.

Il fallait qu'il fût engagé aussitôt que possible de façon à ne pas penser à d'autre qu'à Geneviève, et aussi de façon à ce qu'ils pussent user tout de suite de son influence pour installer leur casino.

C'était là l'essentiel, mais comment ?

C'était là ce qu'ils avaient discuté en tenant conseil. Comme ils n'étaient arrivés à rien de satisfaisant, Sébastien avait proposé de consulter Clara, et Frédéric avait accueilli cette idée ; une femme qui, dans sa position, avait su se faire épouser par un garçon tel que Sébastien devait avoir d'ingénieuses rouerics en fait de mariage.

Le cas lui avait donc été soumis dans un déjeuner, un maigre déjeuner offert dans un petit restaurant du faubourg Montmartre, par Frédéric à son frère et à sa belle-sœur.

— On pourrait lui souffler qu'il a produit une vive impression sur la petite et qu'elle l'aime, dit Clara.

— Ce n'est pas pratique en ce moment, s'écria Frédéric impatienté.

— Et pourquoi donc ?

— Comment voulez-vous qu'un homme de son âge croie cela sans préparation ?

— D'abord, mon cher, les hommes croient tout, et ceux qui ont l'âge du marquis mieux encore que ceux qui sont plus jeunes.

— Vous êtes sûre de cela ? répliqua Frédéric avec ironie.

Mais Sébastien ne permit pas que l'entretien dévoyât de la route utile ; ils poursuivaient un but, le moyen de l'atteindre n'était pas de se quereller.

— J'admets qu'on lui souffle cette idée, dit-il, bien que je ne voie pas trop comment on s'y prendra.

— C'est à trouver, dit-elle en se regardant dans la

glace devant laquelle elle s'était assise, en faisant face aux deux frères.

— Tout est à trouver, répliqua Frédéric, de plus en plus mécontent.

— J'admets qu'on le trouve, continua Sébastien ; on a soufflé au marquis qu'il a fait une vive impression sur la petite, et comme il est bellâtre, infatué de ses cheveux noirs, de ses yeux brûlants, de sa tournure élégante et jeune encore, de son titre, de sa fortune, il le croit. Mais combien de temps le croira-t-il? Tout est là. Il voudra s'en assurer, n'est-ce pas? Et qu'est-ce qu'il verra? Une petite fille, une gamine ne comprenant rien à ce qu'on lui demande et absolument indifférente. De sorte qu'il sera furieux contre nous qui nous serons moqués de lui.

— Et il n'aime pas qu'on se moque de lui, le grand d'Espagne.

— Pour réussir, continua Frédéric, il faudrait que la petite fût préparée à nous seconder.

— Et pourquoi ne la préparerait-on pas? dit Clara.

— Et bien, préparez-la, vous.

— Je veux bien.

— Ainsi, continua Frédéric, vous vous chargez d'amener la petite à jouer la comédie qui doit prendre le marquis?

— Pourquoi jouer la comédie?

— Vous croyez alors que vous pouvez l'amener à vouloir vraiment et pour de bon faire la conquête du marquis? Elle a les idées de son âge, cette enfant, la simplicité, l'innocence, la sincérité; il faut commencer à détruire tout cela en elle.

— Croyez-vous que cela soit si dur que cela à démolir ?

— Je ne dis pas, mais enfin il faut le démolir pour l'amener, elle, qui a quatorze ans, à désirer pour mari un homme qui en a bien cinquante-cinq.

— Il n'y a qu'à remplacer cette innocence et cette sincérité par autre chose.

— Essayons, dit Sébastien.

— Volontiers, dit-elle, seulement laissez-moi tâter Geneviève, si je vois que nous avons des chances, vous agirez auprès du marquis.

## VII

Frédéric n'aimait pas sa belle-sœur ; il la trouvait désagréable, acariâtre, grincheuse, vulgaire, sèche, maladroitement intrigante et il ne comprenait pas que son frère se fût empêtré d'une pareille femme.

Il sortit de ce déjeuner furieux contre elle et contre lui-même : — Comment être assez naïf pour attendre quelque chose de bon d'une femme qui passe son temps à étudier ses sourires devant les glaces, et qui ne dit pas un mot sans se regarder pour voir si elle le dit bien : ce n'était pas la peine de dépenser son argent pour une pareille grue.

Et il s'en alla flâner sur les boulevards à la recherche d'un moyen d'action sur son futur beau-frère ; marchant vite parfois, ou bien s'arrêtant devant la devanture d'un magasin et restant là à regarder sans rien voir, cherchant, rêvant.

Tout à coup, tournant sur lui-même, il se dirigea rapidement du côté de la Madeleine.

Il avait trouvé, et de ce pas il se rendait aux

Champs-Élysées, où le marquis d'Arlanzon occupait le premier étage d'une maison du rond-point.

A cette heure on était sûr de le rencontrer chez lui ; c'était le moment, en effet, où, assis dans son fumoir et installé derrière une jalousie, une jumelle à la main, il s'amusait à regarder le mouvement des voitures se rendant au Bois, — ce qui était un des grands plaisirs de son existence, alors surtout qu'il avait quelqu'un près de lui, à qui il pût communiquer ses réflexions en lui soufflant à la figure la fumée de ses cigarettes.

S'il était follement fier de l'ancienneté de son nom, par contre il avait horreur de tout ce qui n'était pas à la mode ; non celle d'hier, mais celle de demain. C'était ainsi que dans son appartement, choisi dans une maison neuve, tout était du plus pur parisien, et flambant neuf, brillant, clinquant, frais et coquet à faire pâlir l'or des corniches et de la décoration. Son antichambre était une serre remplie de plantes en fleurs qu'on renouvelait avant qu'elles fussent défraîchies. Sa salle à manger, tendue en velours Solférino, était décorée de ses armes brodées en argent sur les lambrequins des rideaux et aux dossiers des chaises. Comme il changeait son ameublement tous les ans, il ne craignait pas de s'offrir les couleurs les plus fragiles, ne leur demandant que d'être plaisantes ; c'était ainsi que le meuble du salon en bois doré, était recouvert de peluche vert d'eau ; et que la chambre à coucher était tout en satin bouton d'or ; quant au fumoir, qui devait offrir plus de résistance, il était en maroquin La Vallière glacé. Peu de tableaux aux murs ; et seulement quelques toiles et quelques aquarelles remarquées aux dernières expositions pour leur élégance, et qui n'avaient pas le temps de se démoder chez lui, car il faisait sa vente tous les deux ou trois ans, et renouvelait ses œuvres d'art comme son mobilier ; autour de lui rien ne devait vieillir.

Lorsque Frédéric fut introduit dans le fumoir il trouva le marquis allongé sur un canapé, la lorgnette à la main ; il se tenait là calé avec deux coussins, vêtu d'un veston blanc en voile de religieuse doublé de soie bleue, et, à le voir ainsi, sa chevelure noire frisée, les yeux brillants et ardents, les mains gantées de longs gants de Suède montant plus haut que le poignet, la taille prise dans un gilet bien ajusté, on n'eût jamais cru qu'il avait les cinquante-cinq ou cinquante-six ans que lui donnaient ceux qui le connaissaient ; mais trente-huit ou quarante à peine.

Retirant sa cigarette de ses lèvres, il tendit la main à Frédéric :

— Vous êtes mille fois gracieux de venir me voir, dit-il, avec un léger accent, comment est la santé de monsieur votre père ? Il me néglige comme si je n'étais pas l'un de ses amis. Et votre charmante sœur ? Quelle délicieuse enfant, ravissante, séduisante.

C'était chez lui monnaie courante que les compliments. On était toujours fort de ses amis, même quand il vous connaissait à peine ; et pour les femmes, il n'avait pas assez d'adjectifs laudatifs, même quand il ne se rappelait pas leur nom.

Frédéric ne devait pas se laisser abuser par ces épithètes adressées à Geneviève ; cela voulait dire : « Votre jolie petite sœur ». Rien de plus.

Mais il importait à la réussite de son plan qu'il parût les croire sincères, ce qu'il fit.

— Je ne saurais vous exprimer, dit-il, combien l'intérêt que vous témoignez à ma sœur me rend heureux.

— Elle est délicieuse, ravissante ! dit le marquis, plus riche en élans qu'en paroles pour les exprimer, et qui répétait volontiers les mêmes mots, faute d'en trouver d'autres, ravissante, délicieuse ! La dernière fois que je l'ai entendue, elle m'a fait un plaisir extrême ; elle est fort de mes amies, positivement délicieuse, ravissante !

Tout en parlant, il avait braqué sa jumelle à travers les lames de la jalousie disposées pour cet usage, et il regardait une victoria qui montait l'avenue ; une femme, élégamment habillée, était allongée dedans, et deux jeunes gens à cheval l'accompagnaient.

— Quelle tournure ! dit-il en désignant les jeunes gens, voyez comme ils montent. Il n'y a plus de jeunes gens.

Frédéric approuva de la tête et des épaules ; puis, quand la victoria eut disparu, il revint à son sujet :

— Puisque vous éprouvez de la sympathie pour ma sœur, cela m'enhardit à vous demander un renseignement et un conseil.

— Je suis tout à vous.

Mais avant d'être tout à Frédéric, il braqua encore

3.

sa lorgnette sur un groupe de cavaliers qui montaient l'avenue.

— Vous connaissez le duc d'Arcala? demanda Frédéric.

— Grand nom, belle fortune.

— Avant d'hériter du titre et de la fortune de son frère, le duc actuel d'Arcala ne s'appelait-il pas Inigo de San-Estevan?

— Parfaitement.

— Et n'est-ce pas à lui qu'est arrivée une certaine aventure?

— Il a été jeté dans ce bassin qui est là sous mes fenêtres par le prince Savine (1).

— Cette aventure n'entache-t-elle pas son honneur?

Le marquis ne répondit pas.

— Est-ce un homme qu'on puisse admettre dans une famille? continua Frédéric.

Et comme le marquis, au lieu de répondre, regardait avec affectation dans les Champs-Élysées, Frédéric insista :

— Je vois, dit-il, que je m'y suis pris maladroitement dans mes questions; au lieu de commencer par vous parler du duc d'Arcala, j'aurais dû d'abord vous expliquer à quoi devaient servir les renseignements que je vous demande. Sachez donc que le duc a entendu ma sœur dans deux ou trois maisons, et qu'il s'est pris pour elle d'un enthousiasme extraordinaire.

(1) Voir *la Bohème tapageuse*.

— Passionné pour la musique, le duc, et le talent merveilleux de votre ravissante sœur explique très bien cet enthousiasme.

— Mais nous avons tout lieu de croire que c'est pour la musicienne qu'il s'est passionné.

— Une enfant...

— Une enfant, oui, peut-être, mais cette enfant, dans quelques mois, sera d'âge à se marier; d'ailleurs, quand on est précoce pour le talent on l'est pour tout.

—Mais le duc a plus de cinquante ans.

— Ce n'est pas l'âge du duc qui nous préoccupe. Nous avons de bonnes raisons pour ne pas redouter les mariages dans lesquels la femme est plus jeune que son mari; mon père, vous le savez, a épousé une femme beaucoup plus jeune que lui, et je n'ai jamais imaginé qu'il pouvait y avoir plus heureux ménage que le sien. Dans la bouche d'un beau-fils c'est là une appréciation qui a sa valeur. Mon père est adoré par sa femme; il est un dieu pour elle; il est aimé avec tendresse, il est aimé avec respect, il est pour elle un père et un mari à la fois ; soins dans la vie matérielle, prévenances dans les choses du cœur, il trouve près d'elle tout ce qu'il peut désirer, tout ce qu'il a pu rêver. Je me figure que ce doit être une joie profonde quand la jeunesse vous abandonne de la retrouver dans sa compagne avec tout ce qu'il y a de bon et de charmant en elle. Au reste cela doit produire un effet de rajeunissement chez l'homme, car on voit ces vieux maris ne mourir jamais.

Il fit une pause là-dessus, pensant que ce dernier

argument avait dû toucher le marquis qui était connu pour son effroyable peur de la mort, puis il continua :

— Et si ma sœur devait devenir duchesse d'Arcala, je suis sûr qu'elle serait pour son mari ce que ma belle-mère a été pour mon père. Et même beaucoup plus, car il n'y a aucune comparaison à établir entre elle et ma belle-mère, ni pour la beauté, ni pour les qualités morales, ni pour celles de l'esprit. Je ne sais si c'est l'amour fraternel qui m'aveugle, mais je la trouve... mon Dieu ce que vous disiez tout à l'heure, monsieur le marquis, délicieuse, ravissante; elle donnerait de la gaieté à un hypocondriaque, et avec cela cependant, elle a déjà un sérieux dans l'esprit et dans le caractère qui assure sa vie et celle de son mari contre toute aventure. D'ailleurs, c'est un cœur si sensible à la reconnaissance qu'elle serait en adoration devant un homme comme le duc qui s'appliquerait à faire son bonheur.

De nouveau il fit une courte pause, puis il arriva à sa conclusion qui, elle aussi, avait été préparée :

— Voilà pourquoi j'ai pensé à vous consulter: ma sœur ignore tout, car sa pureté et son innocence devinent peu de choses, et avant que l'affaire aille plus loin, j'ai voulu vous demander ce que vous pensiez de cette aventure du duc.

Le marquis hésita un moment :

— Elle est à peu près oubliée aujourd'hui, dit-il enfin, cependant, je reconnais qu'elle a été fâcheuse.

Frédéric se leva avec dignité :

— Il suffit, dit-il, ce à quoi nous étions sensibles, mon frère et moi dans ce projet de mariage, c'était à l'honneur que nous aurait fait le duc; l'honneur manque, ce projet n'existe plus ; ma sœur est une Mussidan.

## VIII

Frédéric sortit de chez le marquis pour aller aux Batignolles chez Clara.

Ce n'était pas pour son agrément que la vicomtesse était venue demeurer rue Legendre, mais par raisons d'économie. Seulement, comme elle trouvait que les Batignolles étaient un quartier honteux, qu'on n'avoue pas quand on se respecte, elle s'était arrangée pour n'avoir pas trop à souffrir de cette humiliation. Pour cela, elle avait choisi une rue honteuse d'un bout, c'est-à-dire bon marché, et de l'autre chic, c'est-à-dire chère, et c'était ainsi qu'elle avait loué un petit appartement, — c'était elle qui disait appartement, — rue Legendre : la rue Legendre, cela peut s'avouer car elle a ses hôtels du côté du parc Monceau, et quand elle était obligée de donner son adresse, elle n'ajoutait pas que c'était du côté de l'avenue de Clichy qu'elle demeurait. Ne va-t-il pas de soi qu'une vicomtesse de Mussidan ne peut habiter qu'un quartier aristocratique ?

Mais ce qui n'était pas aristocratique, c'était son appartement, ou plutôt son logement : trois pièces au cinquième, mansardées, une cuisine, une petite salle à manger et une chambre à coucher.

Et cependant elle n'avait rien négligé pour qu'il parlât, aux yeux de ceux qui étaient introduit dans son intérieur, de la noblesse de ses locataires. C'était ainsi que, sur un rideau en toile d'emballage formant un stor devant l'unique fenêtre de la salle à manger, elle avait brodé elle-même en laine rouge une large et haute couronne de vicomte qui disait aux nouveaux venus qu'ils n'étaient point chez quelqu'un du commun. Son désir avait été tout d'abord de broder ses armes sur les dossiers des chaises de sa salle à manger, comme il convient; malheureusement leurs ressources ne leur permettant que des chaises cannées, elle avait dû renoncer à cette décoration, dont elle aurait été si fière, et se contenter de son rideau-store qui, bien que sa fenêtre fût exposée au nord, restait toujours baissé pour que les armes des Mussidan se développassent dans toute leur splendeur.

De la salle à manger on passait dans la chambre où ces armes étaient répétées brodées en reprise sur un fond en gros tulle formant voile au fauteuil, — il n'y en avait qu'un, — et sur le dessus d'édredon ; il fallait n'avoir pas d'yeux pour ne pas savoir qu'on était chez une vicomtesse, ou ne rien connaître à la science héraldique.

C'était dans cette chambre que du matin au soir, elle était occupée à travailler à ses toilettes de ville, car, pour celle de son intérieur, elle n'en prenait nul souci, étant toujours tournée chez elle comme une saltimbanque qui s'habille d'oripeaux de théâtre et de rideaux de fenêtre ; pas même peignée, parce qu'elle avait pris dans son café-concert l'habitude de se faire coiffer par le coiffeur de l'établissement et qu'elle l'attendait toujours comme s'il devait venir, s'ondulant les cheveux le matin avec des épingles, et ne les défaisant pas de la journée.

En avait-elle le temps ? Jamais elle ne sortait deux fois de suite avec la même robe, c'est-à-dire qu'elle ne mettait jamais deux fois une robe sans l'avoir dégarnie, regarnie, rallongée, raccourcie, sans avoir défait un pli, remis un nœud. C'était sa manière de la brosser. Quant à l'étoffe dont cette robe était faite, c'était toujours à peu près la même, hélas ! « une vraie occasion » dans les dix sous le mètre, achetée à la *Place Clichy* et envoyée à madame la vicomtesse de Mussidan, car, pour rien au monde elle ne s'en serait chargée, une femme de son rang ne portant pas des paquets dans la rue. Mais sur cette pauvre étoffe elle appliquait des volants, des ruches, des biais en satin, en faille, en velours à trente ou quarante francs le mètre que son mari lui rapportait de chez Faugerolles, où il les choisissait dans les rognures, parmi les petits morceaux qui n'étaient bons à rien pour le couturier, mais qu'elle savait utiliser.

Avec une vie si occupée, si remplie, elle n'avait pas le temps de faire la cuisine à son mari. Comment toucher à de la faille mauve quand on vient d'éplucher de l'oignon ?

Heureusement, au rez-de-chaussée de la maison il

y avait un gargotier, et cela lui était très commode pour commander son dîner au dernier moment : elle n'avait qu'à descendre, même sans être habillée, et, entr'ouvrant la porte de l'escalier qui, de la cuisine, communiquait avec l'escalier, elle dressait son menu :

— Deux potages, deux portions.

— Oui, madame la vicomtesse.

— Avez-vous des côtelettes de porc frais à la sauce?

— Toujours, madame la vicomtesse.

— Eh bien deux côtelettes de porc frais, avec des cornichons, beaucoup de cornichons.

— Oui, madame la vicomtesse.

Ce qu'il y avait aussi de très commode chez le restaurateur, c'était qu'elle pouvait varier ses menus, et de la côtelette de porc frais passer à la gibelotte de lapin et au foie sauté.

Sébastien ne devait donc pas se plaindre, lorsqu'il rentrait, des dîners qu'elle lui offrait, et de fait il ne pensait pas à se plaindre ; il avait bien autre chose à faire que de parler de la nourriture et de s'occuper du présent.

— Cela va bien, réjouis-toi.

— Tu as quelque chose de positif?

— Pas encore, mais mon impression est très bonne.

Et c'était sur cette impression qu'ils s'emballaient :

— Enfin, tu vas donc pouvoir dire adieu à ce misérable Faugerolles; enfin, je vais donc pouvoir me faire faire des robes chez lui; j'ai une idée...

Et elle partait sur cette idée.

Lui aussi, il en avait des idées, si bien qu'ils arrivaient souvent à se quereller, chacun voulant donner la priorité à la sienne.

— Avant la robe, il faut penser à l'ameublement, disait le mari.

— Je suis bien excusable peut-être de penser à mes toilettes, depuis le temps que je traîne mes guenilles.

— Je serais bien excusable aussi, peut-être, de penser à la cuisine, depuis que je mange les ratatouilles d'en bas.

— Si vous m'avez épousée pour faire de moi votre cuisinière, vous vous êtes trompé, mon cher.

— Ça se voit, disait Sébastien en entassant piteusement sur le bord de son assiette, le gras du porc frais.

— Si vous aimez mieux le Café Anglais, c'est aussi mon goût; vous pouvez m'y conduire.

Ce n'était pas un méchant garçon.

— Quand nous serons riches nous ne nous querellerons plus, disait-il.

Et il faisait la paix, mais il ne mangeait pas son gras.

Quand Frédéric entra chez sa belle-sœur, il trouva celle-ci occupée à découdre la robe qu'elle avait mise pour déjeuner, car en revenant par les boulevards elle avait vu à une montre un retroussis de jupe qu'elle voulait immédiatement exécuter.

— Vous ! dit-elle.

— Ne soyez pas surprise, soyez satisfaite.

— Mademoiselle de Puylaurens est morte ? s'écria-t-elle.

— N'allez pas si vite.
— Depuis le temps que j'attends...
— Eh bien, et nous?
— Enfin, que se passe-t-il de si extraordinaire ? demanda-t-elle.
— Je viens de voir le marquis d'Arlanzon.

Et il raconta sa visite, en expliquant les avantages qu'il en attendait.

Il s'était imaginé qu'elle allait partager son enthousiasme; mais il n'en fut rien.

— Savez-vous que vous avez rendu ma tâche bien difficile ? dit-elle.
— Et en quoi?
— Vous avez monté la tête à votre hidalgo, et je ne vais pas, moi, monter la tête à la petite sœur, de manière à les mettre tous les deux à l'unisson. Il aurait mieux valu attendre. C'était cela qui avait été convenu, d'ailleurs.

Sur ce mot Sébastien rentra. Mis au courant de ce qui s'était passé, il donna raison à son frère.

— Est-ce que l'essentiel n'était pas d'avoir le marquis ? dit-il.
— L'avez-vous ? demanda-t-elle.
— Enfin, il est entamé; maintenant il n'y a qu'à agir auprès de Geneviève. Va nous commander à dîner ; nous discuterons, en mangeant, les moyens à employer.
— Trois potages, trois portions, une salade.
— Tout de suite, madame la vicomtesse; il y a un fricandeau au jus ; votre société s'en lèchera les doigts.

## IX

M. de Mussidan avait commencé par traiter sa belle-fille avec le plus profond mépris : « Une fille de cette condition! » et même Sébastien n'avait pu se marier qu'après avoir adressé à son père les trois actes respectueux prescrits par la loi. Mais quand il l'avait connue, il lui avait accordé son estime et son affection.

— Elle se met bien, ta femme, avait-il dit un jour à Sébastien; et puis elle sait ce qui lui est dû, elle a le respect de son nom.

C'était non seulement le respect de son nom que la vicomtesse avait, mais encore le respect de son beau-père, qu'elle trouvait un homme très chic, malgré ses ridicules.

Et ce sentiment qu'elle montrait avait achevé la conquête de M. de Mussidan.

— Elle est intelligente, ta femme, elle me comprend.

De ce jour il lui avait accordé sa bienveillance et sa protection, lui donnant ses conseils, faisant son éducation au point de vue des belles manières, rectifiant ses façons de s'exprimer, la formant.

— Quand tu auras fait fortune, ta femme t'aidera à tenir ton rang très bien, ma foi; son père, son vrai père, a dû être un homme de race.

Mais si elle avait séduit son beau-père, qui l'appelait « chère belle », par contre elle n'avait gagné ni madame de Mussidan, ni Geneviève.

Loin de là, la répulsion que madame de Mussidan éprouvait pour cette femme qui perdait son temps dans des futilités, s'était chaque jour accrue, et à cette répulsion s'était joint bientôt un sentiment de frayeur vague : elle en avait peur, non pour elle, mais pour sa fille : peur de ses exemples, peur de ce qu'elle faisait, peur de ce qu'elle disait ; et sans oser s'expliquer franchement, sans même bien savoir sur quels points précis, elle mettait Geneviève en garde.

— Mais de quoi veux-tu que je me défie, maman? demandait Geneviève.

De quoi? Cela était bien difficile à dire, et même impossible. Heureusement l'enfant ne lui témoignait aucune sympathie et cela rassurait la mère.

Quand la vicomtesse avait voulu entreprendre la préparation de Geneviève, naturellement elle avait pensé à se servir de son influence sur son beau-père. Justement à ce moment même, M. de Mussidan, qui n'était jamais malade, souffrait d'une douleur à la jambe, et c'était pour lui une fatigue de faire faire à Geneviève la promenade de deux ou trois heures ordonnée par Carbonneau.

— Vous devriez vous reposer, lui dit-elle le lendemain même du déjeuner et du dîner où il avait été si fort question du marquis d'Arlanzon.

— Est-ce que je peux me reposer, moi? Il faut que je fasse faire à cette enfant sa promenade hygiénique. Vous savez, chère belle, je suis l'esclave du devoir; sa mère est occupée, en somme il n'y a que moi.

C'était là qu'elle l'attendait :

— Il y aurait moi si vous vouliez.

— Vous, ma chère Clara!

— Ne puis-je pas vous remplacer? Je la promènerais comme vous, je ne dis pas aussi bien que vous; mais en attendant que vous soyez rétabli, elle ne resterait pas enfermée.

Il lui baisa le bout des doigts :

— Chère belle, vous me rendez un vrai service; demain, à deux heures, elle vous attendra.

Ce fut une angoisse pour madame de Mussidan de penser que le lendemain sa fille sortirait avec Clara; elle essaya de résister, mais son mari ne voulut rien entendre.

— Que craignez-vous? dit-il. On ne vous la mangera pas, votre fille. Avez-vous peur qu'elle ne se fasse écraser? que craignez-vous?

Ce qu'elle craignait? Tout. Mais elle ne pouvait rien préciser.

Le lendemain, cinq minutes avant deux heures, Clara arrivait place Dancourt, et, à deux heures juste, elle partait avec la petite sœur, laissant madame de Mussidan un peu rassurée, parce qu'en allant l'embrasser Geneviève lui avait dit :

— Quel ennui!

Par la rue Pigalle et la Chaussée-d'Antin, elles gagnèrent la rue de la Paix.

— Vous voulez aller aux Tuileries? demanda Geneviève.

— Oui, les Tuileries, les Champs-Élysées.

Mais elles n'allèrent pas jusque-là sans s'arrêter.

A l'encoignure de la rue de la Paix se trouve la boutique d'un chapelier, dans la vitrine de laquelle étaient exposés quelques chapeaux ronds très empanachés de plumes ou enguirlandés de fleurs.

Clara s'arrêta devant cette vitrine et montra tous les chapeaux les uns après les autres à Geneviève avec des exclamations d'admiration.

— Quel cachet! je n'ai jamais vu des chapeaux de si haut genre. En voilà un qui t'irait comme un bijou. Serais-tu jolie! Entrons.

— Mais je n'ai pas besoin de chapeau, dit Geneviève, et puis nous n'avons pas d'argent pour en acheter.

Il fallut qu'elle entrât quand même et qu'elle essayât celui des chapeaux qui était du plus haut genre.

— C'est vrai que cela va mieux que les chapeaux que je me fais, dit-elle tout bas à Clara.

— Tu ne peux pas t'imaginer comme il te va; si tu avais de la toilette tu serais la plus jolie fille de Paris. Que ne suis-je riche!

Par malheur elle n'était pas assez riche pour acheter ce chapeau de haut genre qui coûtait cent quatre-vingts francs.

— Nous verrons, dit Clara.

Elles continuèrent à descendre la rue de la Paix, Clara s'arrêtant devant les montres de tous les bijoutiers qu'elles rencontraient et expliquant à Geneviève ce qu'étaient, ce que valaient les bijoux et les pierreries qu'elles regardaient.

Mais cela intéressait Geneviève beaucoup moins que le chapeau qui réellement l'avait tentée.

— Tu n'aimes donc pas les bijoux ? demanda Clara.

— Je ne sais pas; je n'y ai jamais pensé.

— Es-tu niaise ! On n'est pas jolie sans des bijoux, et c'est à ceux qu'une femme peut montrer, qu'on juge de son influence.

Arrivées à la place Vendôme, elles revinrent sur leurs pas, en prenant le trottoir opposé à celui qu'elles avaient suivi et en s'arrêtant devant tous les bijoutiers.

— Ah ! si j'étais jeune fille et jolie comme toi, disait Clara, il y en a plus d'un de ces beaux bijoux qui serait pour moi.

Geneviève ne demanda pas comment.

Elles prirent par la rue des Capucines et, en arrivant sur le boulevard, Clara fit de nouvelles stations devant les montres des magasins de confection qui avaient des robes toutes faites en exposition.

— Tu t'es trouvée jolie tout à l'heure avec le chapeau à plumes, dit Clara.

— J'ai trouvé le chapeau joli, répondit Geneviève.

— Tu n'es pas assez simple pour ne pas savoir que tu es jolie. Qu'est-ce qu'il te manque pour être très jolie et pour tourner la tête aux hommes ? La toilette tout simplement. Crois-tu que si tu avais cette robe-là, elle montra un de ces costumes que seules les étrangères osent arborer lorsqu'elles sont rentrées à Lima ou à Chicago, crois-tu que tu ne serais pas plus séduisante qu'avec ta méchante petite robe de laine faite par ta mère ? La femme n'existe pas sans la toilette; c'est un animal moins doué par la nature que les autres animaux, voilà tout.

Geneviève ne disait rien, mais elle réfléchissait :
— C'était donc vrai, ne pouvait-on plaire que quand on avait des bijoux et de riches toilettes; la jeunesse, la tendresse, les qualités du cœur n'étaient-elles rien ?

Elles arrivèrent aux Champs-Élysées. C'était l'heure du défilé des voitures qui s'en allaient au Bois, et, par la belle journée qu'il faisait, la chaussée était pleine d'équipages dans lesquels se montraient les femmes les plus brillantes du Paris élégant.

— Asseyons-nous, dit Clara, en prenant deux chaises au premier rang de la contre-allée, nous allons voir passer devant nous toutes les femmes à la mode.

Elle les connaissait toutes, ces femmes à la mode, car depuis son mariage ç'avait été son souci et son plaisir de se les faire montrer par son mari.

Et en les nommant à Geneviève, elle racontait leur histoire qu'elle arrangeait d'après le but auquel elle tendait.

Une femme d'une trentaine d'années, à la physionomie gracieuse, ayant près d'elle un bel homme de grande taille, à l'air intelligent et fier, et devant elle deux beaux enfants, un garçon et une fille, passait dans une calèche d'une correction irréprochable, attelée de deux chevaux splendides.

— Le colonel Chamberlain et sa femme, dit Clara; c'était la fille d'un ouvrier, elle peignait des fleurs et, pour sa beauté, pour son intelligence, elle a été épousée par le colonel, qui a plusieurs millions de revenu.

Derrière la calèche du colonel Chamberlain venait un grand landau armorié dans lequel se trouvait une jeune femme toute seule.

— La duchesse de Moras, dit Clara. Elle n'avait pas le sou; son père, sa mère, ses frères et ses sœurs étaient dans une affreuse misère. A dix-sept ans elle a épousé le duc de Moras qui en avait soixante. C'est aujourd'hui la femme la plus heureuse de Paris; une de celles qui dépensent le plus chez Faugerolles; tout le monde parle de ses diamants. Demande à ton ami Gardénia ce qu'il a écrit d'articles sur elle.

— Ses diamants ne prouvent pas qu'elle est heureuse, dit Geneviève, elle a l'air joliment ennuyé; madame Chamberlain, en voilà une qui a l'air heureux.

— Ce qui n'empêche pas que la duchesse de Moras a fait son bonheur et celui de sa famille; elle a doté ses frères, marié ses sœurs et par son mariage relevé sa maison.

Avec le défilé se continuèrent les histoires qui durèrent jusqu'à Montmartre.

— Conte-moi ce que tu as fait, dit madame de Mussidan à sa fille, lorsqu'elle fut seule avec elle.

— Nous avons fait des stations devant les chapeliers, devant les modistes, devant les bijoutiers, et nous avons parlé de robes, de chapeaux et de bijoux; il paraît qu'il faut qu'une femme ait des toilettes pour être belle et qu'elle ne vaut que par ses bijoux.

## X

La grande crainte de madame de Mussidan, en pensant à sa fille, avait toujours été que Geneviève ne se laissât gagner par l'amour de la chimère, le besoin de paraître, l'ostentation, l'orgueil, le dédain d'aujourd'hui, la confiance du lendemain, l'horreur du travail, qui étaient la caractéristique de la famille. Jusqu'à ce jour l'enfant, loin de justifier ces craintes, leur avait au contraire, à chaque instant, à propos de tout, donné des démentis; on ne pouvait être plus simple qu'elle, plus modeste, plus travailleuse. Mais elle n'était qu'une enfant; n'était-il pas possible qu'au moment où cette enfant allait devenir femme, de grands changements se fissent en elle? C'était l'âge critique! Que fallait-il pour que le côté Mussidan prît le dessus? Un rien, un mot imprudent, un mauvais exemple, une leçon maladroite. Alors que deviendrait-elle, la chère mignonne? Sa vie serait-elle ce qu'avait été celle de son père, ce qu'était celle de ses frères?

C'était assez, c'était trop de cette expérience; elle voulut donc empêcher Geneviève de sortir une seconde fois avec sa belle-sœur; mais quand elle essaya de faire comprendre à son mari que Geneviève pouvait très bien rester quelques jours sans sortir, il se fâcha :

— Je veux que ma fille sorte avec sa belle-sœur, s'écria-t-il; elle n'a qu'à gagner dans la compagnie de la vicomtesse, qui est une femme intelligente, une femme de goût. Votre jalousie est ridicule.

— Ma jalousie!

— De quel nom voulez-vous que j'appelle le sentiment qui vous ferait compromettre la santé de mon enfant, si je n'étais là, Dieu merci, pour la protéger dans cette circonstance, comme dans toutes d'ailleurs? Et vous croyez l'aimer! Pauvre petite! Que deviendrait-elle si Dieu me rappelait à lui! Heureusement je vivrai assez longtemps, je le sens, pour assurer son avenir. Elle se promènera tantôt avec Clara, je le veux.

Il n'y avait pas à résister, au moins ce jour-là, et quand sa belle-sœur était arrivée Geneviève était prête.

— Eh bien! demanda la vicomtesse à Geneviève, lorsqu'elles se trouvèrent seules dans la rue, descendant vers Paris, as-tu pensé à ton chapeau?

— Quel chapeau?

— Comment quel chapeau? Mais celui que tu as essayé hier?

— Ma foi non, pas du tout.

— Et aux bijoux de Baugrand et de Samper?

— Non.

— Alors c'est de la robe en foulard rouge que tu as rêvé ?

— Ah ! non, par exemple.

— Et la colonelle Chamberlain, l'as-tu revue passer devant toi ?

— Non.

— Et la duchesse de Moras.

— Pas davantage.

Et Geneviève se mit à rire, trouvant très drôles les questions de sa belle-sœur.

Celle-ci se fâcha :

— Alors qu'est-ce que tu as fait ? demanda-t-elle d'un ton dépité.

— Ah ! voilà ; M. Faré est venu hier soir...

— Gardénia ?

Geneviève ne releva pas ce « Gardénia » qui voulait être dédaigneux, elle continua :

— ... Il nous a dit des vers qu'il venait d'achever, et moi je lui ai joué la ballade en *sol mineur* de Chopin. Il avait besoin d'entendre un morceau difficile, et je vous assure que celui-là n'est pas commode. Alors, toute la nuit, j'ai rêvé de la difficulté de la ballade et du charme de ses vers, mêlant tout, brouillant tout, comme si la musique avait été faite sur les vers. Et voilà, je n'ai pas eu le temps de penser au chapeau de cent quatre-vingts francs, à la robe de foulard rouge, à la colonelle Chamberlain, ni à la duchesse de Moras.

— Elle était faite pour te toucher cependant, l'histoire de la duchesse.

— En quoi donc ?

— En ce qu'avant que le duc l'épousât, elle était dans une situation qui ressemblait à la tienne ; elle avait un père, des frères dans la misère ; un nom, pas le sou, et qu'elle n'a eu qu'à se marier pour faire le bonheur des siens.

— Elle était d'âge à se marier.

— Comme toi.

— Je suis donc à un âge où l'on peut penser à m'épouser ? dit Geneviève, avec un élan de joie.

Clara crut qu'elle avait réussi :

— Mais certainement, dit-elle, tu as tout pour qu'on pense à t'épouser : l'âge d'abord, car il ne s'en faut plus que de quelques mois pour que la loi te permette de te marier, puis ensuite la beauté, le charme, la tendresse, car tu es très tendre...

— Oh ! oui !

Ce mot lui échappa, mais elle n'en dit pas davantage.

— Tu dois savoir cela, continua Clara, et tu n'es pas sans avoir remarqué l'impression que tu produis.

Geneviève hésita un moment, comme si elle balançait sa réponse ; mais cependant elle ne dit rien.

— Je sais, moi, quelqu'un sur qui tu as produit une impression profonde.

— Quelqu'un ! s'écria-t-elle, il vous l'a dit ?

— Il ne me l'a pas dit, mais je le sais ; et ce quelqu'un ne demanderait qu'à faire de toi sa femme.

— Ah !

Elle était dans un état de trouble qui donna bon espoir à la vicomtesse : évidemment elle ne demandait qu'à se marier, et dans ces dispositions-là il devait être facile de lui faire accepter le marquis.

— Un homme qui porte un beau nom, continua-t-elle, qui est dans une grande situation, qui possède une superbe fortune, ce serait pour toi un mariage splendide.

Elles marchaient en se donnant le bras, et aux contractions de la main de Geneviève, lorsqu'il avait été question de la profonde impression produite sur quelqu'un, la vicomtesse avait senti combien la petite sœur était émue ; mais, subitement, et au moment où elle avait commencé à indiquer quel pouvait être ce quelqu'un, cette main était devenue inerte. Il fallait donc être circonspecte et ne pas aller trop vite.

— Tu veux faire le bonheur de ta famille, n'est-ce pas? dit-elle. De ton père, de ta mère, de tes frères, et tu dois comprendre que cela n'est pas possible avec ton talent, si grand qu'il soit; cela ne peut se réaliser que par un beau mariage. Eh bien! dans ta position, un grand mariage ne se rencontre pas tous les jours. Il faut le saisir quand il se présente, et il se présente. Quand je t'ai parlé, hier, de la duchesse de Moras, ce n'était pas propos en l'air; je voulais que tu comprisses comme on peut devenir heureuse et brillante quand on croit ne faire que le bonheur de ceux qu'on aime, et je m'imaginais que cet exemple te donnerait à réfléchir; car enfin, tu vaux mieux, bien certainement, que ne valait la duchesse avant son mariage, tu aimes ton père, mieux qu'elle n'aimait le sien; tu es plus généreuse, plus dévouée qu'elle ne pouvait l'être. Ce qu'elle a fait pour ses parents, tu peux bien le faire pour les tiens, et même, étant donné ton caractère, il me semble que tu dois être heureuse de le faire.

— Mais qui ? De qui s'agit-il ? demanda-t-elle.

— Je te l'ai dit, un homme qui porte un grand nom et qui de plus est célèbre par son élégance, par sa distinction, qualités que n'ont pas les tout jeunes gens, bien entendu. Aussi n'est-ce pas un tout jeune homme ; mais ton père non plus n'était pas un tout jeune homme quand il a épousé ta mère, et son âge n'a pas empêché ta mère de l'aimer. Enfin c'est le marquis d'Arlanzon.

— Le marquis ! dit Geneviève avec stupéfaction.

— Eh bien ! quoi, le marquis, connais-tu beaucoup de jeunes gens qui le vaillent ? Crois-tu que le duc de Moras était aussi bien que lui ?

— Mais qu'est-ce que cela me fait à moi le duc de Moras ?

— Cela te ferait si tu étais la jeune fille que je croyais ; il te serait un exemple. Mais si tu mets ta fantaisie et ton caprice avant la tendresse filiale et le dévouement à tes parents, cela ne te fait rien. Refuse le marquis, si tu veux ; moi, cela m'est bien égal. Seulement, avant que tu puisses faire un autre mariage qui vaille celui-là, ton père peut mourir, et mourir dans la misère, sans que tu aies rien fait pour adoucir ses derniers jours. Le pauvre homme, lui qui t'aime tant !

Elle resta sur ce mot, et pendant toute la promenade elles marchèrent côte à côte sans échanger une seule parole ; Geneviève était trop émue, trop bouleversée pour rien trouver, et Clara voulait la laisser à ses réflexions.

Ce fut seulement en revenant et au moment où elles approchaient de Montmartre qu'elle reprit l'entretien.

—Qu'il soit entendu, dit-elle, que je ne t'en veux pas de la façon dont tu as accueilli mes paroles. Je comprends qu'elles t'aient surprise. Mais tu réfléchiras et tu verras que je t'ai parlé en amie, dans ton intérêt, dans celui de ton père et de ta mère. Tu ne peux pas avoir à ton âge l'expérience qu'on a au mien. Maintenant je ne te donnerai qu'un conseil : jusqu'au moment où ces réflexions se seront faites dans ton cœur, sois prudente, ne compromets rien. Il est probable que tu verras le marquis d'ici peu de temps : sois avec lui comme si tu devais l'accepter pour mari, comme si tu le désirais. Cela ne t'engage à rien, car tant que tu n'auras pas dit oui, tu pourras dire non. Ce qu'il faut c'est simplement que tu te prépares le moyen de dire oui. Pour cela, que faut-il? Bien peu de chose, presque rien. Ne crains pas de le regarder avec des yeux un peu tendres ; cela n'est pas difficile. S'il te prend la main, ne la retire pas brusquement ; laisse-la dans la sienne, et s'il te presse les doigts, ne te défends pas. Recherche-le. Va à lui. Parle-lui la première. Écoute-le attentivement en lui souriant, comme si tu prenais un plaisir extrême à ce qu'il te dit. Je te répète que cela ne t'engage à rien. Toutes les jeunes filles sont ainsi, sans que cela tire à conséquence. En tout cas, dis-toi bien que le marquis est un ami de ton père, le seul ami qui lui reste dans le grand monde, et que si un jour tu dois le refuser, il ne faut pas que ce refus le fâche. Pour cela il faut que tu sois aimable et gentille avec lui, — aussi gentille que tu peux l'être.

## XI

Geneviève avait l'habitude de ne rien cacher à sa mère et de lui dire tout ce qui lui arrivait, tout ce qu'elle faisait, tout ce qu'elle entendait, tout ce qu'elle pensait, tout ce qu'elle désirait. Jusqu'à ce moment, ces différents « tout » n'avaient pas eu grande importance. Ce n'étaient que les « tout » d'une petite fille, d'une enfant.

Mais voilà que de l'enfant on faisait une jeune fille, presque une femme, et ce qu'elle avait à répéter à sa mère n'était plus la même chose.

Il n'y avait pas en elle d'irrésolution sur le parti qu'elle devait prendre : jamais elle ne consentirait à se laisser épouser par le marquis d'Arlanzon; mais au contraire il y en avait de terribles sur la conduite qu'elle devait tenir.

Pendant que sa belle-sœur parlait, sa première pensée avait été de demander aide et protection à sa mère comme elle le faisait pour tout; à elles deux, elles empêcheraient bien ce mariage, car elle était certaine à l'avance que sa mère n'en voudrait pas plus qu'elle.

Mais après le premier émoi calmé, elle s'était demandé si elle devait imposer cette confidence à sa mère; et c'était cette question qu'elle agitait pendant que Clara continuait à énumérer les raisons, toutes plus fortes les unes que les autres, qui devaient la décider à ce mariage.

Certainement sa mère s'unirait à elle, et cette alliance lui donnerait plus de force; ce serait sa mère qui dirigerait la résistance, qui ferait tout.

Mais c'était cela précisément qui causait son embarras et son inquiétude, car appeler sa mère à son aide, c'était la jeter dans la lutte avec toute sa famille, sa belle-sœur et ses deux frères d'abord, puis ensuite avec son père aussi sans doute.

Depuis qu'elle était en âge d'observer et de raisonner, elle avait vu les sacrifices que sa mère s'imposait pour ne jamais contrarier ou gêner Sébastien et Frédéric, et comme elle en était récompensée, ne trouvant que le dédain ou des rebuffades pour ses bontés, traitée à propos de tout en étrangère, avec défiance quand ce n'était pas avec mépris.

D'autre part elle avait vu et elle voyait chaque jour comment sa mère était avec son père, quelles attentions, quelles prévenances elle devait avoir pour qu'il ne se plaignît point ou ne se fâchât point, et cependant comme, malgré tout, il était sévère pour elle, dur et même bien souvent injuste.

Pendant longtemps elle n'avait pas voulu se faire juge entre son père et sa mère, fermant les yeux à ce qu'elle voyait, les oreilles à ce qu'elle entendait, son esprit à ce qu'elle comprenait; se reprochant même de voir, d'entendre, de comprendre, s'accusant d'être une mauvaise fille.

Et, ce qui l'exaspérait contre elle-même, c'était qu'elle trouvait toujours les torts du côté de son père. Cela n'était pas vraisemblable, se disait-elle dans sa justice enfantine, Pourquoi cela? Elle n'aimait donc point son père comme il méritait d'être aimé, lui qui, à chaque instant, parlait de sa tendresse, de sa sollicitude, de son dévoumeent pour elle. Combien de fois lui avait-il dit: « Que deviendrais-tu ma pauvre petite si je n'étais pas là? »

Dans de pareilles conditions, alors qu'elle avait toujours cherché à mettre sa mère à l'abri des difficultés et des querelles, devait-elle lui demander sa protection pour une affaire qui sûrement serait une source de difficultés et de querelles bien plus graves encore?

Pourquoi n'essayerait-elle pas de se défendre toute seule?

On voulait qu'elle fût aimable avec le marquis d'Arlanzon, elle n'avait qu'à être désagréable; souriante, gracieuse, elle n'avait qu'à être indifférente ou grognon.

En sonnant à la porte de sa mère, son plan était arrêté: elle ne dirait rien; elle ne voyait pas d'inconvénients à se taire et il y en avait tant à parler; son embarras, son seul ennui était de cacher quelque chose à sa mère, d'avoir un secret.

Aussitôt que Clara fut partie, madame de Mussidan interrogea sa fille, car son inquiétude était encore plus vive ce jour-là qu'elle ne l'avait été la veille.

— Qu'est-ce que vous avez fait aujourd'hui ? Où avez-vous été ?

— Simplement sur les boulevards.

— Pour des chapeaux, pour des robes ?

— Non, il n'a pas été du tout question de chapeaux, de robes, de bijoux.

— Et de quoi donc avez-vous pu parler ?

— Elle a parlé du marquis d'Arlanzon.

— Ah! oui, le marquis d'Arlanzon, Son Altesse, le comte, le baron, tous personnages qui tiennent une grande place dans ses discours et ses soucis.

Le lendemain Clara, en se promenant, recommença ses discours sur le marquis, et Geneviève ne lui répondit pas plus qu'elle ne lui avait répondu la veille. A quoi bon ? Ce n'était pas ce qu'elle dirait qui changerait les idées de sa belle-sœur sur ce beau mariage. Elle n'avait qu'à attendre qu'elle se trouvât en présence du marquis.

Cela ne tarda pas à se produire. Elle fut demandée pour jouer chez la duchesse de Villagarcia, qui, dans son hôtel de la rue François Ier, réunissait tous les dimanches quelques femmes à la mode et un petit cercle d'hommes brillants, surtout des étrangers ; pendant les cinq ou six années qu'elle avait passées en Espagne auprès de son mari, elle avait connu le marquis d'Arlanzon, et celui-ci était resté l'un de ses fidèles.

Il n'était pas dans le caractère de Geneviève d'être émue lorsqu'elle allait jouer chez les gens du monde. L'émotion, c'était bon devant des artistes ; mais, dans les salons, on lui avait adressé tant de questions naïve et fait tant de compliments à côté qu'elle ne se mettait pas en peine pour ce public. Ce jour-là cependant elle se sentit troublée et presque tremblante quand, au bras de son père, elle fit son entrée dans le salon de la duchesse.

Fille d'un peintre et Parisienne, madame de Villagarcia n'avait pas avec les artistes les airs de prétentions ou de supériorité qu'affectent certaines gens du monde; elle accueillit donc Geneviève avec une affabilité qui fut d'autant plus rassurante pour celle-ci que le marquis n'était pas arrivé.

Ne viendrait-il pas? Cela l'aurait joliment soulagée.

Mais elle ne garda pas longtemps cette espérance. elle vit le marquis s'avancer vers elle avec son air sucré.

Bien qu'elle ne fût pas en situation d'observer ce qui se passait, trop émue pour cela et aussi se sentant trop enfant pour démêler ce qu'il pouvait y avoir sous une physionomie d'homme du monde et sous son intention comme dans ses regards et son attitude, il lui sembla que le marquis se tenait sur la réserve comme s'il attendait quelque chose d'elle.

Si ce qu'il attendait était ce que Clara avait demandé, le moment était venu pour elle d'affirmer clairement ses dispositions.

Bravement elle affecta de ne pas le regarder, et, quand il lui adressa la parole, de ne répondre que ce que la stricte politesse exigeait.

## XII

Avant les confidences de sa belle-sœur, Geneviève n'avait jamais pensé qu'elle pouvait se marier.

Au moins qu'elle pouvait se marier si jeune, car sa vocation n'était pas de mourir vieille fille, et même elle avait, au sujet du mariage (de son mariage), des idées qu'elle n'avait jamais dites à personne, de ces idées que l'on caresse lorsqu'on laisse son imagination s'envoler dans la rêverie, mais sans les préciser jamais et sans leur donner une date pour la réalisation : « Pourquoi pas?... Un jour peut-être... » Et sur ce jour éloigné, avec sa constante préoccupation de l'avenir, elle bâtissait son roman, qui, pour la fin, était celui d'une jeune fille, mais qui, pour le commencement et le milieu, n'était encore que celui d'une enfant.

Les confidences de Clara avaient instantanément changé tout cela.

Elle n'était donc plus une petite fille, une gamine, comme disaient son père et ses frères.

On pouvait donc l'aimer.

On pouvait donc vouloir la prendre pour femme.

Si le marquis avait eu cette idée de mariage, d'autres pouvaient l'avoir comme lui, car enfin ce n'était pas l'âge, ce n'était pas la fortune qui la lui avaient inspirée, c'était elle, elle seule.

Si le marquis avait eu des yeux pour la voir, d'autres pouvaient en avoir aussi.

Si elle n'était plus une gamine pour le marquis, elle ne devait pas davantage en être une pour les autres.

Les autres, pour elle, se réduisaient à un autre, un seul, son ami, son camarade, celui qu'elle pouvait nommer tout haut maintenant et sans rougir, celui qui avait mené tout son roman depuis qu'elle l'avait commencé, qui en avait été, qui en était le héros, Faré.

Elle n'était plus une petite fille pour le marquis d'Arlanzon, en était-elle toujours une pour Faré?

C'était la question qui lui était venue à l'esprit au moment même où Clara lui avait parlé du marquis, et c'était elle qui maintenant la pressait le jour, la nuit, quand elle avait la liberté d'être seule, de réfléchir ou de rêver.

Et cette question, tout naturellement, en entraînait une autre, qui n'était que la conséquence de la première. Ne l'aimait-il que comme une amie, une camarade, une sœur? Ou bien l'aimait-il?

Jamais elle n'avait osé se le demander franchement, mais maintenant! Lorsqu'en bâtissant son roman, elle en était arrivée à ce point délicat, elle avait eu une manière de le tourner, une façon jésuitique de petite fille qui l'avait laissée à peu près tranquille dans son honnêteté et son innocence: » Quand Ernest m'aimera, c'est à-dire quand je serai d'âge à être aimée »; et elle avait pu alors continuer le développement de son roman sans remords; il ne s'agissait pas du présent; tout se passait au futur; et dans l'avenir il lui serait bien permis d'aimer Ernest, comme il serait bien permis à Ernest de l'aimer. Si elle pensait à Ernest continuellement, si elle avait plaisir à être avec lui, si elle inventait des prétextes pour aller rue Girardon plus souvent qu'il n'était convenu, si elle en inventait d'autres pour qu'il vînt lui-même presque tous les jours place Dancourt, c'était parce qu'Ernest était son camarade; il n'y avait pas besoin d'autres explications, cela était tout naturel et parfaitement légitime. Ce serait plus tard que ces visites seraient graves, quand elle serait en âge d'être aimée.

Mais justement voilà que cet âge était arrivé, et puisque le marquis d'Arlanzon voulait la prendre pour femme, elle pouvait sans scrupules se demander si Ernest l'aimait.

C'était pour elle le grand mystère que l'amour, le sujet constant de ses recherches, de sa curiosité éveillée sur certains points et absolument aveugle sur beaucoup d'autres.

Qui lui dirait ce que c'était que l'amour?

La première fois que cette question s'était imposée à sa curiosité impatiente, elle avait en cachette demandé une réponse à son dictionnaire qui lui avait dit que l'amour était un sentiment d'affection d'un sexe pour l'autre, ce qui l'avait jetée dans le trouble et la perplexité. Elle avait de l'affection pour Sébastien et Frédéric, elle en avait pour Lutan, qui étaient d'un autre sexe qu'elle; elle en avait aussi pour Ernest; et ces affections ne se ressemblaient en rien.

Alors elle avait cherché le mot amant, et elle avait trouvé qu'un amant est celui qui, ayant de l'amour pour une femme, a fait connaître ses sentiments et est aimé. Ernest n'était donc pas son amant puisqu'il n'avait pas fait connaître ses sentiments. Et ce qu'il y avait d'incompréhensible, c'est qu'elle était l'amante d'Ernest, puisqu'une amante, c'était son dictionnaire qui le disait, est celle qui est attachée à un homme par des sentiments tendres et passionnés.

Ne trouvant là rien de satisfaisant pour son esprit et sa raison elle avait tout de suite sauté à *mari* : « Mari, celui qui est joint à une femme par le mariage », et comme cela ne lui apprenait rien, elle était revenue à maîtresse; mais là elle avait tout à fait perdu la tête : « Maîtresse, fille ou femme recherchée en mariage. »

Ainsi elle était la maîtresse du marquis d'Arlanzon, et en même temps elle était l'amante d'Ernest.

Si les dictionnaires étaient bêtes, ses lectures ne la renseignaient pas mieux. Le *Don Quichotte* à l'usage de la jeunesse qu'on lui avait donné ne lui avait rien du tout appris sur l'amour : Don Quichotte était l'amant de Dulcinée de Toboso, eh bien, après? *Olivier Twist*, rien non plus. *Robinson*, encore moins. Dans *David Copperfield* il y avait une petite Emily qui aurait pu lui en dire long; mais elle s'exprimait avec tant de réserve et l'auteur parlait d'elle si discrètement que cette lecture vous mettait dans l'esprit quelques points d'interrogation de plus. Elle lisait, il est vrai, les journaux dans lesquels on parlait d'elle, la *Gazette Musicale*, le *Ménestrel*, et aussi parfois les journaux quotidiens; mais c'était toujours ceux du lundi ou du mardi dans lesquels la critique musicale remplace le roman. Quant au journal de Faré, qu'elle lisait tous les jours, le roman ne racontait jamais que des histoires de mères à qui on a volé leur enfant, ou bien de membres coupés, perdus dans les rues de Paris, ici un doigts là un pied, ailleurs un nez avec lesquels on tâchait de reconstruire un cadavre complet, ce qui donnait lieu à des histoires effroyables.

Tout cela ne lui apprenait pas ce que c'était que l'amour.

Elle n'avait personne qu'elle pût interroger, ou plutôt qu'elle osât interroger, car elle s'imaginait que si elle avait questionné Sophie, celle-ci aurait su lui répondre. Mais comment poser des questions à cette grande gaillarde qui la traitait en gamine, avec des airs de supériorité qui se rattrape?

Il fallait qu'elle cherchât seule, en elle-même et en lui; mais il est si difficile de voir dans les autres, et si difficile de lire en soi; elle était en cela d'une maladresse qui lui faisait croire bien souvent qu'elle était stupide.

Tout autre à sa place saurait sûrement à quoi s'en tenir, tandis qu'elle, elle ne savait rien, elle ne voyait rien, elle était incapable de se rien expliquer, croyant le contraire le lendemain de ce qu'elle s'était dit la veille.

Les jours où il ne la quittait pas du regard, où il la suivait partout dans le jardin, où il trouvait toujours moyen d'être assis près d'elle, où chaque fois qu'il parlait il s'adressait à elle, où il la prenait à part pour lui dire des choses qui l'exaltaient de joie, et qui cependant, quand elle se les rappelait, étaient les plus simples du monde ; les jours où il arrivait tout heureux pour lui apporter un article sur elle, où il l'écoutait jouer avec une admiration qui ne ressemblait en rien à celle de son public ordinaire, ces jours-là elle se disait, elle se répétait : « Il m'aime ! » et c'était le mot qui était sur ses lèvres quand elle s'endormait. Et les preuves ne lui manquaient pas pour affirmer cet amour : est-ce que d'autres que lui avaient jamais eu des yeux si doux en la regardant, une voix si tendre en lui parlant ? C'était cela l'amour.

Au contraire, les jours où il semblait vouloir s'enfermer dans une réserve à laquelle elle ne trouvait pas de cause ; où il détournait les yeux lorsqu'elle le regardait ; où il évitait les tête-à-tête, appelant quelqu'un ou s'en allant lorsqu'ils allaient rester seuls, ces jours-là, elle se disait : « Il ne m'aime pas » ; et le mot qu'elle se répétait était, en dormant : « Il ne peut pas m'aimer ».

Si cruel qu'il fût, ce mot, il ne la désespérait pas cependant, car elle en corrigeait l'amertume en reprenant son roman : « Quand il m'aimera, quand je serai d'âge à être aimée. »

Mais, puisque cet âge était arrivé, pourquoi ne parlait-il pas maintenant ?

Était-elle donc encore une gamine pour lui ou bien la trouvait-il laide ?

C'était là un doute qui la jetait dans des inquiétudes et des recherches dont elle avait honte. Non seulement elle restait devant sa glace à s'étudier, mais encore elle se comparait aux femmes et aux jeunes filles qui avaient une réputation de beauté. Elle interrogeait Faré pour lui demander quels types de beauté il préférait, car, bien qu'elle connût son goût depuis longtemps, il pouvait changer, aimer les nez aquilins aujourd'hui et demain les nez droits. Et quand il lui avait répondu, quelquefois en l'air, sans trop penser à ses paroles, elle essayait de réaliser ce qu'il lui avait dit. Ou bien, sans l'avoir interrogé et d'elle-même elle changeait sa coiffure, mais ayant toujours soin d'en choisir une qui lui donnât l'air femme, croyait-elle. Ah ! si elle avait pu paraître trente ans

## XIII

La soirée chez la duchesse de Villagarcia rendit le tourment de Geneviève plus vif encore.

Pourquoi Ernest ne la regardait-il pas comme le marquis l'avait regardée?

Elle ne pouvait pourtant pas le lui demander! Cela devenait exaspérant, à la fin. Il était homme, c'était à lui de parler, non à elle.

A force de tourner autour de cette idée, elle en vint à se dire que la faute en était peut-être à elle. Plusieurs fois elle avait cru qu'il allait parler, et s'il s'était tu n'était-ce pas parce qu'elle lui avait fermé la bouche? Comment? Elle n'en savait rien. Mais cela se pouvait cependant. Avant de l'accuser, n'était-il pas juste qu'elle fît son examen de conscience et vît si elle n'était pas elle-même la coupable? Ainsi pourquoi lui avait-elle dit qu'elle ne se marierait jamais, et cela au moment même où c'était lui qui avait commencé à lui parler mariage? N'était-ce pas une inconséquence de vouloir qu'il parlât et précisément, au moment où il allait peut-être parler, d'avoir peur de l'entendre?

Si elle avait été maladroite dans cette circonstance ; elle ne le serait pas quand il s'en présenterait une autre.

Justement, le dimanche suivant, elle devait aller rue Girardon pour inaugurer une salle de verdure qu'Ernest avait arrangée exprès pour elle, et où l'on devait goûter en plein air les jours de beau temps. Peut-être cela offrirait-il une occasion de reprendre l'entretien où elle l'avait interrompu. Cette fois, elle ne couperait pas la parole à Ernest, et, s'il ne la prenait pas, elle avait un moyen sûr pour lui ouvrir les lèvres.

Ce jour-là, elle apporta à sa toilette un soin extraordinaire : il ne s'agissait pas d'être une petite fille, il fallait bien montrer qu'on était une jeune fille bonne à marier, et qui se marierait quand elle voudrait, tout de suite si cela lui plaisait.

Et quand elle se regarda dans sa glace après s'être habillée, et peu de temps avant de partir avec sa mère, ell trouva que s'il ne la voyait pas ce qu'elle était, c'est que décidément il n'avait pas d'yeux pour voir. Heureusement il aurait des oreilles pour entendre, sans doute.

Dans la semaine et avec l'aide de sa mère, elle s'était fait une robe en cachemire d'Ecosse grenat, ayant choisi avec intention cette teinte sérieuse qui devait, croyait-elle, la vieillir, et qui, au contraire, donnait encore un éclat plus jeune à son teint clair et à ses cheveux blonds légers. La forme de cette robe avait été une grosse affaire ; elle voulait qu'elle allongeât sa taille fine et en même temps qu'elle fît valoir ses épaules aux contours arrondis et sa poitrine ferme et développée qui était son grand sujet de fierté. Et cela un peu par parti pris de jeune fille qui veut faire la femme, car il y avait en elle d'autres beautés, dont elle aurait pu être tout aussi justement fière : sa petite bouche en cerise, aux lèvres charnues et rebondies ; ses beaux grands yeux marron tout pleins de lumière sous ses épais sourcils dorés ; le profil pur et l'ovale régulier de son visage, dont l'expression était la grâce placide.

Si elle attendait ce jour avec émotion, Faré ne l'attendait pas moins impatiemment qu'elle, car depuis quinze jours il travaillait à sa salle de verdure, qu'il avait entièrement élevée de ses mains. A vrai dire, cependant, elle ne ressemblait en rien aux serres anglaises, aux portiques italiens, que Gardénia décrivait si complaisamment dans ses chroniques et peuplait des femmes les plus titrées de la haute élégance ; ce n'était que de simples poteaux formant carcasse et soutenant des fils de fer régulièrement espacés, mais quand ces poteaux et ces fils de fer seraient garnis sur trois côtés et sur le toit de plantes grimpantes, vigne vierge, chèvrefeuille, qui commençaient à pousser, ce serait très joli.

Au reste, ce fut le mot de Geneviève en arrivant :

— Comme cela sera joli quand il y aura des feuilles et des fleurs ! comme vous avez bien arrangé tout cela !

Ce qui était vraiment joli et déjà joli, c'était le jardin qui, si pauvre qu'il fût, avait sa parure du printemps. En avril, quand les lilas fleurissent, tous les jardins parisiens ne sont-ils pas charmants, les plus modestes comme les plus riches ? Que leur faut-il ? Une corbeille de giroflée, quelques pieds de pensée, une touffe de narcisese, et la fraîche verdure qui répand dans l'air l'odeur de la sève.

Et puis, si le feuillage manquait encore autour de cette salle, au moins avait-elle la vue, car Faré l'avait disposé au point le plus élevé du jardin, celui qui commandait l'horizon depuis le Mont-Valérien jusqu'à Montmorency; et l'on pouvait rester là longtemps sans ennui à suivre le mouvement des nuages ou les caprices de la fumée que dispersait le vent.

Mais ce n'était pas le jour des rêveries silencieuses, et quand ils eurent imaginé en alternant ce que serait cette salle de verdure le jour où elle aurait de la verdure, Geneviève, voyant que la conversation pourrait bien tourner sur les fleurs, la vue, les nuages, voulut en venir au plan qu'elle avait préparé.

— M'avez-vous regardée? lui demanda-t-elle.

— Mais certainement. Elle vous va très bien, votre robe.

— Il ne s'agit pas de ma robe, regardez-moi encore.

Et pendant qu'il l'examinait, elle jeta les yeux du côté des mères; elles étaient sous le porche de la maison, madame de Mussidan brodant des manchettes pour sa fille et madame Faré travaillant à la tapisserie du dimanche; ils pouvaient donc causer librement.

— Eh bien, demanda-t-elle, regardez-moi. Imaginez que vous ne me connaissez pas, et dites-moi pour qui vous me prenez.

— Mais pour une très jolie fille.

— C'est agaçant. Comment, vous ne pouvez pas répondre à ce que je vous demande?

— Mais que me demandez-vous?

— Ah! je vois bien que vous ne me répondrez jamais. Je vais parler, moi, et vous dire ce qui m'est arrivé dimanche chez madame de Villagarcia.

— Vous avez eu beaucoup de succès.

— Ah! s'écria-t-elle. Après la robe le succès maintenant. Eh bien, oui, j'ai eu du succès, mais pas celui que vous pensez. Ah çà! vous vous imaginez donc qu'on ne peut voir en moi que la pianiste? c'est exaspérant à la fin. Eh bien, apprenez que je ne suis pas seulement une boîte à musique.

— Mais enfin, qu'est-ce qu'il y a?

— Vous savez que chez madame de Villagarcia se trouvait le marquis d'Arlanzon.

— Comment donc : « Parmi les notabilités étrangères qui s'étaient donné rendez-vous hier dans les salons de la duchesse de Villagarcia, cette Parisienne espagnole, cette Espagnole parisienne qui porte la triple couronne de la beauté, du talent et du rang, on remarquait le marquis d'Arlanzon... » Mais j'ai imprimé ça.

— Eh bien, celui que vous avez appelé l'élégantissime marquis dans votre article...

— Devez-vous faire attention à mes adjectifs; si vous les relevez, relevez les plus bêtes au moins.

— Le marquis... je crois que le marquis... il me

semble que le marquis... Ah! mais je ne sais pas comment vous dire cela.

— Mais quoi ? quoi cela ?

Elle avait cru que cela était plus facile à dire, et quand elle avait préparé son petit discours, elle avait trouvé des mots qui, maintenant qu'elle devait les prononcer, prenaient des proportions énormes et la faisaient rougir. Cependant désespérément elle se jeta à l'eau.

— Enfin si le marquis s'occupait de moi ?

— Le marquis ! s'écria-t-il avec une stupéfaction indignée.

— Oui, l'élégantissime, marquis.

— C'est impossible.

— Enfin si cela était ?

— Si cela était... si cela était, eh bien, ce serait... une infamie.

— Pourquoi une infamie ?

— Parce que vous êtes une enfant.

— Une enfant ! s'écria-t-elle fâchée.

Puis, après un court instant de réflexion, car ce mot avait démoli tout son plan, et les choses ne suivaient pas du tout le cours qu'elle avait imaginé :

— Pas si enfant que cela, dit-elle, vous voyez bien.

Lui aussi resta un moment sans répondre, la regardant et passant bien évidemment par des sentiments opposés, entraîné et retenu à la fois, ouvrant les lèvres comme pour parler et les refermant aussitôt avec le geste d'un homme qui se résiste à lui-même.

Et ce qui redoublait son trouble, c'est qu'il la voyait devant lui, émue elle-même et tremblante.

Mais justement, après quelques instants de lutte, ce fut cette émotion qui lui inspira sa réponse :

— Oui, dit-il, vous êtes et vous n'êtes qu'une enfant, une enfant charmante, toute pleine d'ingénuité et d'innocence, celle de votre âge, et ce serait les ternir que d'avoir pour vous d'autres yeux que ceux d'une honnête et pure admiration. Si peu estimable que soit M. d'Arlanzon, il n'est pas capable de ce crime, j'en suis sûr, puisqu'il est l'ami de votre père. Un jour viendra, et il est proche, où l'on pourra s'occuper de vous, comme vous dites... Mais il n'est pas venu. Ne vous laissez pas abuser par votre imagination sur les sentiments que vous croyez qu'on éprouve pour vous, ni dans un sens, ni dans l'autre; ils ne sont pas ce que vous pensez; ne vous en rapportez pas à ce qu'on vous montre. Attendez.

— Oh! je ne demande pas mieux.

## XIV

Elle était sortie radieuse de cet entretien, et toute la journée avait été un enchantement pour elle : le travail dans le jardin, à arroser les primevères et les tulipes, à enlever les fleurs passées des ravenelles, à attacher les pousses de la glycine; le goûter dans la salle de verdure, le bouquet qu'Ernest lui avait cueilli et qu'ils avaient fait ensemble ; le retour pendant lequel il les avait accompagnées jusqu'à la place Dancourt, comme s'il ne pouvait pas se séparer d'elle; ses regards à la dérobée, la façon dont il l'écoutait; la musique de sa voix; le charme de ses paroles; la douceur pénétrante de son serrement de main. Mais ç'avait été surtout quand elle s'était trouvée seule qu'elle avait goûté tout le charme de cet enchantement, se rappelant ses paroles, se les répétant. Comme elles étaient douces, ces paroles pour qui savait les comprendre. Et elle n'était pas assez enfant pour ne pas les avoir comprises. Enfant pour entendre, oui; mais non pour comprendre. « Vous êtes une enfant charmante, toute pleine d'ingénuité et d'innocence, et ce serait les ternir que d'avoir pour vous d'autres yeux que ceux d'une honnête et pure admiration, » Admiration ! Il avait dit admiration ! C'était de l'admiration qu'il avait pour elle. « Un jour viendra où l'on pourra s'occuper de vous, et il est proche. » Et il est proche ! et il est proche ! « Ne jugez pas les sentiments que vous inspirez par ce qu'on vous montre ; attendez. » Comme tout cela était clair maintenant ! Comme elle comprenait ! Elle n'était pas laide, puisqu'il l'admirait. Et s'il ne parlait pas c'était parce qu'elle devait attendre. Eh oui, elle attendrait. Aussi longtemps qu'il voudrait. Que lui importait, maintenant qu'elle savait ! Dans sa joie elle n'avait qu'un chagrin, un remords : comment avait-elle pu l'accuser ? Comme cela, mieux que tout, prouvait bien qu'elle n'était qu'une enfant, une ignorante, ainsi qu'il le disait, niaise et maladroite. Elle n'avait pas compris, elle n'avait pas deviné. Quelle sotte elle était et comme il fallait qu'il l'aimât pour ne pas lui en vouloir de sa sottise et de sa cruauté. Car c'était bien de la cruauté, de la cruauté bête de lui avoir parlé du marquis d'Arlanzon. Comme il avait dû souffrir ! N'aurait-elle pas dû lui demander pardon de sa maladresse ? Mais non, il était si bon, si généreux, si indulgent qu'il ne se fâchait jamais.

En pensant qu'il avait dû souffrir de cette confidence, à propos du marquis, elle ne se trompait pas. Tout était possible avec un père comme M. de Mussidan et des frères comme Sébastien et Frédéric, même l'impossible. Qui pouvait savoir quelles idées germaient dans ces cervelles hantées par les visions de la grandeur et de la fortune? Étaient-ils seulement capables de voir le marquis tel qu'il était, avec ses ridicules, sa réputation équivoque, et son âge? Dans leurs hallucinations n'étaient-ils pas plutôt gens à ne voir que son titre et sa richesse, sans s'inquiéter de la façon dont il les avait gagnés?

Heureusement la possibilité de ce mariage ne s'était pas présentée à son esprit quand Geneviève lui avait dit que le marquis s'occupait d'elle, car, malgré la loi qu'il s'était imposée de ne pas parler de son amour, il n'aurait pas pu se contenir. C'était l'incrédulité plus que la volonté qui lui avait fermé les lèvres : un pareil crime lui avait paru impossible, et si maintenant il était obligé de l'admettre, il ne devait pas regretter son silence. Si ingénue, si innocente que fût Geneviève, elle n'avait pas pu ne pas le comprendre; et, loyale et honnête comme elle l'était, elle ne pouvait pas ne pas lui savoir gré de sa réserve.

Si encore il avait pu s'ouvrir à madame de Mussidan, mais dans la situation difficile où il se trouvait comment parler mariage. Il lui faudrait une bonne chance, un coup décisif qui le tirât de son obscurité. Et justement tout ce qu'il avait en train restait accroché pour une cause ou pour une autre, avec ces remises successives, ces lenteurs désespérantes qui se produisent si souvent au théâtre. Une de ses pièces, celle sur laquelle il comptait le plus, avait même été mise en répétition; puis, à ce moment, la direction avait changé de mains, et le nouveau directeur lui avait demandé de refaire entièrement sa pièce. Elle était en quatre actes qui devaient se jouer dans un même salon, et l'action se passait de nos jours. Le nouveau directeur voulait qu'il la mît en huit ou dix tableaux et qu'il reportât l'action au dix-huitième siècle, car n'ayant pas un sou à lui dans son affaire et opérant avec l'argent de ses actionnaires, il tenait à ne jouer que des pièces qu'il pouvait monter luxueusement, de manière à grossir autant que possible les remises de 20 0/0 que les fournisseurs lui consentaient sur la mise en scène. Quelles dépenses faire avec une pièce en habit noir qui se passe dans un salon? Et comme Faré n'avait pas encore trouvé le moyen de faire ce changement, on ne jouait pas sa pièce.

D'ailleurs de quel secours pouvait-elle lui être, la pauvre madame de Mussidan, si douce, si effacée, si modeste, dans une lutte contre M. de Mussidan si férocement personnel, et contre Sébastien et Frédéric si bien convaincus que leur petite sœur n'était de ce monde que pour qu'ils pussent l'exploiter?

Comme il réfléchissait ainsi dans cette attente inquiète, il avait justement reçu à son journal la visite de Frédéric.

Il était généralement assez raide avec lui, le vicomte Frédéric de Mussidan, au moins il gardait ses distances; mais ce jour-là il se montra exceptionnellement affable et aimable.

— Je viens vous demander un service, cher ami.

Faré avait une phrase toujours la même avec les

Mussidan : « Je suis tout à vous. » Il la répéta sans penser qu'il l'avait dite cent fois déjà.

— Nous sommes à la veille, mon frère et moi, d'ouvrir un casino sur la frontière d'Espagne, une affaire splendide, une fortune. Nous avons une partie du capital qui nous est nécessaire. Mais nous n'avons pas tout. Car nous voulons commencer superbement. Je vous montrerai les plans : vous verrez, c'est tout à fait nouveau ; nous enfonçons Monte-Carlo. Seulement nous avons besoin de compléter notre capital, et c'est là que votre intervention peut nous être très utile.

Il ouvrit son veston et tira de sa poche un papier plié en quatre :

— Voici une note succincte que je vous ai préparée ; lisez-la et vous y trouverez tous les renseignements relatifs à notre affaire...

Il savait être aimable lorsqu'il jugeait cela bon pour ses intérêts ; il ajouta :

— ... Et aussi, je l'espère, les éléments d'un de ces charmants articles, si plein d'esprit et d'élégance...

Faré l'interrompit en riant :

— Je suis tout à vous.

Sur ce mot, Frédéric se leva pour se retirer ; cependant il ne prit point encore la porte.

— Ce serait vraiment manquer de confiance envers vous, cher ami, que de ne pas vous dire quels sont mes moyens d'action en Espagne ; nous comptons sur le marquis d'Arlanzon, qui a conservé à Madrid une très grande influence.

Ce nom fut un éclair pour Faré : où donc avait-il l'esprit ?

— Comment le marquis d'Arlanzon s'occupe-t-il d'une maison de jeu ? demanda-t-il. Il me semble que sa fortune le met en dehors de ces sortes d'affaires ?

— Ce ne sera pas par spéculation que le marquis nous soutiendra.

— Ah !

Et Faré eut un serrement de cœur.

— Mon cher ami, continua Frédéric, vous avez des relations trop affectueuses avec ma famille, mon père et ma petite sœur, pour que je ne vous dise pas, mais tout en confidence, ce qui se prépare.

Faré n'était pas pris à l'improviste ; cependant il sentit que s'il disait un mot il allait se trahir ; il tâcha de prendre un visage impassible.

— Geneviève a fait une impression très vive sur le marquis... Alors, en attendant le moment où elle pourra se marier, vous comprenez, nous profitons de la situation ; le marquis n'a rien à nous refuser. Nous comptons sur vous, hein, cher ami ?

— Je suis tout à vous.

## XV

Les confidences de Frédéric à Faré produisirent exactement l'effet que celles de Clara à Geneviève avaient produit.

On pouvait donc l'aimer.

On pouvait donc vouloir la prendre pour femme.

Ces mots que Geneviève s'était dits, Faré se les dit aussi.

Sa réserve et sa discrétion, ce qu'il appelait son honnêteté, avaient été duperie; les autres ne l'avaient point eue, cette réserve; précisément ceux-là mêmes qui auraient dû défendre son innocence, ses frères, son père; de sorte que, pendant qu'il attendait qu'elle fût d'âge à se marier, on la mariait tout simplement avec un autre.

Eh bien, après tout, il valait mieux que les choses fussent ainsi; au moins cela lui donnait sa liberté d'action.

Il quitta le journal et se rendit à grands pas place Dancourt.

A son coup de sonnette, ce fut Geneviève qui vint ouvrir.

— Vous ! dit-elle.

— Je vous dérange ?

— Pouvez-vous penser cela. Entrez ; maman est sortie, elle va revenir tout à l'heure.

Il la suivit, marchant sur ses pas jusqu'au salon, où elle le conduisit.

— J'étais en train de travailler l'*Aurore*, de Beethoven, dit-elle en montrant la musique ouverte sur le piano, voulez-vous que je vous la joue ?

— Non, nous avons à parler.

— Ah !

Alors elle s'assit vis-à-vis de lui, et ils restèrent ainsi en face l'un de l'autre sans se regarder et sans parler.

Combien de fois avait-elle souhaité un de ces tête-à-tête, où, porte close, il aurait toute liberté de parler ? Et voilà qu'ils l'avaient cette liberté, voilà que la porte était close, voilà qu'ils étaient seuls, et elle avait peur.

Pour lui, de son côté, combien de fois, en venant, s'était-il dit : « Pourvu, qu'elle soit seule ! si elle était seule ! » et voilà qu'elle était seule, et il avait peur.

Aussi promenait-il autour de lui ses regards préoccupés comme si l'ameublement de ce salon offrait un intérêt extraordinaire à sa curiosité.

Il n'était pourtant pas drôle, ce salon ; depuis l'époque où M. de Mussidan, qui croyait hériter prochainement de sa tante, avait dit à son tapissier : « Du goût, pas de solidité », quatorze années s'étaient écoulées et elles avaient été terribles pour la cretonne qui ne tenait ensemble que grâce aux reprises de madame de Mussidan, et ce qui la vieillissait plus misérablement encore, c'était le brillant vernis du piano à queue de Geneviève, son prix du Conservatoire. Boiteux étaient les meubles, et les plus solides étaient ceux auxquels manquaient les quatre roulettes. Décoloré, passé, usé était le papier de la tenture sur laquelle se détachait un portrait en pied de M. de Mussidan, peint à trente ans, par Dubufe le père. Pendant longtemps, ce portrait était resté remisé dans le grenier d'un ami ; puis quand M. de Mussidan avait eu un chez lui, il avait glorieusement exposé, dans son salon, cette toile qui lui permettait de parler du passé avec preuve à l'appui : « Au reste, regardez ce Dubufe. » C'était un de ces portraits élégants et fades, d'une exécution propre et léchée, sans aucun caractère individuel, et qui était aussi bien le portrait du *lion* de 1840 que celui de M. de Mussidan : tête coiffée en gros toupet avec la raie sur le côté, cravate haute en satin, chemise à jabot, gilet ouvert, habit bleu à gros boutons serré à la taille et à jupe plissée, pantalon gris-mastic à sous-pieds et formant guêtre sur la botte vernie ; en un mot le type du fashionable.

Ils ne pouvaient pourtant pas rester ainsi ; ce n'était pas pour cela que Faré était venu.

— J'ai vu votre frère Frédéric, dit-il enfin, il avait un service à me demander, et, pour que je n'aie pas d'hésitation à le lui rendre, il m'a annoncé une nouvelle... une nouvelle...

Il entassait des mots pour retarder le moment décisif.

— ... Une nouvelle qui m'a jeté dans un cruel émoi... car elle vous concerne.

— Moi !

— Le projet de mariage formé par le marquis d'Arlanzon.

— Mais je vous ai parlé du marquis.

— Oui ; mais alors je n'ai pas voulu, je n'ai pas pu vous croire. Est-ce que si je vous avais cru, je vous aurais répondu comme je l'ai fait ? Est-ce que si j'avais pu admettre qu'on voulait vous marier, je n'aurais pas parlé ?

Il s'était approché d'elle et il la regardait avec des yeux qu'elle ne lui avait jamais vus, les lèvres frémissantes, les mains tremblantes.

Elle était venue l'heure qu'elle avait tant désirée, et maintenant elle aurait voulu la retarder, car ce qu'elle allait dire elle le savait.

— Ernest ! murmura-t-elle.

Mais, sans se laisser arrêter, il poursuivit :

— Ah ! je vous ai assez montré, je vous ai assez prouvé, prouvé jusqu'au ridicule, que je la respectais votre jeunesse ; mais, quand d'autres vous parlent de mariage, vous ont parlé d'amour peut-être, croyez-vous que je vais me taire ?

— Je vous en prie...

— Quel autre que moi a le droit de vous parler d'amour ? Est-ce que la première parole de tendresse qui tombera dans votre cœur ne doit pas sortir de mes lèvres ? Quand vous étiez une enfant, une petite fille, je me suis tu ; puisque pour les autres vous êtes une femme, je parle, et ce que je ne voulais vous dire que dans quelques mois je le dis aujourd'hui : chère Geneviève, je vous aime !

Elle resta un moment éperdue, ne respirant plus, tremblante de la tête aux pieds.

Il la regardait, il la contemplait, se penchant vers elle ; mais elle avait baissé les yeux, et il ne voyait son émotion qu'aux mouvements haletants de sa respiration. Enfin elle releva les yeux et les plongea dans les siens, le visage illuminé, le regard triomphant.

Dans un élan de joie elle lui tendit ses deux mains, ouvertes :

— Oh ! s'écria-t-elle, quel bonheur, je serai votre femme !

D'un mouvement irrésistible il étendit les bras pour l'étreindre sur son cœur, mais le sentiment de respect qui pendant si longtemps l'avait retenu l'arrêta : s'il osait maintenant lui parler en femme, il voulait cependant, il devait ne pas oublier qu'elle était encore une enfant ; lui prenant les deux mains, les réunissant, les serrant dans les siennes, il les embrassa avec la passion qui l'avait entraîné.

Mais après un moment d'abandon, il voulut réagir contre le vertige qui le gagnait, et relevant la tête, il la regarda, ne disant que des mots entrecoupés, son nom qu'il prononçait, qu'il répétait :

— Geneviève ! chère Geneviève !

Et elle répondait fièrement :

— Ernest, mon mari !

Et avec quelle joie elle répétait ces deux mots si triomphants pour elle :

6.

— Mon mari !

Quand un peu de calme se fut rétabli dans leur exaltation, il lui dit :

— Vous comprenez maintenant pourquoi je ne parlais pas ?

— Je n'ai pas attendu à aujourd'hui pour le comprendre, vous me l'avez dit avec tant de discrétion, tant de tendresse, si noblement dans la salle de verdure, et j'en ai été si heureuse. Si vous saviez dans quel enchantement j'étais quand je suis rentrée ici et que je me répétais ce que vous m'aviez dit, je me rappelais vos yeux troublés, l'accent de votre voix ! Oh ! si heureuse, si heureuse !

— Vous saviez que je vous aimais ?

Elle se mit à sourire et, lui posant la main sur le front avec un geste qui était une caresse et aussi une moquerie :

— Ah ! *ben* oui.

Puis tout de suite corrigeant sa raillerie :

— Mais c'est de ce jour-là seulement que je l'ai su, que je l'ai bien cru. Souvent je m'étais dit : « Il m'aime », mais, souvent aussi je m'étais dit : « Il ne m'aime pas ». Est-ce que j'avais tort, quand vous faisiez le monsieur froid et digne, le grand qui ne veut pas rire avec une petite ?

— Et maintenant ?

— Ah ! maintenant.. Pardi, maintenant que nous sommes mari et femme ; quand on est marié, c'est pour s'aimer.

Mais au milieu de son transport de joie il y avait une inquiétude qui ne le lâchait pas.

— Ce mariage dont on nous menace, dit-il, qu'en savez-vous ?

— Pas grand'chose ; ma belle-sœur m'en a parlé une fois, sans rien de précis, en me demandant d'être aimable avec le marquis.

— Aimable !

— Vous pensez si je l'ai été.

— Mais votre père, votre mère ?

— Ils ne m'en ont pas parlé ; maman, bien certainement, ne connaît pas ce projet. Et vous, qu'en savez-vous ?

— Simplement ce que je vous ai dit.

Un bruit de clef sonna dans la serrure.

— Maman ! dit Geneviève.

Faré se leva précipitamment en s'écriant à mi-voix :

— Qu'allons-nous dire ?

— Vous allez lui demander ma main, comme il convient, en lui disant : « Madame, je vous demande la main de votre fille que j'aime. » Surtout dites-le bien : « Que j'aime ! » Cela lui fera plaisir, et à moi donc !

## XVI

Faré n'était pas du tout sûr que madame de Mussidan allait éprouver un vif plaisir, s'il lui disait : « Madame, je vous demande la main de votre fille que j'aime. » Quand il dirait très bien, aussi bien que possible « que j'aime », elle serait peut-être plus surprise et fâchée que touchée.

Madame de Mussidan était entrée.

— Vous, monsieur Ernest, à cette heure ? dit-elle étonnée.

Ce fut Geneviève qui prit la parole pour répondre :

— M. Ernest avait quelque chose à me dire de très grave pour moi, de très heureux et aussi de grave, d'heureux pour toi, c'est pour cela qu'il est venu.

Madame de Mussidan les regarda tous les deux : Geneviève était souriante avec un éclat extraordinaire dans les yeux et sur le visage, une exaltation débordante dans toute sa personne; Ernest, au contraire, paraissait embarrassé, en tout cas profondément ému.

— Quelque chose de grave ? dit-elle avec une certaine crainte, car tout pour elle était sujet d'inquiétude.

— Et d'heureux ! s'écria Geneviève, tu vois bien que c'est heureux.

— Vous savez, commença Faré, quelle affection j'ai vouée à mademoiselle Geneviève depuis que je la connais, et aussi qu'elle amitié respectueuse je ressens pour vous, madame?

— Ça c'est vrai, interrompit Geneviève.

— Pendant longtemps cette affection a été une sympathie inconsciente et naturelle, continua Faré ; mais peu à peu, à mesure que mademoiselle Geneviève a grandi, elle a pris un caractère plus précis, elle a empli mon cœur. Cependant jamais un mot ne vous a révélé, ni à vous, madame, ni à mademoiselle Geneviève, ce qui se passait en moi. Les choses auraient continué ainsi et j'aurais gardé le silence jusqu'au jour où mademoiselle aurait eu quinze ans, sans un fait très grave, sans un danger qui m'oblige à parler.

Geneviève jugea qu'elle devait intervenir :

— Ce fait, dit-elle, ce danger, le voici : si je te l'ai caché jusqu'à ce moment, ç'a été pour ne pas te tourmenter, pour ne pas te jeter dans une lutte qui te rendrait malheureuse.

— Un danger, une lutte ! interrompit madame de Mussidan, stupéfaite, une chose que tu me caches ! Parle, tu vois bien que tu me fais mourir.

— On veut me marier au marquis d'Arlanzon.

— Te marier !

— Qui en a eu l'idée, reprit Geneviève, je n'en sais

rien ; mais c'est Clara qui m'a parlé du marquis d'Arlanzon.

— Voilà donc le danger que je craignais, s'écria madame de Mussidan, c'était pour cela qu'elle tenait tant à te promener.

— Et si tu savais, continua Geneviève, tout ce que Clara m'a dit pour me prouver que ce mariage devait faire mon bonheur et le vôtre. Nous avons été essayer des chapeaux pour que je sache ce que c'est qu'un beau chapeau. Nous avons admiré des robes, des bijoux. Aux Champs-Elysées, elle m'a montré les femmes qui avaient fait de riches mariages et elle m'a raconté leur histoire : la colonelle Chamberlain, la duchesse de Moras.

— C'est une infamie que cette corruption ! s'écria Faré.

Madame de Mussidan ne dit rien, mais elle leva les yeux au ciel par un geste désolé et indigné.

— C'est en apprenant ce projet de mariage que je suis venu, reprit Faré, pour vous demander de me donner Geneviève que j'aime.

Geneviève attacha sur lui des yeux tout attendris de reconnaissance : comme il l'avait bien dit : « que j'aime ! »

Elle n'avait aucune inquiétude sur l'effet que cette grande nouvelle devait produire : assurément sa mère ne pouvait en être qu'heureuse, très heureuse ; n'avait-elle pas pour Faré autant d'affection que d'estime ? ne le citait-elle pas toujours comme un modèle pour sa tendresse filiale, son ardeur au travail, son entrain, sa bonté, sa générosité, et toutes les qualités qu'elle lui reconnaissait plus largement qu'à aucun homme ?

Elle fut donc très surprise de voir sa mère s'attrister et de l'entendre dire avec désolation :

— Oh ! mon pauvre enfant !

— Pourquoi le plains-tu? maman, s'écria-t-elle; mais il est heureux, comme je suis heureuse, car je l'aime autant qu'il m'aime.

Ce fut vers elle que sa mère se tourna, et, avec un visage plus attristé encore, avec un accent désespéré :

— Oh ! ma pauvre fille !

— Mais pourquoi, pourquoi ? s'écria Geneviève.

Et, allant à sa mère, lui prenant les deux mains, les secouant avec une tendresse dépitée :

— Pourquoi nous plains-tu? demanda-t-elle ; ne m'as-tu pas dit toi-même, vingt fois, cent fois, que tu voudrais avoir un fils comme Ernest ?

— Certainement.

— Ne trouves-tu pas qu'il est beau? N'as-tu pas confiance en son courage au travail, en son intelligence supérieure ? N'es-tu pas certaine qu'il aura un jour le succès qu'il mérite et qu'il se fera un nom glorieux ? Connais-tu un homme qui le vaille pour la droiture, pour la délicatesse, pour...

Sa mère l'interrompit avec un triste sourire :

— Tout ce qu'elle dit de vous, mon cher monsieur Ernest, je le pense comme elle, et mieux qu'elle; avec mon expérience de la vie je sais ce que vous valez.

— Eh bien alors ? demanda Geneviève.

— Si j'avais la liberté de choisir un mari pour ma fille, continua madame de Mussidan, ce serait vous.

— C'est moi qui l'ai choisi comme mari, dit Geneviève avec une fière assurance.

— Mon enfant, répondit madame de Mussidan, laisse-moi m'expliquer. Ce que j'ai à dire est déjà bien assez difficile, bien assez pénible. Tu n'es qu'une petite fille...

— Une petite fille qu'on veut épouser.

— Pour cela tu n'en es pas moins une enfant, et tu le prouves bien en ce moment par la façon dont tu raisonnes, en oubliant notre position. Je ne serais pas franche, mon cher Ernest, si je ne vous disais pas qu'en voyant votre affection pour ma fille et la tendresse de Geneviève pour vous, j'ai pensé plus d'une fois que je serais bien heureuse si un jour je vous voyais mariés.

— Vous voyez ! s'écria Geneviève en regardant Faré.

Puis tout de suite, venant à sa mère et lui passant le bras autour du cou pour l'embrasser.

— C'est gentil ce que tu dis là.

— Mais ce jour, continua madame de Mussidan, était éloigné. Comment imaginer qu'à quinze ans tu pouvais te marier ? Certainement je ne t'aime pas pour moi, en mère égoïste ; mais ne sens-tu pas que la pensée de te marier à quinze ans serait bouleversante ? ce n'est pas là une idée de mère. En admettant la possibilité de ce mariage, j'allais au moins jusqu'à ta majorité, jusqu'à l'âge où, par cela que tu pouvais faire ce que tu voulais, on exigeait moins de toi. Tu en es loin de cette majorité, tu dépends de ton père.

— Puisque tu es pour nous, dit Geneviève.

— Que puis-je, moi ? que je sois pour vous, que j'accepte ce mariage, cela est naturel parce que je vous connais, mon enfant, et parce que ce que j'exige chez le mari de ma fille c'est précisément les qualités que je trouve en vous. Mais M. de Mussidan, vous le savez, et tu le sais aussi toi, Geneviève, mieux que personne, M. de Mussidan a d'autres exigences que moi. Vous n'êtes pas titré, croyez-vous que mon mari acceptera pour gendre ce qu'il appelle un homme de rien ?

— Son nom sera glorieux, s'écria Geneviève.

— Sera. Peut-être. Certainement si vous voulez. Et sa position aussi sera belle, je le veux bien encore, je le crois même. Mais il ne s'agit pas de la mère, il s'agit du père. Voilà pourquoi vous m'avez vue attristée tout à l'heure, quand, si heureux, si confiants, si enfants tous deux, vous n'écoutiez que l'espérance ; ne sentez-vous quelles luttes vous allez avoir à soutenir ?

— Je n'ai pas peur de la lutte, dit Faré.

— Oh ! mais, ni moi non plus, dit Geneviève.

— Eh bien, moi, j'en ai peur, peur pour vous deux, peur pour moi. Que ferez-vous si M. de Mussidan vous refuse son consentement ?

— Nous le gagnerons, s'écrièrent-ils en même temps.

— Et si vous ne le gagnez pas ? et si l'on vous sépare ?

— Mais tu es là, toi, maman, tu nous défendras, et, comme il ne s'agira pas de toi, tu auras du courage.

— Il ne faut pas oublier que tu es l'héritière de ta tante de Cordes, et que cet héritage, qui a fait mon malheur, augmente terriblement les difficultés que je vois se dresser cotnre vous. Sans compter que nous avons en ce moment ce projet de mariage avec M. d'Arlanzon.

— Oh! celui-là, je m'en charge, interrompit Geneviève avec vaillance ; je ne voulais pas t'en parler parce que j'étais sûre de décourager le marquis ; tu dois penser que j'en suis encore bien plus certaine maintenant.

— Ecartons-le, je le veux bien, quoiqu'il ne soit peut-être pas si facile que cela à écarter dans la réalité. Mais enfin il reste devant nous les idées de ton père, respectables avec sa naissance et son éducation ; l'hostilité de tes frères qui, tu le sais, rêvent pour toi un grand mariage ; les rouéries de ta belle-sœur et son orgueil fou ; et vous voyez, mes pauvres enfants, que je n'ai que trop de raisons pour m'attrister.

— Eh bien, non, non, dix fois ! s'écria Geneviève ; je ne veux pas que tu t'attristes et je ne veux pas que tu nous attristes, nous sommes trop heureux. Tu es pour nous ; nous nous aimons ; ne nous inquiétons pas des difficultés, nous attendrons. Aujourd'hui nous ne devons penser qu'à notre bonheur, au nôtre, et aussi à celui de madame Faré, à qui nous allons annoncer notre mariage. Papa ne rentre pas dîner ; partons. Ernest, nous dînons chez vous. Vous savez, je ne tiens pas aux paonnaux à la Dubarry.

## XVII

Madame de Mussidan aurait voulu résister, car il y avait bien des choses à dire contre cette idée d'aller annoncer un mariage si peu certain. Mais elle n'avait jamais résisté à sa fille, et ce n'était pas quand elle la voyait si follement heureuse qu'elle allait se jeter à travers sa joie. Il fallait au moins lui laisser cette journée de bonheur complet, les souffrances ne viendraient que trop tôt.

D'ailleurs, comment se défendre ? Déjà Geneviève lui avait mis son chapeau et son manteau, tout en s'habillant elle-même à la hâte.

— Dépêchons-nous, disait-elle.

Mais au moment de partir, ce fut elle qui s'arrêta :

— Mon Dieu ! j'oubliais... Quelle affaire !

— Quoi donc ?

— Je n'avais pas mes gants pour aller demander la main de mon mari.

Et se penchant à l'oreille de sa mère :

— C'est ça qui n'est pas Mussidan.

Ils montèrent vers le moulin, Geneviève marchant à côté de sa mère, et Faré marchant à côté de Geneviève. Il faisait encore grand jour et les rues exposées à l'ouest étaient toutes pleines de la poussière d'or du soleil couchant qui s'abaissait dans un ciel sans nuages.

— Est-ce que vous avez jamais vu le soleil couchant aussi beau qu'aujourd'hui? demanda Faré.

— Oh! non, jamais répondit Geneviève.

Lorsqu'ils arrivèrent dans les rue villageoises du haut des buttes, où les passants sont rares, Geneviève de nouveau, se pencha vers sa mère :

— Oh! maman, si tu voulais, dit-elle d'un ton suppliant.

Madame de Mussidan la regarda surprise.

— Je serais si heureuse de donner le bras à mon mari; tu veux bien, n'est-ce pas?

Et, sans attendre la réponse de sa mère, elle glissa son bras sous celui de Faré et vivement le pressa contre elle.

Et avec un sourire radieux :

— Maman veut bien, dit-elle.

Puis s'adressant à sa mère :

— Marche à côté de nous, maman, nous avons conseil à tenir. C'est moi qui voudrais dire à madame Faré que j'épouse son fils.

— Tu n'y penses pas ; c'est à Ernest de parler.

— Oh! je t'en prie.

S'adressant à Ernest :

— Vous voulez, n'est-ce pas ?

Ce fut en lui serrant le bras qu'il répondit.

— Alors c'est entendu, continua-t-elle; seulement le difficile c'est d'avoir la patience de le lui dire avec les doigts jusqu'à la fin ; cela n'ira jamais assez vite.

Elle était évidemment dans un moment où elle avait besoin que tout allât vite, étant surexcitée par la joie, soulevée, portée; il semblait que ses pieds ne touchaient pas la terre ; ses yeux, ses lèvres, tout souriait en elle; sa voix chantait, et, tandis que de sa main droite elle pressait le bras » de son mari », de sa main gauche, de temps en temps, elle serrait les doigts de sa mère.

— Je suis si heureuse, si heureuse !

Et ce bonheur, qui était en elle débordait, passait dans les entrailles de la mère ; il ne fallait pas penser aux difficultés de l'avenir, il fallait s'abandonner aux sourires de l'heure présente.

— N'est-ce pas que c'est un jour à souhait, disait Geneviève, le beau jour de notre vie ; les fleurs sont avec nous, et les oiseaux nous chantent un chœur.

En effet, des chaperons des murs qu'ils longeaient, tombaient sur leurs têtes et tout autour d'eux les pétales défleuris des lilas et des arbres de Judée qui faisaient une pavée sur la terre durcie, et des massifs d'arbustes montait la chanson du soir des merles et des rossignols.

— C'est pour cela que je suis venu demeurer au haut de Montmartre, dit Faré ; si ma mère n'entend pas ces chants d'oiseau, elle voit cette verdure et ces fleurs, elle est moins seule.

— C'est bien de penser à votre mère en un pareil moment, dit Geneviève à mi-voix et en se haussant un peu.

Puis brusquement lui secouant le bras :

— Mais si c'était à une autre, ô Ernest !

— Qu'avez-vous donc ? demanda madame de Mussidan.

— Nous nous querellons, répondit Geneviève, en riant.

Ils arrivaient à l'entrée de l'allée; à peine avaient-ils poussé la barrière qu'ils virent paraître madame Faré sous le porche de la maisonnette ; les ailes du moulin avaient fonctionné et croyant que c'était son fils qui rentrait pour dîner, elle venait comme toujours au-devant de lui.

Elle fut surprise de le voir accompagné de madame de Mussidan et de Geneviève, et plus encore de voir celle-ci au bras de son fils, et, comme les sentiments qu'elle éprouvait se traduisaient toujours sur sa physionomie mobile d'une façon parlante, Geneviève n'eut pas de peine à deviner l'effet que produisait leur arrivée.

— Elle va encore être bien autrement étonnée, dit-elle.

— Dites heureuse.

C'était rarement que madame Faré interrogeait son fils, un regard lui suffisait le plus souvent pour comprendre ce qu'elle voulait savoir. Mais il ne répondit pas à son appel, ou bien elle ne devina pas ce qu'il lui disait. Et plus ils s'approchèrent d'elle, plus sa surprise s'accentua : ses yeux allaient de son fils à Geneviève, et de Geneviève à son fils.

Ils continuaient d'avancer, souriants tous deux; Geneviève pressa le pas, entraînant Faré. Arrivée auprès de madame Faré, elle lui passa le bras autour du cou et l'embrassa, tandis que de son côté Faré embrassait aussi sa mère.

Alors se reculant un peu, Geneviève regarda madame Faré qui paraissait hésitante comme si elle comprenait et avait peur de ne pas comprendre.

— Eh bien, oui ! dit Geneviève.

Mais à quoi bon les paroles? Celle-là ne lui avait pas échappé qu'elle sentit qu'elle était inutile.

Vivement s'adressant à sa mère :

— Il faut que mon mari m'embrasse, dit-elle, sans quoi elle ne comprendra jamais ; tu veux bien ?

Et, sans attendre la réponse de sa mère, elle tendit les mains à Faré, qui l'embrassa sur les deux joues.

— Vous savez maintenant, dit Geneviève en regardant madame Faré.

Oui, elle savait; oui, elle comprenait, car deux larmes roulaient sur son visage que la joie avait transfiguré.

— Vous voyez, dit Faré, comme ma mère vous aime et comme elle est heureuse !

Madame Faré voulut compléter ce que son fils disait, et, attirant Geneviève, ce fut dans une étreinte et un long baiser qu'elle exprima son bonheur.

Mais madame de Mussidan, avec sa timidité et sa circonspection ordinaires, ne voulut pas que madame Faré crût que ce mariage était chose faite, quand il y avait contre lui tant de difficultés, insurmontables peut-être.

— Il faudrait avertir votre mère que ce n'est qu'un projet, dit-elle à Faré.

— Laissons maman toute à son bonheur aujourd'hui, répondit Faré; je lui expliquerai les choses plus tard et en détail.

— D'ailleurs maintenant il faut dîner, dit Geneviève. Qu'est-ce qu'il y a pour dîner? Allons voir.

Et elle courut dans la cuisine, suivie d'Ernest. Sur le fourneau bouillait un pot-au-feu en terre.

— Le pot-au-feu! s'écria Geneviève. Quel bonheur! Je vais pouvoir manger deux assiettées de soupe; papa ne m'en permet jamais qu'une moitié d'assiette! et je vais y mettre des choux, des carottes et du pain à ce que la cuiller tienne debout dedans.

— Il nous faudrait quelque chose avec cela.

— Hé ! monsieur qu'est-ce que c'est ? Des prodigalités, n'est-ce pas ? Comme on voit bien que vous êtes habitué aux menus de votre ami Gardénia ! Nous allons cueillir des radis et une laitue dans le jardin. Cela sera parfait. Il ne faut pas que le dîner des fiançailles soit plus beau que le dîner du mariage. Vous n'êtes donc pas en disposition de trouver tout bon et tout superbe aujourd'hui?

Il fallait vraiment ces dispositions pour ne pas trouver les radis un peu creux et la laitue un peu montée; mais les radis, ils les avaient semés ensemble, et la salade, combien de fois l'avaient-ils arrosée en calculant l'époque où elle serait pommée : elle avait trompé leurs calculs en montant au lieu de pommer; cela arrive, ces choses-là.

Et puis, ils firent si peu attention à ce qu'ils mangèrent; ils n'avaient d'yeux que pour se regarder, ils ne pensaient qu'à eux, à leur amour, à leur mariage.

Cependant au milieu de cette ivresse de joie, ils avaient un souci qui parfois tout à coup les paralysait : l'heure qui s'écoulait; il fallait se séparer, il fallait finir cette journée qui aurait dû ne finir jamais. On ne pouvait s'attarder ; que dirait le père si, en rentrant, ils ne les trouvait pas là ? Que lui dirait-on surtout ?

Au moins Faré voulut prolonger le temps où ils pouvaient être ensemble en la ramenant chez elle, et ils eurent encore quelques instants de bonheur dans les rues désertes et sombres, se serrant l'un contre l'autre.

Par malheur, ils ne purent pas être tout à eux, il fallut écouter madame de Mussidan et lui répondre, car s'ils ne pensaient qu'à l'heure présente, elle, au contraire, en mère qu'elle était, pensait au lendemain et à l'avenir.

— Je n'ai pas voulu troubler votre bonheur, dit-elle, mais avant de nous séparer il faut nous entendre pour demain.

— Demain, dit Faré, je parlerai à M. de Mussidan.

— Je ne crois pas que ce soit le mieux, répondit-elle. Avant de parler de votre mariage il faut que celui qu'on arrange avec M. d'Arlanzon soit bien définitivement abandonné. Pour moi, je ne pourrai m'opposer utilement à ce projet de mariage que si l'on me croit libre. Je n'aurais aucune influence si l'on pouvait me supposer engagée avec vous.

— Il faut croire maman, dit Geneviève.

7.

— J'y suis tout disposé et je me mets entre ses mains.

— Et moi donc ! dit Geneviève.

— Mes chers enfants, elles sont bien faibles, ces mains.

— Oui, peut-être, dit Faré, mais ce cœur de mère...

— Il est à vous, voilà tout ce que je peux dire.

## XVIII

Le marquis d'Arlanzon avait été tout d'abord assez peu sensible à l'invite de Frédéric.

Mais sans bien savoir comment la chose s'était faite, il s'était pris à penser au duc d'Arçala.

— Tiens ! tiens ! le duc !

Il n'était pas bête vraiment, à près de soixante ans, de prendre pour femme une petite fille de quinze ans.

C'était sur cette pensée que les paroles de Frédéric lui étaient revenues et qu'il leur avait prêté attention.

Assez sensée pour préférer un homme raisonnable à un tout jeune homme qui n'est rien, — c'est quelque chose cela.

Assez gaie pour guérir un hypocondriaque.

Assez sage en même temps pour ne pas s'exposer et ne pas exposer son mari à des aventures, — c'est plus encore.

Avec cela ravissante, disposée à se montrer reconnaissante de ce qu'on faisait pour elle; mais alors c'était donc une merveille que la petite Mussidan !

Vraiment il avait du flair, le duc, d'avoir été chercher cette petite et d'avoir découvert avant tout le monde les qualités dont elle était douée.

Seulement s'il avait du flair pour voir ce que valaient les autres, il était plus qu'aveugle pour voir ce qu'il valait lui-même. Comment avait-il pu admettre à son âge et dans sa position, avec la réputation qu'il s'était faite en France, la possibilité d'un pareil mariage?

Pour être pauvres, les Mussidan n'en étaient pas moins fiers de leur nom, et jamais ils n'accepteraient dans leur famille un homme aussi notoirement décrié que le duc, déshonoré à Paris pour ses escroqueries et ses tricheries au jeu alors qu'il n'était qu'un cadet.

Et ce serait là, comme l'avait très bien dit le jeune vicomte, leur unique motif de refus, l'âge du duc n'était rien à leurs yeux, ni à ceux de la jeune fille non plus, qui était habituée par l'exemple de son père et de sa mère à voir heureux des ménages où le mari était beaucoup plus âgé que la femme.

Elle était vraiment très bien, cette petite Geneviève de Mussidan, séduisante, ravissante, délicieuse, comme il avait dit souvent sans attacher grande importance à ses paroles; mais ce qui n'était que politesse banale était devenu une réalité pour lui depuis qu'il pensait à elle, et la voyait devant lui, avec ses jolis cheveux blonds, sa physionomie si fine, sa radieuse jeunesse, simple, naïve et cependant intelligente. Quelle charmante femme elle ferait!

Et pourquoi ne serait-elle pas la sienne?

Mais il n'était pas homme à s'emballer follement sans savoir où il allait et sans chercher à deviner si quelqu'un n'avait pas intérêt à le pousser dans la route qu'il était disposé à prendre.

Dans quel but était-on venu lui parler de cette petite fille et du duc? Etait-ce seulement pour avoir de lui des renseignements sur le duc, que tout autre pouvait donner? Ne voulait-on pas au contraire se servir de lui pour faire avancer le duc? Ou même ne voulait-on pas uniquement l'amener à penser à cette jeune fille, dont on lui faisait un éloge si adroit?

Cela le mit sur ses gardes.

Il n'avait qu'à observer comment le père et la petite seraient avec lui, car s'ils avaient les idées qu'il leur supposait, sûrement ils voudraient faire sa conquête.

A sa grande surprise, il n'avait pas eu la visite de M. de Mussidan après celle de Frédéric, et quand il s'était rencontré avec Geneviève chez la duchesse de Villagarcia, la petite s'était montrée si indifférente, si froide même, qu'il était impossible d'admettre la pensée qu'elle désirait se faire épouser par lui.

Geneviève eût été aimable et prévenante, il eût aussitôt abandonné son idée de mariage ; elle était maussade, il la reprit et la poursuivit.

Sans doute les Mussidan pouvaient désirer qu'il épousât cette petite, et cela était bien naturel de leur part; sans doute Frédéric avait pu n'être qu'un ambassadeur de la famille chargé de le tâter pour voir s'il y avait des espérances de mariage à concevoir de son côté, mais cela n'avait rien que d'honnête chez eux, en même temps que cela n'avait rien que de flatteur pour lui; ils le préféraient au duc, voilà tout; et puisque celui-ci pensait à épouser la jeune fille, cela éveillait leur ambition et ils cherchaient si un autre grand d'Espagne qu'ils connaissaient, qu'ils estimaient et qui avait toujours fait profession d'être fort de leurs amis, n'était pas dans les mêmes dispositions.

Souvent il avait entendu M. de Mussidan parler d'un héritage qu'il attendait, la fortune d'une tante qu'il avait dans le Midi, à Cordes, aux environs de Toulouse; mais il n'avait jamais beaucoup cru à cette fortune, qui semblait avoir des origines gasconnes. Quand il admit l'idée qu'il pouvait épouser Geneviève, il voulut savoir à quoi s'en tenir sur cette fortune. Il avait un ami à Toulouse : il le pria d'aller à Cordes et de faire une enquête à ce sujet.

Héritière de trois millions ! Cela lui fut agréable à penser.

Une fortune convenable, de la naissance, de la beauté, c'était plus qu'il n'avait espéré tout d'abord, et l'affaire décidément méritait d'être menée à bonne fin.

Il commençait à se fatiguer de ne trouver l'emploi du goût et des facultés artistiques qu'il s'attribuait que dans l'ameublement de son appartement et le choix de ses chevaux; marié, il s'amuserait aux toilettes de sa femme : elle était assez jolie pour qu'il pût en faire facilement un modèle d'élégance; on la copierait, elle donnerait la mode. Elle était assez jolie pour qu'il pût la faire peindre par un des peintres des élégances mondaines; et ces portraits seraient l'attrait et la sensation de chaque exposition. Elle avait assez de talent aussi pour qu'il lui permît de jouer quelquefois dans un concert qu'il organiserait au profit d'une infortune distinguée et de qualité.

Que les Mussidan refusassent ce mariage, que la petite n'en voulût pas, l'idée ne lui en vint même pas.

## XIX

L'affaire du Casino amenait souvent Frédéric chez M. d'Arlanzon, ce qui permettait à celui-ci de parler de Geneviève.

— Eh bien, ce projet?
— Quel projet?
— Le projet du duc d'Arcala de vous demander cette délicieuse enfant?
— Ce que vous en avez dit a suffi pour que nous fassions comprendre au duc qu'il n'entrerait jamais dans notre famille. Oh! la chose s'est faite secrètement, comme il convient. D'ailleurs, le duc s'était lui-même avancé avec une extrême discrétion. De sorte que personne ne peut dire qu'il a voulu épouser ma sœur et que nous la lui avons refusée. N'est-ce pas ainsi que les choses devraient toujours se passer?

C'était quelque chose pour M. d'Arlanzon de savoir qu'il n'avait plus le duc pour rival. Cependant ce n'était pas tout, il fallait maintenant prendre la place du duc et l'occuper mieux que lui.

— Avez-vous remarqué ma réserve à l'égard du duc? demanda-t-il à Frédéric.

— C'est-à-dire que j'en ai été frappé.

— Vous vous l'êtes expliquée?

— Mon Dieu, non, dit Frédéric avec bonhomie; au reste, j'ai trouvé cette discrétion si naturelle de la part d'un homme tel que vous, que je n'ai pas cherché à l'expliquer.

— Vous n'avez jamais été frappé de l'intérêt que je portais à votre charmante sœur?

Frédéric prit un air fin :

— Comment! s'écria-t-il, vous, monsieur le marquis!

— Eh oui, mon cher, moi; il y a longtemps que votre charmante sœur avait produit sur moi une impression... d'admiration. Si je ne vous ai rien dit, si je n'en point parlé à votre père, c'est que je la trouvais bien jeune, bien enfant. J'attendais. Et pendant que je restais ainsi dans une contemplation platonique, d'autres, qui n'avaient point ma réserve, qui n'avaient point de respect pour son enfance, se présentaient hardiment. Vous comprenez maintenant mon attitude quand vous m'avez appris ce projet de mariage. Je ne pouvais rien dire et je n'ai rien dit en effet. Mais maintenant je parle.

Eh quoi! il donnait dans le panneau, le marquis! Il avalait donc tout l'homme défiant! Était-ce assez drôle! Cependant, si drôle, si amusant, si comique qu'il fût, il importait de ne pas abuser de sa naïveté. C'est le propre des gens forts de ne pas plus se laisser griser par le succès qu'abattre par l'infortune, et

Frédéric voulait être fort. La chose en valait la peine ; puisqu'il donnait si facilement dans les traquenards qu'on lui tendait, le marquis, il fallait au plus vite s'attacher à lui par un bon et solide mariage. C'était la fortune, que ce naïf-là apportait. Que n'en tirerait-on pas avec un peu d'adresse quand il serait le mari de la petite sœur qu'on ferait manœuvrer? On la stylerait et elle travaillerait pour la famille.

Sur les derniers mots du marquis il s'était levé, comme si, sous l'impulsion de la joie, il lui était impossible de rester en place; vivement il vint à M. d'Arlanzon la main tendue.

— Ah! monsieur le marquis, monsieur le marquis! s'écria-t-il d'une voix vibrante, comme ce que vous venez de me dire m'a été là !

Il se frappa le cœur.

— Vous savez quelle estime, quelle affection respectueuse je vous ai vouée dès mon enfance. C'est vous dire combien ce que je viens d'entendre me touche.

Le marquis l'écoutait en souriant ; mais, sur ces dernières paroles, Frédéric prit un air diplomatique, son air Mussidan, celui qui de temps en temps lui valait une bague ou une épingle de Barthelasse, quand celui-ci avait été fier de « son vicomte » :

— Si Geneviève était ma fille, je vous dirais : « Elle est à vous ; » mais elle n'est que ma sœur et j'ai trop le respect des droits de famille pour prendre un engagement.

— C'est à votre père que je compte la demander.

Frédéric renonça à l'air diplomatique et ce fut

avec un abandon plein de naturel qu'il laissa paraître le chagrin et l'embarras que ces dernières paroles lui causaient.

— Je vous ai dit combien je serais heureux de voir ce projet de mariage se réaliser; d'autre part, vous savez quels sont les sentiments de mon père pour vous; je n'ai donc pas à craindre que vous puissiez prendre en mauvaise part une observation que j'ose vous soumettre.

— Quelle observation?

— C'est qu'il faudrait certaines précautions avant de l'entretenir de ce projet, car il n'est pas préparé à l'idée de marier sa fille à quinze ans.

— Mais le duc?

— Mon père n'a jamais connu les projets du duc, qui ne s'était ouvert qu'à mon frère; et encore le mot ouvert n'est-il pas bien juste, comme je vous l'ai expliqué. Voulez-vous vous fier à moi? Soyez sûr que votre cause ne peut pas être mise en des mains plus zélées que les miennes, plus désireuses du succès.

En parlant ainsi, Frédéric avait un double but.

Il voulait que le marquis ne s'imaginât point qu'il n'y avait qu'à demander Geneviève pour qu'on s'empressât de la lui accorder : plus il trouverait des difficultés à son mariage, plus il le désirerait vivement; et quand enfin elles seraient écartées, il ne pourrait pas ne pas se montrer reconnaissant envers celui qui lui aurait rendu ce bon office.

Et, puis, d'autre part, il voulait réellement, comme il le disait, préparer son père à l'idée du mariage de

Geneviève. Elle n'avait pas quinze ans encore, la petite sœur, et avant qu'elle eût atteint l'âge où cesserait, au profit de ses parents, la jouissance légale de l'héritage qu'elle pouvait recueillir d'un jour à l'autre, trois années s'écouleraient.

Comment décider son père à renoncer à ces trois années de revenu de la tante de Cordes qu'il attendait si impatiemment et qu'il avait déjà escomptées ?

Dans une circonstance aussi grave, il ne voulut pas agir seul. En quittant le marquis il s'en alla aux Batignolles pour soumettre le cas à son frère ainsi qu'à sa belle-sœur et les consulter.

## XX

Au moment où il arriva chez son frère, Sébastien et Clara allaient se mettre à table, et la bonne du gargotier « d'en bas » était en train de sortir leur dîner de son panier : deux potages, deux portions, une salade.

— Tu vas dîner avec nous, dit Sébastien, qui était toujours heureux de voir son frère.

Ce fut alors que se montra avec tous ses avantages le système de tenue de maison adoptée par Clara : la venue d'un troisième convive dans un petit ménage au moment même de servir le dîner, eût été une cause de trouble et d'embarras; Clara n'eut qu'un mot à dire, et cinq minutes après arrivait un nouveau potage, une nouvelle portion de gigot aux haricots rouges et une nouvelle salade.

Point de domestiques curieux et indiscrets non plus qui empêchassent de causer librement.

Dès le potage, Frédéric put annoncer la grande nouvelle : le marquis d'Arlanzon voulait épouser Geneviève.

— Qu'est-ce qu'elle a donc, cette gamine? demanda Clara, qui enviait tout : la fortune, le rang, la beauté, l'esprit, la tendresse, la toilette, le succès, même le scandale.

— La jeunesse.

— La belle affaire ! Qu'est-ce qui n'a pas eu la jeunesse ?

— Elle n'a pas eu, elle a, et c'est quelque chose pour le marquis, qui ne l'a plus, cette jeunesse.

— Enfin, interrompit Sébastien, il veut l'épouser.

— C'est votre impression ? demanda Clara d'un ton ironique.

— C'est mieux que mon impression : j'ai été obligé de le prier de ne pas adresser sa demande à notre père ; et c'est là-dessus que je viens vous consulter sur les moyens à employer pour amener notre père à donner son consentement.

Et il exposa ses craintes. Que fallait-il faire ? Comment agir ?

— Tant que le papa beau-père comptera sur l'héritage de la tante de Cordes, dit Clara, il ne donnera pas son consentement. Ce qu'il faut donc, c'est lui enlever cette espérance, et je ne vois pour cela qu'un moyen.

— Lequel ?

— C'est que j'aille voir mademoiselle de Puylaurens et que je réussisse à m'établir auprès d'elle pour un certain temps. Quand je reviendrai je dirai en confidence au beau-père qu'elle m'a pris en grande amitié et qu'elle me fait sa légataire universelle.

— Non, pas de ça ! s'écria Frédéric.

— Parce que ?

— D'abord parce que vous ne réussirez pas à vous établir auprès de mademoiselle de Puylaurens.

— Vous croyez ça?

— Pas le même genre, oh! mais pas du tout. Je ne doute pas de vos talents; mais je doute de la crédulité de ma tante, qui est une femme intelligente, et n'est pas dupe des comédies qu'on joue auprès d'elle. Demandez à Sébastien si nous avons jamais rien obtenu par la rouerie. Par la tendresse, par la simplicité, la franchise, tout ce qu'on veut; par le détour et l'adresse, rien. Vous ne réussiriez donc pas. Mais dussiez-vous réussir, que je ne vous laisserais pas vous établir à Cordes, et faire tranquillement vos affaires, attendu que je n'ai pas envie que vous me chippiez ma part d'héritage.

— Mon cher!

— Nous causons cartes sur table, n'est-ce pas? Il a été un temps où j'étais bien avec ma tante et où Sébastien était mal avec elle; il en a été un autre où c'était Sébastien qui était bien avec elle, tandis qu'elle était mal avec moi. Cela n'avait pas d'importance : si j'avais été légataire universel, j'aurais fait la part de mon frère; si Sébastien avait hérité, il m'aurait fait la mienne. Cela était convenu et juré.

— Eh bien, alors, que craignez-vous?

— La situation n'est plus la même : alors Sébastien n'était pas marié.

— C'est-à-dire que j'empêcherais Sébastien de tenir sa parole?

— Je ne dis pas ça; mais néanmoins je n'admets pas que vous alliez à Cordes.

— Il est inutile de discuter là-dessus, dit Sébastien, qui passait son temps à empêcher son frère et sa femme de se prendre aux cheveux; il n'est pas question que Clara aille à Cordes; mais enfin, sans qu'elle aille s'établir chez ma tante, son moyen a du bon.

— Comment cela?

— Il n'est pas nécessaire que le testament qui déshérite notre père soit vrai; qu'on lui fasse croire qu'il est déshérité par un prétendu testament, cela suffit, et il me semble que cela n'est pas impossible.

— J'avais pensé aussi à me faire écrire de Cordes une lettre dans laquel on me dirait que notre tante allait complètement bien, et que sa santé était tout à fait raffermie; car si on peut lui faire admettre l'idée que d'ici à trois ans la tante ne mourra pas, il n'aura plus de raisons pour s'opposer au mariage de la petite sœur avec le marquis. Qu'en dites-vous?

C'était à Clara que cette interrogation s'adressait : elle ne répondit pas.

— Cela vous déplaît? demanda Frédéric.

— Cela ne me plaît ni me déplaît, cela ne me regarde pas. Je vous ai indiqué tout à l'heure un moyen que je crois sûr, vous n'en voulez pas. Arrangez-vous comme vous voudrez. Lancez-vous dans la chimère comme à votre ordinaire; combinez des effets de théâtre ou de roman, c'est votre affaire. Pour moi, il n'y a de certain que le réel et ce qu'on fait soi-même. C'était cela précisément que je voulais; vous avez peur de moi...

— Très peur.

— N'en parlons plus.

Et, au fait, on n'en parla plus, au moins tant qu'on fut à table; mais quand Frédéric se leva pour se retirer, Sébastien le suivit, et dans la rue l'entretien reprit où il avait été interrompu. Ils étaient trop étroitement unis, et par l'habitude, et par la fraternité, et par la communauté d'intérêts, pour qu'une affaire de femme les fâchât.

De même que leur père avait à Cordes le clerc de notaire Ceydoux chargé de le tenir au courant de tout ce qui se passait chez mademoiselle de Puylaurens, ils avaient aussi un agent qui leur rendait le même service : c'était un ancien camarade de Frédéric au séminaire d'Albi nommé Mirandol, qui, n'ayant aucune vocation pour la prêtrise, avait épousé la fille d'un des plus riches tanneurs de Cordes et avait continué le commerce de son beau-père. Par amitié pour Frédéric, qui était resté un modèle pour lui, il s'était fait son correspondant, et tous les mois il lui envoyait un bulletin de la santé de mademoiselle de Puylaurens ou tout au moins il lui répétait les bruits qui couraient la ville, n'étant point un personnage à avoir des relations avec l'héritière du ministre de Raymond VII.

Le plan que Frédéric avait ruminé, en mangeant silencieusement après sa prise de bec avec sa belle-sœur, était de demander à Mirandol de lui écrire que mademoiselle de Puylaurens venait de faire un testament qui déshéritait sa famille, et que sa santé était maintenant en si bon état qu'on lui donnait plus de dix ans à vivre.

Ce fut ce plan qu'il expliqua à son frère.

— Et Ceydoux! dit celui-ci, il n'écrira pas dans le même sens que Mirandol.

— Ceydoux peut ne pas connaître le testament dont Mirandol aura appris l'existence d'une façon certaine,

— Je veux bien admettre cela pour le testament; mais pour la santé : si Ceydoux dit que la tante est malade et si Mirandol dit qu'elle est bien portante, lequel des deux notre père croira-t-il ?

— Ni l'un, ni l'autre, il y aura doute, et ce doute profitera à notre combinaison.

Frédéric ne comptait pas donner à son correspondant les raisons vraies qui lui faisaient demander cette lettre ; Mirandol était un garçon tout franc qui n'aurait pas compris la force de ces raisons, et le mieux était de lui en donner qui fussent appropriées à son caractère et à sa nature.

« Vous savez, mon cher ami, quel mal nous a fait
» l'attente de l'héritage de ma tante de Puylaurens.
» Ç'a été la perte de mon père, la perte de sa fortune,
» de sa position, de sa santé. Que ne serait-il pas
» aujourd'hui s'il ne s'était pas toujours dit : A quoi
» bon? j'aurai demain la fortune de mademoiselle de
» Puylaurens! Ce qu'il s'est dit pendant si longtemps
» il se le dit toujours, les déceptions ne lui ayant
» rien appris. En ce moment une occasion splendide
» se présente pour lui, et il la balance, il la refuse
» presque en se répétant encore : « A quoi bon?
» j'aurai demain une partie du revenu de la fortune
» de mademoiselle de Puylaurens. » Vous sentez,
» n'est-ce pas, vous si actif, si pratique, combien cela

» est terrible pour nous? C'est dans ces conditions
» que je viens vous demander un service que vous ne
» me refuserez pas, j'en suis certain. Voici ce dont il
» s'agit. »

Et il lui avait expliqué ce qu'il voulait : une lettre lui apprenant que mademoiselle de Puylaurens venait de faire son testament en faveur des sœurs de Saint-Joseph d'Albi. C'était un des témoins de ce testament qui le lui avait dit, et, en plus, une série de renseignements prouvant que la santé de mademoiselle de Puylaurens s'était si bien raffermie, que cela devait être une consolation pour lui à la perte de cet héritage, qui maintenant se ferait peut-être attendre dix ans, quinze ans.

L'ancien camarade du séminaire d'Albi n'avait pas refusé cette lettre à son ami; mais dans la famille de Mirandol, c'avait été un sujet d'ébahissement et de stupéfaction quand on avait appris que les Mussidan en étaient arrivés à considérer l'héritage de mademoiselle de Puylaurens comme une calamité.

## XXI

Les querelles entre associés n'ont bien souvent aucune importance : l'intérêt commun fait oublier les blessures de la dignité et de l'amour-propre. La lettre de Mirandol reçue, Frédéric n'eut aucun embarras pour demander à Clara d'en parler à son père, et celle-ci ne pensa même pas à lui refuser son concours. Il était bon que cette lettre arrivât à la connaissance de M. de Mussidan d'une façon incidente afin de ne pas provoquer des soupçons, et personne mieux qu'elle ne pouvait se charger de cette mission. Cela suffisait pour qu'elle l'acceptât ; en somme, c'était pour elle aussi bien que pour ses associés qu'elle travaillait.

Lorsqu'elle voulait s'entretenir avec son beau-père, elle avait l'habitude de l'aller prendre au moment où il devait sortir, et ils descendaient alors ensemble à Paris, M. de Mussidan fier d'avoir à son bras une femme qui se mettait bien et qui lui faisait honneur.

Décidée à lui parler de la lettre de Mirandol, ce fut cette tactique qu'elle suivit, et quand, après avoir suivi la rue Dancourt, ils arrivèrent sur le boulevard, elle aborda son sujet :

— Vous savez, dit-elle, si j'aime Sébastien, quelle estime j'ai pour lui, et quelle tendresse. Vous savez aussi combien j'ai d'affection pour Frédéric.

— Vous êtes une excellente personne, ma chère belle.

— Cependant, malgré mon estime et ma tendresse pour mon mari, malgré mon affection pour mon beau-frère, je ne m'aveugle pas sur leur mérite : ils sont l'un et l'autre de tristes hommes d'affaires.

— A qui le dites-vous, hélas !

— Toujours occupés de chimères.

— N'ayant aucune fixité dans les idées, s'envolant avec leurs espérances et se rassurant avec leurs impressions. Où en arrive-t-on quand on s'en rapporte à son impression : « Mon impression est bonne. » Eh bien ! qu'est-ce que cela prouve votre impression?

— C'est ainsi qu'on arrive à la misère, et je crains bien que ce ne soit notre sort si, avec votre coup d'œil supérieur et votre esprit de décision, vous ne trouvez pas moyen d'agir.

M. de Mussidan fut effrayé, il crut que sa belle-fille voulait lui faire un emprunt.

— Un coup d'œil supérieur, dit-il, ne donne pas des ressources, et vous savez que de ce côté je suis malheureusement dans une fâcheuse situation.

— Il ne s'agit pas de débourser de l'argent, mais seulement d'avoir du coup d'œil, de la décision et de l'habileté.

— Alors parlez vite, chère belle, je suis tout à vous.

— Eh bien, Frédéric a reçu de l'un de ses amis de Cordes une lettre...

— De Mirandol, sans doute ?

— Justement c'est le nom. Il a donc reçu de ce monsieur une lettre dans laquelle on lui dit que mademoiselle de Puylaurens vient de faire son testament en faveur des sœurs d'Albi.

— C'est impossible ! s'écria M. de Mussidan bouleversé.

— Ce M. Mirandol dit tenir la chose d'un des témoins de ce testament, et il ajoute qu'il ne faut pas trop se désoler de ce caprice de mademoiselle de Puylaurens, qui est en ce moment dans un tel état de santé qu'on peut bien lui donner une douzaine d'années au moins à vivre.

— Vous avez vu cette lettre ?

— Frédéric me l'a lue.

— Comment ne m'en a-t-il pas parlé ?

— Pour ne pas vous peiner.

— C'est absurde.

— C'est justement ce que je lui ai dit, et c'est pourquoi j'ai cru devoir vous avertir ; il semble qu'un homme comme vous peut parer ce coup.

— Soyez tranquille, je vais écrire à mon agent de Cordes ; nous saurons à quoi nous en tenir.

Ce que l'agent de Cordes répondit, ce fut qu'il ne connaissait pas ce testament, et que toutes les personnes qu'il avait interrogées ne le connaissaient pas plus que lui. Cependant il devait ajouter, pour ne rien omettre, qu'en dernier temps, M. Astruc, le notaire de Gaillac, était venu plusieurs fois chez mademoiselle de Puylaurens. Pourquoi? on n'en savait rien. Quant à la santé de mademoiselle de Puylaurens, elle était toujours à peu près dans le même état; et le mieux dont on parlait se réduisait à ceci : que depuis quelques mois elle n'avait pas été enrhumée.

Cette lettre était en somme assez rassurante, car si mademoiselle de Puylaurens, personne intelligente et instruite, avait eu la singulière fantaisie de faire son testament par-devant notaire avec le cérémonial prescrit par la loi, cela aurait été connu dans une petite ville comme Cordes, où chacun bavardait sur la question de savoir qui hériterait de la fortune et des biens de la châtelaine du pays. Mais rien ne rassure un héritier qui vit continuellement dans la crainte des testaments, qui en rêve, qui en voit partout. Elle avait pu se cacher, mademoiselle de Puylaurens, et si bien que presque personne n'eût connu son testament. Et d'autre part, elle avait pu aussi recourir à cette forme de testament public fait par un notaire en présence de quatre témoins, pour qu'il fût plus solide et pût triompher des procès que ses héritiers naturels voudraient sans doute lui opposer devant les tribunaux.

Ces considérations avaient jeté M. de Mussidan dans une cruelle perplexité, et il avait voulu voir la lettre de Mirandol à Frédéric ; mais elle ne lui avait rien appris de plus que ce que Clara lui avait dit.

Alors il écrivit de nouveau de faire une enquête, d'interroger Mirandol, de tâcher de trouver un des témoins du testament ; tandis que, de son côté, Frédéric écrivait à son ancien camarade de ne pas répondre aux questions de Ceydoux : « Vous comprenez, cher ami, que j'ai des raisons pour vouloir donner des inquiétudes à mon père ; mais cependant je ne veux pas lui ôter tout espoir : il a vécu trop longtemps avec cette idée d'héritage ; il suffit à notre plan qu'il ait des doutes, qui, je pense, le décideront à accepter l'occasion dont je vous ai parlé. »

Ce fut dans ces conditions, et pendant que Ceydoux faisait son enquête, que Frédéric se décida à entretenir son père des projets de mariage du marquis.

Un matin il arriva tout superbe avec un air triomphant.

— J'ai une grande consolation à vous apporter, dit-il.

— Mirandol s'était trompé ! s'écria M. de Mussidan, qui ne pensait qu'à son testament.

— Ce n'est pas de Mirandol que j'ai à vous parler, c'est du marquis d'Arlanzon, que j'ai vu hier et qui peut, si vous le voulez, nous faire prendre gaiement le testament de mademoiselle de Puylaurens.

— Quel rapport peut-il exister entre le marquis et cette coquine ?

— Aucun ; seulement le marquis peut prendre la place de ma tante, au moins pour vous.

— Que me racontes-tu là ?

— En deux mots voici ce dont il s'agit : le marquis est fou de Geneviève et il veut l'épouser.

— Le fou c'est toi.

— Rien n'est plus sérieux, je vous en donne ma parole.

— Comment, le marquis ! il sait ce que nous sommes cependant.

— Oui, mais il oublie ce qu'il est, lui, ou au moins il ne pense qu'à sa fortune et à la nôtre.

— Me croit-il homme à vendre mon enfant ?

— Assurément non : seulement il s'imagine qu'un homme dans sa position qui veut épouser une jeune fille aussi pauvre que Geneviève, n'a pas à craindre un refus, et il me semble qu'il n'a pas tout à fait tort. Si vous pouviez espérer que Geneviève aura un jour sa part dans l'héritage de mademoiselle de Puylaurens, vous pourriez ne pas accepter ce mariage, si beau pour elle cependant, au moins sous le rapport de la fortune et de la position. Mais cette espérance vous ne pouvez guère la conserver, et alors ce mariage devient pour ainsi dire une occasion providentielle.

Sans répondre directement, M. de Mussidan voulut que son fils lui racontât comment le marquis l'avait entretenu de son projet de mariage, et Frédéric lui arrangea un récit qui rendait cette ouverture toute naturelle.

— Et le marquis s'est imaginé que j'allais accueillir sa demande ?

— Dame !

— Il s'est imaginé que moi, comte de Mussidan, j'allais l'accepter lui, un homme de rien ?

— Il est marquis d'Arlanzon.

— Depuis quand ?

— Soyez sûr qu'il croit l'avoir toujours été ; mais

s'il n'a pas de naissance, au moins a-t-il de la fortune ?

— Et que m'importe cette fortune !

— Cependant dans votre position, dépouillé de l'héritage de notre tante, c'est quelque chose que d'être le beau-père d'un homme riche comme le marquis.

— Cela suffit-il pour que je lui donne une enfant en faveur de qui j'ai fait tant de sacrifices ? Est-ce lui qui doit profiter de ces sacrifices ? C'est une fortune que cette enfant !

— Improductive.

— Qui produira, qui va produire ; et c'est juste au moment de sa mise en valeur qu'on demande que je la donne.

— Ce ne serait pas sans compensation.

— Quelle compensation ?

— Cela, je n'en sais rien ; ce serait à discuter avec le marquis.

— A discuter, à discuter ! Je ne discute pas ces choses-là, moi.

— Cependant...

— Il faudrait avant tout que le marquis comprît bien la situation qui est simple ; j'ai une fille à qui j'ai donné quinze ans de ma vie, de soins, de sollicitude, de dévouement. Aujourd'hui elle arrive à l'âge où je vais récolter ce que j'ai semé et rentrer dans mes avances ; et justement on veut que je la donne. Est-ce juste ?

— Certainement le marquis comprendra cela.

— Il comprendra, il comprendra, cela serait à

voir. En tous cas, je ne veux pas examiner ce projet avant que cela soit vu ; c'est la première question à examiner, et puisque tu t'es fait l'ambassadeur du marquis, tâte-le à ce sujet, mais discrètement. Surtout ne laisse pas croire que je suis disposé à admettre ce mariage ; c'est le contraire qui est vrai. Pour que je cède il faudrait qu'il présentât des avantages tels qu'un refus de ma part fût un acte de folie.

## XXII

Geneviève voulait que tout de suite sa mère déclarât qu'elle n'accepterait jamais le marquis, et, naturellement Faré pensait comme elle.

Au contraire, madame de Mussidan trouvait qu'il valait mieux attendre ; les avantages qu'il y avait à agir immédiatement ne la touchaient point, tandis que ceux qu'il y avait à différer lui paraissaient décisifs ; elle répondait au lieu d'attaquer, ce qui était déjà important ; elle se défendait et elle défendait sa fille, ce qui lui donnait une position plus forte.

Bien qu'elle voulût ne pas admettre que son mari pût accepter le marquis et qu'elle se répétât à chaque instant que cela était invraisemblable, il était arrivé un moment où tout ce qu'elle se disait ne l'avait plus rassurée : c'avait été quand elle avait vu les visites de Clara et de Frédéric devenir de plus en plus fréquentes. Que se passait-il ? que se disaient-ils entre eux ? Elle n'en savait rien. Et ce qui redoublait son inquiétude c'était la préoccupation évidente de son mari.

Et cependant elle n'avait pas osé interroger M. de

Mussidan, malgré les instances de Geneviève qui s'inquiétait aussi des airs mystérieux de Clara et de ses frères :

— Je t'assure, maman, qu'il se passe quelque chose.

— Nous verrons bien.

— Il sera trop tard.

— Mais non, il sera juste temps ; tu as confiance en moi, n'est-ce pas ?

Certainement elle avait confiance, seulement elle aurait voulu plus d'énergie chez sa mère. Pourquoi ne pas dire tout simplement : « Je ne veux pas que ma fille épouse le marquis, » c'était bien simple et bien facile.

Le surlendemain du jour où Frédéric avait entretenu son père des projets du marquis, madame de Mussidan eut enfin l'explication de ces mystérieuses visites.

M. de Mussidan était rentré ce soir plus tôt que de coutume, et ayant trouvé Geneviève, qui lisait auprès de sa mère travaillant comme tous les soirs, il l'avait envoyée se coucher.

— Je n'ai pas sommeil.

— Cela ne fait rien, j'ai à parler à ta mère.

Geneviève avait été embrasser sa mère, et, dans son étreinte, elle avait mis tout son courage.

— Voici le moment, ne faiblis pas.

Et madame de Mussidan avait répondu par un regard qui était une promesse.

Cependant, il n'avait point abordé ce qu'il avait à dire aussitôt après le départ de sa fille ; mais, prenant le journal de musique que Geneviève avait laissé sur sa table, il avait lu, pendant une demi-heure à peu près, jusqu'au moment où il avait jugé que sa fille devait être endormie.

— Vous ne me demandez pas ce que j'ai à vous dire ? demanda-t-il.

— J'attends.

— C'est bien là votre apathie ordinaire; il s'agit de votre enfant cependant, de la chose la plus grave pour elle... en un mot de son mariage.

Madame de Mussidan n'était pas prise à l'improviste; depuis longtemps elle s'était préparée et ce n'était point par des ripostes au hasard qu'elle devait défendre Geneviève; chacune de ses paroles devait porter; on lui parlait mariage, c'était à cette question du mariage qu'elle devait répondre, celle du mari viendrait en son temps.

— Marier Geneviève ! s'écria-t-elle, à son âge ! ce n'est pas vous son père, qui avez eu cette idée.

— Et pourquoi donc ne l'aurais-je pas eue ? Geneviève ne va-t-elle pas avoir quinze ans ?

— Croyez-vous que j'accepterais un mariage qui compromettrait le bonheur et la santé de ma fille ?

— Voulez-vous dire que je ne suis pas un bon père ?

— Je ne veux dire qu'une chose ! c'est qu'une fille de quinze ans est trop jeune pour se marier, qu'elle risque sa santé et joue son avenir, et cet avenir me paraîtrait d'autant plus sérieusement menacé dans ce mariage que vous m'annoncez que Geneviève ne connaît pas ce mari, puisque je ne le connais pas moi-même, et qu'elle n'est pas fille à être heureuse près d'un homme qu'elle n'aimerait pas.

— Elle le connaît, ce mari !

— Ah ! et elle l'aime ?

M. de Mussidan n'était pas habitué à ce que sa femme lui tînt tête.

— Ce mari, dit-il, est mon meilleur ami, le marquis d'Arlanzon. Ce nom vous montre que les avantages de ce mariage sont au-dessus des objections que vous pouvez faire.

Il avait dit cela en homme qui n'admet pas la discussion ; cependant elle continua :

— Je n'ai plus qu'une objection, dit madame de Mussidan.

— Et laquelle ? Je suis curieux de la connaître.

— Ce nom même. N'avez-vous pas vous-même plaisanté bien souvent la noblesse de M. d'Arlanzon ?

— Ah ! M. d'Arlanzon n'est pas assez noble pour votre fille ?

— Pour la fille d'Angélique Godard il est trop noble ; pour la fille du comte de Mussidan il ne l'est pas assez.

— Ceci me regarde.

— Il est impossible que vous ayez oublié Ramon Sapira, s'écria-t-elle en s'animant.

— Ramon Sapira a été fait marquis d'Arlanzon.

— Vous trouvez donc maintenant qu'on peut acquérir la noblesse ?

— Je trouve que vous vous mêlez de ce qui ne vous regarde pas. Assez là-dessus, je vous en prie.

— Vous avez raison, ce n'est pas à moi de parler

noblesse à l'héritier des Mussidan; mais si vous trouvez le nom de M. d'Arlanzon bon pour votre fille, vous ne trouvez pas, n'est-ce pas, que le marquis soit d'âge à épouser une enfant de quinze ans?

— C'est précisément l'âge du marquis d'Arlanzon qui met ce mariage, précoce du côté de la femme, à l'abri de tout danger; le marquis aura la sagesse, la modération. D'ailleurs il y a dans un mariage une consideration qui prime toutes les autres : la position et la fortune. Le marquis d'Arlanzon est grand d'Espagne; sa fortune est considérable. Ce n'est pas avec votre fortune patrimoniale que vous comptez doter votre fille, n'est-ce pas?

— Oh! moi, je ne compte sur rien; cependant il me semble que l'héritière de mademoiselle de Puylaurens sera assez riche pour exiger chez son mari autre chose que la fortune.

— Et qui vous dit qu'elle sera l'héritière de mademoiselle de Puylaurens?

— Mais vous, mais la justice, mais l'ordre de la parenté, mais tout, tout. Si elle ne l'a pas encore, cette fortune, elle l'aura un jour, elle l'aura bientôt, demain peut-être.

Il fallait qu'elle fût poussée à bout pour recourir à ces paroles qui pendant quatorze ans l'avaient si souvent révoltée; mais c'était un argument qu'elle n'avait pas le droit d'écarter. Puisque son mari paraissait insensible à la voix de l'honneur, en acceptant la noblesse de M. d'Arlanzon, à celle de la tendresse paternelle, en donnant sa fille qui n'avait pas quinze ans à un homme qui en aurait bientôt soixante, il serait touché sans doute par celle de l'intérêt.

Ce mot jeté, qui était sa ressource suprême, elle le compléta.

— Est-ce que le mariage n'émancipe pas une fille ?
— Qu'importe ?
— Mais les parents n'ont plus la jouissance légale de la fortune que recueille un enfant émancipé. Que mademoiselle de Puylaurens meure le lendemain du mariage de notre fille, ce serait M. d'Arlanzon qui jouirait de cette fortune.

— Il y a longtemps que j'ai renoncé à la fortune de cette vieille coquine ; mais je vois que, pour vous, vous comptez toujours sur elle ; cela m'explique l'opposition que vous faites à ce mariage. Heureusement, moi, le père, le chef de la famille, celui dont le consentement suffit en cas de dissentiment, je ne me laisse pas diriger par ces basses considérations.

Elle fut écrasée, car c'était là son argument décisif, celui qu'elle avait travaillé en s'entourant de tous les renseignements légaux qu'elle avait pu recueillir. La fortune de mademoiselle de Puylaurens, la jouissance de cette fortune ; comment n'en serait-il pas touché ? et voilà qu'au contraire il déclarait qu'il avait renoncé à cette fortune.

Stupéfaite, anéantie, elle resta sans trouver un mot à répondre : c'était elle qui, par intérêt, s'opposait à ce mariage !

## XXIII

Geneviève ne dormit guère cette nuit-là.

Elle avait espéré que, sous prétexte de l'embrasser ou de la border, comme au temps où elle n'était encore qu'une petite fille, sa mère viendrait lui dire ce qui s'était passé. Mais ce fut en vain qu'elle attendit, sa mère ne vint pas.

— Pourquoi ne vient-elle pas ?

Cette question, elle l'agita fiévreusement dans son lit. Était-ce bon, était-ce mauvais signe? Et elle n'osait s'arrêter ni à l'une ni à l'autre réponse qu'elle se faisait. Après tout, il ne fallait peut-être tirer aucun pronostic de cette absence : sa mère ne venait pas parce qu'elle n'osait pas venir.

Le matin elle était levée la première et aussitôt que sa mère parut, elle se jeta sur elle.

— Eh bien?

— Ton père tient à ce mariage.

— Tu ne lui as donc pas dit ?...

— Tout ce que j'ai pu lui dire.

— Il n'a pas voulu t'écouter ?

— Jusqu'au bout.

— Mais alors ?

— Il trouve que ce mariage est très avantageux pour toi, et il n'est sensible qu'à cela.

— Mais il m'aime, papa ?

— Peux-tu prononcer une telle parole !

— Alors pourquoi veut-il mon malheur ?

— C'est ton bonheur qu'il veut, et voilà pourquoi il ne s'est pas laissé toucher par ce que je lui ai dit. La position, la fortune de M. d'Arlanzon le troublent.

— Mais on est misérable quand on épouse un homme pour sa position et sa fortune; papa ne peut pas vouloir une chose misérable.

— A soixante ans on ne juge pas la vie comme à quinze ans.

— Ce qui est bien est toujours bien, ce qui est mal est toujours mal.

— Ce qui serait mal à toi, ce serait de juger ton père.

— Ah bien ! je vais lui parler, je vais lui dire que je n'aime pas le marquis et ne peux pas l'aimer; mais ce serait honteux, ce serait ridicule, maman; je le prierai, je le supplierai, il ne pourra pas ne pas se laisser toucher. Je suis sa fille; tu serais touchée, toi maman, tu l'as été.

— Je t'en prie, ne dis rien à ton père.

— Tu ne veux pas que je me défende ?

— Je veux que nous ne fassions rien avant de nous être entendues avec Ernest.

— Oh ! cela, si tu veux.

— D'ailleurs il est bon de laisser ton père à ses réflexions. Ce que je lui ai dit n'a pas été sans l'émouvoir ; quand il a une idée en tête rien ne paraît l'ébranler au moment où on lui parle; il semble qu'il ne vous écoute même pas ; puis quelques heures, quelques jours après on est très surpris de voir qu'on l'a convaincu.

— Enfin, Ernest vient aujourd'hui, nous pourrons le consulter.

Ce fut avec une impatience nerveuse que Geneviève attendit l'arrivée de Faré : il aurait un moyen pour sortir de cette situation. Était-il possible qu'il n'en trouvât pas un, lui si intelligent, si fin ? Et d'ailleurs, quand même il n'aurait ni cette intelligence, ni cette finesse, il trouverait certainement dans son cœur ce qu'il fallait faire : l'amour donne des inspirations miraculeuses; elle sentait cela.

Depuis que Faré avait franchement déclaré son amour, il venait chaque jour place Dancourt avant de descendre à son journal : son heure était celle où M. de Mussidan faisait sa promenade ordinaire et où Geneviève était seule avec sa mère; alors on pouvait parler librement, se regarder ; on avait tant de choses à se dire.

Lorsqu'il sonna, ce fut Geneviève qui courut lui ouvrir.

— Mon père veut le mariage avec M. d'Arlanzon, dit-elle, avant même qu'il fût entré.

— Que lui avez-vous répondu ?

— Rien : c'est à maman qu'il a parlé.

— Et qu'a dit madame de Mussidan ?

Ce fut madame de Mussidan elle-même qui répondit à cette question en racontant tout ce qui s'était dit entre elle et son mari. Elle avait hésité sur la façon dont elle devait faire ce récit : sincère ou arrangé. Car il lui était pénible de laisser voir son mari tel qu'il était; et ce qui l'embarrassait plus encore, c'était de parler devant sa fille : il y avait une responsabilité lourde aussi à rester seule dans une lutte qui se présentait si mal. Et après avoir longtemps balancé le pour et le contre, elle s'était décidée à dire les choses telles qu'elles s'étaient passées, mais en les expliquant, en plaidant les circonstances atténuantes en faveur de son mari; dans ce mariage avec M. d'Arlanzon, il voyait surtout le côté matériel qui, il fallait bien le reconnaître, était brillant : la situation, la fortune.

— Si vous saviez comme M. de Mussidan souffre de voir sa fille travailler, et comme il a peur de la marier à un homme qui ne vivrait que de son travail! Avec son éducation, avec son nom, cela se comprend; surtout avec sa dure expérience de la vie. Il a renoncé entièrement à l'espérance de voir sa fille hériter un jour de la fortune de mademoiselle de Puylaurens, et cet héritage, il veut le remplacer par un beau mariage. La jeunesse de Geneviève fait qu'il ne craint pas de contrarier une inclination solide. Et puis d'autre part encore il paraît vouloir la marier tout de suite, comme s'il avait peur de ne pas pouvoir la marier lui-même plus tard. Et ce sont là des considérations puissantes pour un père âgé.

— Eh bien, justement, s'écria Geneviève en se jetant à travers le plaidoyer de sa mère, si mon père

9.

tient tant à me marier tout de suite, il faut qu'Ernest se présente. Si papa savait que j'ai un fiancé, un mari que j'ai choisi, que j'aime, qui m'aime, il renoncerait à son marquis ; il veut un mari, qu'il prenne le mien. Il n'y a que cela de raisonnable, de naturel ; et cela devrait déjà être fait.

S'adressant à Faré :

— Vous allez attendre mon père, et, quand il va arriver, lui parler :

— Et que répondra-t-il, interrompit madame de Mussidan, quand ton père lui demandera : Quelle position offrez-vous à ma fille ?

— Il répondra qu'on va mettre sa comédie en répétition, qu'il a promesse que son drame sera joué l'hiver prochain en bonne saison, qu'il corrige la dernière feuille de son volume de vers...

Une fois encore madame de Mussidan l'interrompit :

— Et cela va décider ton père ?

— Cela et puis notre amour. Moi aussi je vais parler ; moi aussi je vais dire combien je l'aime. Est-ce que tu n'as pas été émue, toi, est-ce que tu n'as pas été gagnée, toi, quand Ernest t'a dit : Je vous demande la main de votre fille... que j'aime ? Il le dira encore bien mieux à mon père qu'il ne te l'a dit à toi, car depuis ce jour-là il a appris à le dire.

Faré était dans une position cruelle, ne sachant que dire : ayant peur, s'il proposait quelque chose, de compromettre l'avenir, et d'autre part ayant peur, s'il ne proposait rien, de désoler Geneviève en se montrant indifférent. Il le connaissait trop, M. de

Mussidan, pour croire que parce qu'il lui dirait : « J'aime votre fille, » quand même il le dirait très bien, cela le toucherait ; c'était le titre, c'était la fortune de M. d'Arlanzon qui le touchaient. Qu'avait-il à mettre en comparaison de cette fortune? Sa comédie, son drame, son volume de vers, comme disait Geneviève. La belle affaire vraiment ! et comme M. de Mussidan l'accueillerait bien, son avenir? Qui croyait en son avenir ? Geneviève, et pas même madame de Mussidan peut-être, qui cédait bien plus à sa tendresse pour sa fille qu'à la confiance qu'elle avait pour son gendre.

Ce fut madame de Mussidan qui répondit pour lui :

— Je t'ai dit, mon enfant, qu'il fallait une extrême prudence et qu'une démarche maladroite pouvait tout compromettre. Que deviendriez-vous si ton père interdit à Ernest de venir ici, s'il me défend de le recevoir ? Il faut penser à cela.

— Mais enfin, s'écria Geneviève, on ne peut pas me faire épouser M. d'Arlanzon malgré moi.

— C'est là qu'est notre force, dit Faré, elle est dans votre résistance.

— Eh bien alors, s'écria-t-elle avec une résolution exaltée, je dirai au marquis, moi, que je ne veux pas de lui ; puisqu'il n'a pas voulu me comprendre, je lui parlerai de façon à ce qu'il ne puisse pas fermer les oreilles : quand je lui aurai dit : « Je ne veux pas de vous, » cela sera clair.

Et s'excitant, se mettant en colère :

— Mais c'est odieux, cela, dit-elle violemment, on

n'a pas le droit de persécuter ainsi une fille qui ne vous a rien fait. Est-ce que je ne le trouve pas vieux, ridicule? Mais c'est affreux, ces mariages-là ! Est-ce qu'on ne doit pas s'entendre ? Est-ce qu'on ne doit pas se plaire? Est-ce qu'on ne doit pas s'être dit qu'on s'aime, sinon avec des paroles, au moins autrement : il y a tant de manières de se dire qu'on s'aime, n'est-ce pas, Ernest ?

Madame de Mussidan ne répondait rien, elle écoutait et paraissait réfléchir, plus attentive à ses pensées qu'aux paroles de sa fille.

— Non, interrompit-elle, tu ne diras rien, tu ne dois rien dire à M. d'Arlanzon.

— Mais, maman, nous ne pouvons pas rester dans cette angoisse; ce n'est pas notre faute si nous nous défendons.

— Assurément, dit Faré, j'ai pleine confiance en Geneviève, j'ai foi en elle, mais cependant vous ne pouvez pas ne pas sentir combien serait cruelle ma situation : il faut donc que je sache, quand je suis loin d'elle, que M. d'Arlanzon lui fait la cour; il y a là non seulement une douleur, mais encore un outrage.

— Tu ne veux pas le rendre malheureux, maman.

— Non, continua madame de Mussidan, tu ne parleras pas au marquis ; je lui parlerai moi; je vous défendrai ; je ne suis qu'une pauvre femme, mais je trouverai dans ma tendresse ce qu'il faut dire ; j'aurai le courage d'une mère qui se met en avant pour son enfant.

Geneviève s'était approchée de sa mère et la prenant dans ses bras, elle l'embrassait avec l'élan d'une reconnaissance émue.

— Oui, mon enfant, embrasse-moi, dit madame de Mussidan, j'aurai besoin de tout ton amour, car une pareille démarche va terriblement fâcher ton père contre moi.

## XXIV

Depuis qu'elle était comtesse, madame de Mussidan avait si souvent entendu parler de convenances, de politesse, de correction, de cérémonial, sans avoir jamais pu apprendre en quoi cela consistait au juste et quelles étaient les lois qui régissaient cette matière que son mari connaissait si bien, qu'à la pensée de se présenter chez un marquis et un grand d'Espagne elle était pleine de craintes. Autrefois elle eût été bravement droit devant elle, et tout franchement, tout simplement dit ce qu'elle avait à dire : « Vous voulez épouser ma fille ; elle ne vous aime point ; vous ne pouvez pas être son mari. » Cela était clair et honnête, facile à dire, facile à comprendre. Mais un pareil langage, mais ces manières primitives étaient-elles convenables, étaient-elles correctes avec un personnage tel que le marquis d'Arlanzon ? Etait-il homme à se rendre à sa raison : « Ma fille ne vous aime pas » ?

Si elle avait été libre, elle aurait longuement réfléchi aux difficultés de sa situation et pesé les moyens qu'elle devait employer. Mais cette liberté, elle ne l'avait pas. A peine Faré était-il parti que Geneviève avait parlé de cette visite au marquis :

— Quand iras-tu, maman ?

— Laisse-moi réfléchir.

— Il n'y a pas besoin de réfléchir ; il n'y a qu'à dire franchement la vérité. Tu iras demain, n'est-ce pas ?

Ce ne fut pas le lendemain qu'elle y alla, ce fut le surlendemain, harcelée, poussée par sa fille, qui la mit presque dehors.

Cette journée de répit, elle l'avait employée à s'arranger une toilette qui réunît les diverses conditions exigées pour être « convenable », ce mot dont on l'avait assassinée depuis quinze ans. Geneviève avait voulu l'aider. Les brides de soie noire de son chapeau avaient été nettoyées dans de l'eau de café ; les coutures lustrées du corsage de son pardessus avaient été frottées à l'eau de naphte, et, pour que l'odeur s'évaporât, on l'avait laissé sur le balcon la nuit, mais une averse étant survenue, elle s'était levée, ce qui lui avait valu une algarade de M. de Mussidan pour sa négligence continuelle : — Pouvait-on oublier quelque chose sur un balcon avant de se coucher ? Il comprenait maintenant pourquoi elle était toujours si mal tournée ; ses affaires à lui ne dureraient pas s'il les laissait ainsi traîner partout, au lieu de les accrocher lui-même soigneusement tous les soirs dans le vestibule, où on les trouvait le matin, n'ayant plus que la peine de les prendre pour les lui brosser.

— Je t'assure que tu es très bien, maman, tu peux partir.

— Ce n'est pas pour moi, c'est pour ton père ; il faut que je sois convenable.

C'était bien autre chose qu'il fallait qu'elle fût ; mais quoi ? elle n'en savait rien ; bien souvent M. de Mussidan lui avait dit qu'elle n'était qu'une maladroite, mais jamais il n'avait daigné lui apprendre ce qu'il y avait à dire et ce qu'il y avait à faire pour ne pas l'être.

Ce fut avec un serrement de cœur qu'elle poussa le bouton de la sonnerie électrique du marquis ; tout d'abord elle avait tiré ce petit bouton en ivoire, puis comme il ne venait pas, elle s'était décidée à le pousser, très intimidée de sa bêtise, se disant que cela était d'un mauvais augure et qu'elle allait en faire bien d'autres sans doute.

Le valet de chambre qui lui ouvrit la porte la toisa des pieds à la tête, en homme qui sait reconnaître les nettoyages au café noir et à l'eau de naphte, aussi, pour la première fois, crut-elle à propos de donner son titre, ce qui la fit introduire dans le salon.

Lorsqu'elle se trouva dans cette vaste pièce d'une élégance si brillante et si fraîche, elle resta indécise, ne sachant où s'asseoir : au milieu, n'est-ce pas trop d'assurance ; dans un coin, trop de modestie ?

M. d'Arlanzon entra très empressé avant qu'elle se fût décidée, et, la prenant par la main il la fit asseoir à côté de lui sur un canapé.

Pendant les premières paroles de politesse qu'il lui adressa, et avec lui tout ce qui touchait à la politesse prenait du temps, elle put retrouver ce qu'elle avait préparé en descendant de Montmartre.

— C'est de ma fille que je viens vous entretenir.
— Et comment est-elle, cette chère enfant? Charmante, délicieuse, ravissante.
— Mal.
— Elle est malade?
— Dans l'angoisse et dans la fièvre depuis que son père lui a parlé de vos intentions.

Le marquis avait été surpris de l'arrivée de madame de Mussidan chez lui, et dans son empressement d'accourir il y avait beaucoup de curiosité. Que voulait-elle? Que venait-elle faire?

Ces quelques mots le blessèrent dans son amour-propre et l'humilièrent dans sa confiance : de l'angoisse, de la fièvre chez cette charmante enfant depuis qu'elle connaissait ses intentions!

Il prit un air pincé et sans interroger, dignement, il attendit que madame de Mussidan continuât.

Cela n'était pas de nature à faciliter la tâche de celle-ci : elle avait besoin d'être encouragée, non d'être rabrouée ; cependant elle poursuivit :

— Certainement ma fille a pour vous la plus grande estime et elle est depuis longtemps habituée à partager les sentiments d'amitié que son père vous témoigne... s'il est permis de parler d'amitié à propos d'une enfant de son âge ; mais enfin elle n'est pas disposée à ce mariage.

M. d'Arlanzon avait craint pire que cela ; aussi accueillit-il ces paroles par un sourire.

— Cela viendra, dit-il, c'est le mariage qui l'inquiète ; ce n'est pas le mari, puisque ce mari ne s'est pas encore présenté ; je lui parlerai.

— C'est justement ce que je viens vous demander de ne pas faire. Pour que je risque une pareille démarche, vous devez sentir que j'y ai été poussée par des raisons toutes-puissantes : le bonheur de ma fille.

— Mais c'est ce bonheur que je veux.

— Dans le mariage il faut de l'amour, et...

— Et elle ne m'aime pas, n'est-ce pas ? En êtes-vous bien sûre? Les jeunes filles sont quelquefois bien discrètes avec leur mère. J'admets que cet amour n'existe pas encore. Eh bien, c'est à moi de le faire naître. Mais quand je n'y réussirais pas, croyez-vous donc que l'amour soit la règle ordinaire dans le mariage ? Croyez-vous qu'on ne se marie que parce qu'on s'aime, ou parce qu'on s'est aimé avant? C'est au théâtre, c'est dans le roman, que l'amour tient une si grande place; mais dans la vie !

Ce mot fut un éclair pour madame de Mussidan.

— Si vous n'aimez pas ma fille, laissez-la-moi : s'écria-t-elle.

— Mais, je l'aime moi, et ce que je dis se rapporte à l'amour partagé avant le mariage ; après, cet amour viendra.

Il y avait un fond de défiance chez le marquis qui le faisait se tenir toujours sur ses gardes.

— Une seule raison pourrait l'empêcher de venir, dit-il, un amour déjà existant. Aime-t-elle quelqu'un ?

La question était grave pour madame de Mussidan. Ce n'était pas devant cet étranger qu'elle allait mettre à nu le cœur de sa fille ; ce n'était pas à lui qu'elle allait se confier, pour qu'il répétât ses confidences à M. de Mussidan.

— Elle ne vous aime pas, dit-elle.

— Eh bien, madame, laissez-moi vous dire que jusqu'à un certain point j'en suis heureux. Il me plaît que l'âme de cette enfant soit vraiment d'une enfant, et je trouverais presque étrange qu'elle eût pour moi d'autres sentiments que ceux de l'amitié dont vous parlez. Il me plaît aussi de les faire naître ces sentiments, et rassurez-vous, madame, ils naîtront. La situation, la fortune que je donnerai à votre chère fille, la tendresse dont je l'entourerai, l'amour qu'elle me verra ressentir pour elle ouvriront son cœur; elle sera, je vous en donne ma parole, la femme la plus heureuse.

Elle n'avait pas imaginé qu'il prendrait les choses ainsi. Que dire maintenant? Comment le faire renoncer à son projet, comment le décourager! C'était là ce qu'il fallait cependant; et puisqu'il ne se rendait pas à l'argument de l'amour, ou plutôt du mot amour, il fallait en trouver d'autres et les employer, quels qu'ils fussent.

— Mais ma fille n'est pas du tout sensible aux avantages de la fortune, dit-elle.

— Elle le deviendra.

— Elle est simple, une situation brillante l'ennuiera.

— Quand elle connaîtra les joies qu'elle donne, elle l'aimera.

— Je ne crois pas qu'elle l'aime jamais, mais je

sais bien qu'elle s'en fatiguera ; elle n'est pas d'une très bonne santé.

— On ne le dirait pas à la voir.

Il aurait donc réponse à tout ; c'était un parti-pris ; eh bien ! elle ne devait reculer devant rien.

— Une chose aussi l'empêchera de trouver dans cette situation brillante les plaisirs qui sont les vôtres : son éducation, la façon dont elle a été élevée.

— Son éducation, cela est de peu d'importance ; son mari lui en donnera une nouvelle.

— Mais en plus de son éducation, il y a sa naissance, aussi.

— Sa naissance ! Fille du comte de Mussidan !

— Et d'Angélique Godard, monsieur le marquis : les Godard ont toujours été d'une simplicité extrême : vous avez dû vous en apercevoir par moi, et ma fille est ma fille, c'est une Godard.

S'il ne se rendait pas, c'était à désespérer.

Il ne se rendit pas.

— Madame, dit-il avec son air de grand d'Espagne, j'aime votre fille ; je ne serais pas digne d'elle si je me retirais avant d'avoir la preuve que je ne peux pas la rendre heureuse, et ce ne sera que quand elle me connaîtra, quand elle me connaîtra bien, que cette preuve pourra être faite.

## XXV

Était-il possible qu'en rentrant elle n'eût qu'un mot à dire à sa fille :

— Je n'ai rien pu, je ne peux rien pour toi.

N'aurait-elle donc jamais ni énergie ni initiative ? Ne serait-elle toujours qu'une résignée ? Son mari voulait ce mariage, et elle le laissait se faire, sans rien trouver pour l'empêcher !

Eh bien, non, elle ne serait pas une résignée ; non, elle ne laisserait pas ce mariage s'accomplir. Comment l'empêcherait-elle ? Elle n'en savait rien. Mais elle devait chercher ; elle devait trouver.

Elle marcha longtemps, allant droit devant elle, sans savoir où elle était, sans en prendre souci. Que lui importait ? C'était sa pensée intérieure qu'elle suivait, c'était en elle qu'elle voyait.

Et cependant, de temps en temps, elle s'arrêtait brusquement, se disant : « Geneviève m'attend, il faut rentrer. »

Allant ainsi, elle arriva, sans avoir conscience de la route parcourue et des rues par lesquelles elle avait passé, au boulevard de Clichy : rentrerait-elle donc à Montmartre sans avoir rien trouvé ?

Cette pensée fut comme un coup d'éperon pour son esprit, qui allait d'une idée à une autre sans avoir la force de s'arrêter à aucune, ballotté de la crainte à l'espérance ; d'un bond elle sauta par dessus tous les obstacles qui jusqu'à ce moment l'avaient effrayée et paralysée : il fallait des sacrifices pour la sauver, eh bien, on les accepterait courageusement, elle-même, Geneviève et Faré ; l'avenir assuré, l'avenir heureux méritait bien qu'on le payât de quelques souffrances dans le présent.

Cela dit, elle hâta le pas, et au lieu d'aller à l'aventure elle se dirigea droit vers la place Dancourt.

Comme elle montait son escalier, elle entendit un pas pressé derrière elle, et, s'étant retournée, elle vit Faré qui montait les marches quatre à quatre.

— Vous venez de chez M. d'Arlanzon ? demanda-t-il d'une voix que l'anxiété autant que l'essoufflement rendait tremblante.

— Oui.

— Eh bien ?

— Je vous dirai cela tout à l'heure.

— Mauvais alors ?

— Du mauvais et du bon.

Ils montèrent côte à côte sans parler.

Assurément Geneviève était derrière la porte écoutant, car ils avaient à peine monté quelques marches, après le quatrième étage, qu'elle parut sur le palier.

— Est-ce fait ? cria-t-elle.

Madame de Mussidan ne répondit pas.

— Tu ne dis rien, maman?
— Je vais dire tout à l'heure.
— Monte vite.

Ce fut elle-même qui ferma la porte vivement.

— Alors? demanda-t-elle.

— Eh bien, M. d'Arlanzon persiste dans son projet de mariage.

Geneviève tendit la main à Faré en même temps que celui-ci lui tendait la sienne, et longuement ils s'étreignirent.

— Veux-tu nous dire comment les choses se sont passées? demanda Geneviève.

Sans rien omettre, madame de Mussidan fit le récit qui lui était demandé.

— Tu n'as pas dit que j'aimais Ernest? s'écria Geneviève.

— Non.

— Et madame de Mussidan a eu grandement raison, dit Faré, non seulement parce que c'était nous exposer à la colère de votre père, mais encore parce que le silence sur ce point, était affaire de délicatesse.

— J'ai pensé ainsi, dit madame de Mussidan.

— Et pour moi, je vous en remercie, dit Faré.

— Alors je n'ai donc plus qu'à subir M. d'Arlanzon? continua Geneviève avec un geste de révolte.

Puis, s'adressant brusquement à Faré :

— Vous acceptez cela? demanda-t-elle.

Avant qu'il eût répondu, madame de Mussidan prit la parole :

— Je ne l'accepte pas plus que lui. Mais, pour que

cela ne soit pas, nous devons tous nous imposer un cruel sacrifice ; en aurez-vous la force ?

— Tout, s'écria Geneviève.

— Elle a parlé pour moi, dit Faré.

— Et pour moi aussi, continua madame de Mussidan, mais avant de s'engager, il faut savoir à quoi l'on s'engage.

— Dis, maman ; pour moi, ce que tu as décidé, je le veux aussi.

— La volonté de Geneviève est la mienne, dit Faré.

— Ce qui a fait accepter par ton père ce projet de mariage, dit madame de Mussidan, ç'a été la conviction qu'il a acquise, je ne sais comment, que tu ne serais pas l'héritière de ta tante de Cordes, comme il l'avait espéré et cru, jusqu'en ces derniers temps. Et c'est là, mon enfant, ce qui doit rendre respectable pour toi le désir de ton père qui, dans ce mariage, ne voit qu'une chose : ton avenir assuré avec une grande situation, un beau nom et une grosse fortune. Il n'y a donc, selon moi, qu'un seul moyen de le faire renoncer à ce projet, c'est de lui rendre la confiance et la certitude que mademoiselle de Puylaurens te fera son héritière.

— Oh ! cet héritage ! s'éria Geneviève avec exaspération.

— Il a été le tourment de tout notre vie, il peut être notre salut.

— Comment cela ? s'écrièrent-ils tous deux en même temps.

— Que ton père croie que tu hériteras de ta tante,

et je suis convaincue que nous n'aurons rien à craindre de M. d'Arlanzon.

— Mais c'est ma tante qui peut lui donner cette espérance, ce n'est pas nous.

— Sans doute, seulement cela ne se fera pas tout seul, et mademoiselle de Puylaurens, qui ne sait rien de ce qui se passe, n'aura pas d'elle-même l'idée de dire à ton père : Ne mariez pas votre fille au marquis d'Arlanzon et ma fortune sera pour Geneviève. Cette idée, il faut qu'on la lui souffle.

— Je ne comprends pas, dit Geneviève.

— Et moi j'ai peur de comprendre, dit Faré.

— Il avait été convenu entre ton père et mademoiselle de Puylaurens, continua madame de Mussidan, que lorsque tu atteindrais ta dixième année ta tante se chargerait de ton éducation et te prendrait avec elle ; tu te rappelles cela.

— J'ai eu assez peur à ce moment.

— Je suis parvenue à te garder, mais cela n'a pas été sans peine, et je n'ai réussi qu'en faisant valoir qu'au lieu de gagner la tendresse de ta tante tu pouvais te faire prendre en aversion et par là compromettre ton héritage ; cela a eu pour résultat d'amener une rupture complète entre ton père et ta tante. Que cela ait changé les intentions de ta tante à ton égard, je ne le crois pas ; mais ton père le croit, lui ; et voilà comment, dans la crainte que tu sois sans fortune un jour, il a accepté les propositions de mariage de M. d'Arlanzon.

— Vous voulez qu'elle aille auprès de mademoiselle de Puylaurens ? s'écria Faré, incapable de se contenir.

— Je te quitterais, maman? je me séparerais de vous, Ernest? s'écria Geneviève.

— Je ne vois que ce moyen de résister à M. d'Arlanzon, répondit madame de Mussidan, et si je le propose, vous devez comprendre que je le juge indispensable, car, pour ne pas me séparer de Geneviève, pour la garder près de moi, pour l'élever, pour l'aimer, j'ai fait le sacrifice de sa fortune.

Elle se tut, et pendant assez longtemps tous trois gardèrent le silence : Geneviève avait pris la main d'Ernest, et c'était par leurs étreintes qu'ils sentaient ce qui se passait en eux.

— Si vous avez un autre moyen, dit enfin madame de Mussidan, je suis toute prête à l'accepter ; le mien est assez cruel pour que je ne tienne pas à l'employer.

— Mais ma tante voudrait-elle de moi? demanda Geneviève, se raccrochant à cette espérance.

— Pour moi, cela ne fait pas de doute ; elle serait trop heureuse de t'avoir, pour ne pas saisir avec empressement la plus légère occasion de rapprochement qu'on lui présenterait. Qu'on lui écrive ce qui se passe, et elle fera tout, j'en suis certaine, même les premiers pas au-devant de ton père, pour que tu ne deviennes pas la femme d'un homme tel que le marquis d'Arlanzon. Une fois à Cordes, le marquis ne te suivra pas, il ne serait pas reçu par ta tante d'ailleurs; il t'oubliera, et ce mariage sera rompu ; le reste importe peu, n'est-ce pas, que tu aies ou n'aies pas la fortune de ta tante?

— Oh! tout à fait, dit Geneviève.

— Pour moi, dit Ernest, je désire qu'elle ne l'ait pas.

Pendant longtemps ils discutèrent sinon la proposition de madame de Mussidan, — ils étaient d'accord pour reconnaître qu'elle était leur seul moyen de salut, — au moins les probabilités du temps de la séparation; puis à la fin ils décidèrent que Faré préparerait le modèle de la lettre que madame de Mussidan devait écrire à mademoiselle de Puylaurens et qu'il l'apporterait le lendemain.

## XXVI

Faré fut exact ; aussitôt après le départ de M. de Mussidan, il arriva place Dancourt.

— Vous avez la lettre ? demanda Geneviève avant toute parole.

— La voici.

— Lisez, dit madame de Mussidan.

Mais avant de lire, Faré crut devoir expliquer comment il avait compris cette lettre :

— C'est une lettre de mère que j'ai voulu écrire, dit-il ; j'espère avoir évité les phrases d'auteur ; arrêtez-moi donc, je vous prie, quand vous trouverez que je m'écarte de la simplicité que j'aurais dû garder.

— Lisez, lisez donc, dit Geneviève.

Mais il ne commença pas encore sa lecture :

— J'ai laissé le premier mot en blanc, dit-il « madame » ; ou « ma chère tante » ?

— Oh ! « madame ».

« Je viens vous demander de sauver ma fille d'un
» grand malheur, le plus grand qui puisse la frap-
» per. On veut la marier et lui faire épouser un

» homme qui pourrait être son grand-père : le mar-
» quis d'Arlanzon, que vous connaissez sans doute,
» car il a joué un rôle dans toutes les guerres civiles
» de l'Espagne, et depuis qu'il est réfugié en France,
» son nom figure dans toutes les chroniques mon-
» daines du Paris élégant ; ce nom et ce titre ne lui
» ont pas toujours appartenu, et avant que la faveur
» et l'intrigue l'eussent fait marquis et grand d'Es-
» pagne, il s'appelait tout simplement Ramon Sa-
» pira. »

— Ça c'est très bien, interrompit Geneviève ; ma tante qui est si fière de sa noblesse, ne va pas être bien disposée en faveur de ce parvenu.

— C'est précisément ce que j'ai voulu, répondit Faré, et c'est pourquoi j'ai glissé ici cette phrase incidente, qui n'est guère à sa place ; je continue :

« Ce ne sont donc pas les avantages personnels du
» prétendant qui ont inspiré ce projet de mariage,
» puisqu'il a de beaucoup dépassé la cinquantaine.
» Ce ne sont pas non plus ceux de la naissance, puis-
» qu'il est Ramon Sapira, un fils de petits bourgeois
» de l'Estramadure. Ce sont uniquement ceux de la
» fortune. »

Comme il allait continuer, Geneviève l'interrompit :

— Vous ne dites pas que c'est odieux de marier une fille pour la fortune ?

— Soyez tranquille, mademoiselle de Puylaurens le dira elle-même ; il vaut mieux laisser les lecteurs faire leurs réflexions que de les leur souffler ; les bons jugements sont ceux qu'on rend soi-même, et non ceux qu'on reçoit de l'écrivain.

— Alors continuez :
— « Ce qui a déterminé M. de Mussidan à consentir
» à ce mariage, ç'a été la peur de laisser sa fille dans
» la misère ; et c'est là un sentiment respectable qui
» explique sa résolution. Après avoir cru pendant
» longtemps que Geneviève serait un jour votre hé-
» ritière, il s'est imaginé ou bien on lui a dit qu'il de-
» vait renoncer à cette espérance, et alors il a ouvert
» l'oreille aux propositions de M. d'Arlanzon. »

Sur ce mot il s'interrompit :
— C'était là le passage difficile, dit-il, j'ai cru qu'il valait mieux tout entasser en quelques lignes ; mais si vous trouvez que cela est trop dur nous pouvons l'arranger.
— Mademoiselle de Puylaurens sait depuis longtemps, répondit madame de Mussidan, qu'on vit sur son héritage ; ce qui ne faudrait pas qu'elle crût, c'est que Geneviève a été élevée dans ces idées.
— J'ai pensé à cela, vous allez voir.
— Sois tranquille, maman, dit Geneviève, il pense à tout ce qui est délicat. Lisez, lisez.

— « C'est dans ces conditions que je viens vous de-
» mander de sauver ma fille, sans craindre que vous
» puissiez voir dans ma démarche une pensée d'in-
» térêt ; l'intérêt pour Geneviève serait d'épouser
» M. d'Arlanzon ; mais innocente, simple et géné-
» reuse comme elle l'est, elle n'a jamais su ce que
» c'était que l'intérêt ; et si elle ne veut pas de
» M. d'Arlanzon, c'est parce qu'elle ne l'aime pas et
» ne peut pas l'aimer. »

— Vous ne dites pas: « C'est parce qu'elle en aime un autre ? » demanda-t-elle.

— Nous le dirons si madame de Mussidan juge cela à propos.

— Je juge cela dangereux; avec sa sévérité de principes et sa vie austère, mademoiselle de Puylaurens ne doit pas admettre qu'une jeune fille puisse éprouver de l'amour...

— Pour son fiancé ?

— Pas même pour son fiancé; nous devons éviter soigneusement qu'elle puisse supposer que notre vie ressemble à celle de certains artistes; ce ne serait pas la bien disposer en notre faveur.

— D'ailleurs, continua Faré, nous voici à un nouveau passage dangereux ; il faut être prudent.

« Vous avez toujours témoigné une vive sollicitude
» pour ma fille, et si Geneviève avait été près de
» vous à dix ans comme vous le vouliez, vous vous
» seriez prise pour elle de tendresse, vous l'auriez
» aimée, vous l'aimeriez comme l'aiment tous ceux
» qui la connaissent, et plus encore, comme je
» l'aime moi-même, d'un amour maternel. Si je ne
» peux pas invoquer cet amour, je fais appel au
» moins à cette sollicitude dont vous nous avez
» donné tant de preuves. »

— J'aimerais mieux : « lui avez donné tant de preuves, » interrompit madame de Mussidan, c'est pour Geneviève que mademoiselle de Puylaurens a eu de la sollicitude, non pour moi, qui ne lui suis rien.

— Pauvre maman !

— Continuez, dit madame de Mussidan.

Et après avoir fait la correction qui lui était demandée, Faré reprit sa lecture :

— « Ce n'est assurément pas parce que Geneviève
» vous a été refusée lorsque vous vouliez vous char-
» ger de son éducation que vous ne lui accorderez
» pas maintenant votre toute-puissante protection ;
» aussi n'ai-je aucune hésitation à vous la demander,
» bien certaine que la rancune n'atteint pas une
» âme comme la vôtre. D'ailleurs, il y a eu des rai-
» sons de refus : la jeunesse de l'enfant, son état de
» santé à ce moment, les soins dont elle avait be-
» soin, et puis, il faut bien le dire, la tendresse
» égoïste des parents. »

— N'est-ce pas trop ? demanda Faré en s'interrompant.

— Non, répondit madame de Mussidan, et même ce n'est pas tout ; il faudrait ajouter encore : « la répulsion de Geneviève, » mais cela est inutile.

— C'est ce que j'ai pensé ; aussi n'ai-je rien dit de cela.

— Ma répulsion ne s'appliquait pas à ma tante, dit Geneviève ; je ne voulais pas quitter maman, comme aujourd'hui je voudrais ne pas me séparer de vous.

— Voulez-vous que j'indique cela ? demanda Faré.

— C'est inutile, répondit madame de Mussidan ; il faut craindre, il me semble, de faire une lettre trop longue qui ennuie mademoiselle de Puylaurens ou la fatigue.

— J'ai fini, dit Faré, je n'ai plus qu'à vous lire

comment on a refusé Geneviève il y a cinq ans et comment on sera heureuse de la donner aujourd'hui, et sur ce point, j'appelle votre attention.

— Il faut bien dire les choses telles qu'elles sont ou nous ne réussirons pas, répliqua madame de Mussidan.

— J'ai pensé, dit Faré, que si mademoiselle de Puylaurens n'avait pas une presque certitude résultant, non des promesses que vous pouvez lui faire, mais de l'exposé même de la situation, elle ne consentirait pas à écrire la lettre que nous demandons.

— Lisez, dit madame de Mussidan.

— « En refusant d'envoyer Geneviève à Cordes,
» on n'avait pas supposé que vous pouviez vous en
» fâcher au point de ne plus la considérer comme
» votre petite-nièce et de la déshériter. Aussi est-il
» certain que, si pour m'aider à la sauver de M. d'Ar-
» lanzon, vous consentiez à la demander de nou-
» veau on vous la confierait avec d'autant plus d'em-
» pressement qu'on croirait lui donner ainsi l'occa-
» sion de regagner votre affection et aussi la part
» d'héritage qu'on s'imagine que vous lui avez en-
» levée. »

— Il est évident, interrompit madame de Mussidan, que mademoiselle de Puylaurens ne peut pas ne pas être blessée qu'on lui parle ainsi de son héritage.

— Assurément, répondit Faré, mais voyez-vous un moyen de faire autrement ? Pour moi, je n'en ai pas trouvé ; j'ai cru que cela était indispensable à dire, car enfin il faut bien la décider à une démarche qui n'est guère compatible avec sa fierté, et je l'ai dit ;

seulement j'ai tâché d'en atténuer l'effet trop brutal, et voici comment :

« Je ne saurais vous exprimer combien je suis
» malheureuse de vous tenir un pareil langage et de
» vous parler héritage, quand depuis quinze ans ce
» mot a été le tourment de ma vie. Mais je dois sau-
» ver ma fille, et je prends le moyen qui s'offre à
» moi, le seul que je trouve. Je ne pense qu'à elle,
» qu'à son avenir, qu'à son bonheur. Et, dans mon
» égoïsme maternel, je vais jusqu'à courir le risque
» de vous blesser, vous pour qui je n'ai que des sen-
» timents de respect. De même, d'un autre côté, je
» vais jusqu'à m'exposer à vous donner à penser que
» je suis une coureuse d'héritage, moi qui ai aussi
» grande peur de la fortune que d'autres ont peur de
» la misère. »

Faré s'interrompit :

— Croyez-vous que cela rachète la brutalité nécessaire qui vous a choquée ? demanda-t-il.

— Oh ! c'est très bien, très bien ! s'écria Geneviève ; et c'est vrai ; car maman n'a jamais eu que du respect pour ma tante.

— Il me semble qu'il était impossible de se tirer mieux de ce passage difficile, dit madame de Mussidan, pour moi, je n'en serais assurément jamais sortie.

— Encore un mot, dit Faré.

« Je mets ma fille en vos mains ; vous pouvez être
» une mère pour elle ; elle vous devra ce que moi je
» ne peux pas lui donner : le bonheur.

— C'est tout, dit Faré.

— Votre lettre, dit madame de Mussidan, je vais la copier tout de suite.

Comme elle se mettait à écrire :

— Pauvre maman, dit Geneviève, quelle lettre cruelle pour elle.

— Et moi, dit Faré, croyez-vous qu'elle m'ait été douce à trouver? En cherchant mes mots je ne pensais qu'à notre séparation, et quand je rencontrais un mot qui pouvait toucher mademoiselle de Puylaurens, je me disais : « C'est toi qui te l'enlèves à toi-même. »

— Vous parlerez de moi avec maman; moi, avec qui parlerai-je de vous !

Et les larmes lui jaillirent des yeux.

## XXVII

Trois jours après avoir écrit à mademoiselle de Puylaurens, la réponse de celle-ci n'était point arrivée; et comme leur concierge était un personnage qui ne daignait monter les lettres qu'une fois par jour, le matin, en faisant son escalier, Geneviève descendait à chaque instant voir si la poste n'avait rien apporté.

Ce fut le lendemain seulement qu'arriva une lettre à l'adresse de M. de Mussidan; mais elle était timbrée de Paris, non de Cordes.

Geneviève la remit à son père, et quand celui-ci la déplia, elle vit qu'elle portait un en-tête imprimé : « Étude de M° Le Genest de la Crochardière. »

M° Le Genest de la Crochardière était le notaire de mademoiselle Puylaurens; c'était donc lui qui bien certainement avait été chargé de faire connaître la réponse de la tante de Cordes.

Sa lettre lue, M. de Mussidan l'avait mise dans sa poche sans rien dire, et comme sa femme pas plus que sa fille n'osaient jamais l'interroger, elles avaient dû attendre. Il parlerait sans doute. Mais après son déjeuner, il était sorti sans avoir rien dit.

Elles étaient restées en proie à l'inquiétude, se demandant si, comme elles le pensaient, M. de Mussidan était bien réellement chez le notaire pour apprendre de celui-ci la réponse de mademoiselle de Puylaurens.

Ce fut l'opinion de Faré, et par conséquent celle de Geneviève; mais pour le notaire, madame de Mussidan ne fut pas plus rassurée qu'elle ne l'avait été pour le silence de M. d'Arlanzon : Faré pouvait se tromper.

M. de Mussidan ne rentra, comme tous les soirs, qu'à l'heure du dîner; il paraissait de belle humeur, et à son : « Bonjour, fillette, » Geneviève se rassura.

Il se mit à table gaiement, sans dire un mot de ce qu'il avait fait dans sa journée, mangeant, buvant bien, en homme qui est heureux de vivre et n'a pas d'autre souci.

Et pendant ce temps elles se regardaient, tourmentées, se disant qu'il n'avait pas dû aller chez le notaire puisqu'il était si calme, ou bien qu'il ne s'agissait que d'une chose insignifiante.

Mais, le dîner fini, il dit un mot qui les rendit attentives :

— En quel état est la garde-robe de Geneviève?

— Elle est en bon état, ou à peu près, dit madame de Mussidan.

— Pour ici; mais pour un voyage?

Elles osèrent le regarder franchement.

— Voudrais-tu aller en voyage, fillette?

— C'est selon.

— Chez ta tante, à Cordes ?

Elles eurent un élan de joie, quoique leur cœur se serrât cependant.

— Ta tante, continua M. de Mussidan, désire que tu ailles passer quelque temps près d'elle, et comme je juge que cela est utile à tes intérêts, j'ai décidé que tu partirais après-demain ; ta tante t'envoie chercher par sa femme de chambre, la vieille Adélaïde, que tu iras prendre à l'hôtel du *Bon La Fontaine*.

Madame de Mussidan leva la main comme pour demander la parole, mais son mari ne lui permit pas d'ouvrir les lèvres :

— Pas d'observations, dit-il, je n'en souffrirais point ; pas de prières. J'ai décidé que Geneviève devait aller chez sa tante, elle ira. Déjà une fois j'ai cédé à vos caprices, et cela a failli nous coûter cher, puisque mademoiselle de Puylaurens a voulu déshériter Geneviève ; mais aujourd'hui je vous préviens que je serai inébranlable, et que ce que vous diriez ne signifierait rien.

Sur ce, il leur lança un regard impérieux ; mais il eut tout lieu d'être satisfait de son énergie : elles ne bronchèrent point et il n'eut pas à subir la scène de larmes et de prières qu'il redoutait ; il les avait soumises.

— Ainsi c'est entendu, après-demain soir il faut être à six heures au *Bon La Fontaine* ; tenez-vous prêtes et d'ici là travaillez à ce qui peut être utile à Geneviève ; je ne veux pas qu'elle arrive à Cordes en fille désordonnée.

Et il s'en alla à son café, enchanté de lui-même, se disant que les femmes sont toutes les mêmes; avec elles il n'y a qu'à parler haut.

Restées seules, elles se regardèrent un moment, puis en même temps elles sentirent que les larmes leur coulaient sur les joues.

— J'attendais cette réponse, malheureuse de ne pas la voir arriver, dit madame de Mussidan.

— Et voilà qu'elle arrive, acheva Geneviève, et nous sommes plus malheureuses encore.

Presque aussitôt la sonnette retentit : c'était Faré qui, depuis une heure, se promenait sur la place, guettant le départ de M. de Mussidan.

— La réponse est arrivée. Je pars pour Condes après-demain.

Ce fut une nouvelle désolation : au lieu d'être à la joie de se voir à l'abri des poursuites de M. d'Arlanzon, ils n'étaient qu'au chagrin de la séparation.

— Mais quand reviendrez-vous? demanda Faré.

Elle ne put que lui répéter ce que M. de Mussidan avait dit : elle partait, elle n'en savait pas davantage.

Mais le soir, en rentrant, et quand Geneviève fut couchée, M. de Mussidan donna à sa femme des détails qu'il avait réservés devant sa fille.

— J'ai reçu ce matin une lettre du notaire Le Genest de la Crochardière, me prévenant qu'il avait une communication importante à me faire. Il n'était pas difficile de deviner que c'était de la part de mademoiselle de Puylaurens. Je ne m'étais pas trompé. Assez embarrassé, le notaire m'a présenté les excuses de cette vieille folle, qui, se sentant près de mourir, a besoin de ne pas mourir seule comme elle le mériterait et de s'entourer des siens. Bien entendu, il ne m'a pas dit qu'elle était au plus bas ; mais il faut bien qu'elle en ait conscience elle-même pour s'humilier ainsi. Mon premier mouvement a été de répondre qu'il ne pouvait y avoir rien de commun entre cette vieille coquine et moi. Mais j'ai réfléchi que, si légitime que fût ma rancune, je n'avais pas le droit de sacrifier les intérêts de ma fille à ma vengeance, et j'ai consenti à ce qu'il me demandait, c'est-à-dire à ce que Geneviève allât passer quelque temps à Cordes. Vous comprenez qu'il ne peut pas être question d'une bien longue séparation ! c'est parce qu'elle se sait mourante qu'elle veut obtenir l'absolution de sa famille. Ne vous tourmentez donc pas de l'absence de votre fille, elle ne peut pas se prolonger. Dans tous les cas, j'espère que votre égoïsme maternel ne dira pas que la fortune de mademoiselle de Puylaurens ne vaut pas quelques semaines, quelques mois peut-être d'absence.

— Mon égoïsme maternel ne dira rien, si cette fortune préserve Geneviève de ce mariage dont il était question.

— Cela c'est une autre affaire. Il est évident que Geneviève héritière de sa tante n'est plus dans la même position que quand elle n'avait rien. Elle peut attendre. Et je ne la forcerai certes pas à devenir tout de suite la femme du marquis. Si elle veut du temps pour le mieux connaître, elle en prendra autant qu'elle voudra. C'était la peur de la laisser dans la misère qui me faisait presser ce mariage, et cela seulement ; vous n'en avez jamais douté, j'espère ?

Madame de Mussidan ne répondit pas, elle en avait trop à dire. Qu'importait d'ailleurs pour quelle raison le marquis n'était plus dangereux ? L'essentiel était que ce mariage fût rompu, et il l'était ; il n'y avait pas à craindre que son mari, maintenant qu'il se voyait à la veille de jouir de la fortune de sa fille, consentît à un mariage qui lui enlèverait son usufruit. C'était trois ans de tranquillité. Avant que Geneviève eût atteint sa dix-huitième année, on ne lui parlerait plus mariage.

Et elle eut un soupir de soulagement, presque un mouvement de triomphe. Elle avait donc réussi ! Elle était donc bonne à quelque chose ! Elle avait sauvé sa fille !

Mais il ne la laissa pas à son triomphe :

— Vous avez encore deux jours à passer avec votre fille, dit-il, je compte que vous les emploierez utilement. C'est une enfant, et rien qu'une enfant, grâce à l'éducation que vous lui avez donnée. Elle ne se doute pas plus de ce qu'est la vie que si elle venait de naître. Vous comprenez, n'est-ce pas, qu'elle a besoin d'être préparée au rôle qu'elle va avoir à remplir.

— Quel rôle ?

— Comment quel rôle ? Mais celui d'héritière, parbleu ! Croyez-vous que c'est pour qu'elle égaye les derniers moments de cette vieille coquine que je la laisse aller à Cordes ? Je ne sais si vraiment mademoiselle de Puylaurens a fait son testament en faveur des sœurs de Saint-Joseph, comme on me l'avait dit; mais si cela est, il faut que Geneviève s'assure que ce testament a été révoqué, et il faut qu'elle veille aussi à ce que dans celui qui sera fait en sa faveur, il n'y ait pas trop de legs particuliers qui la dépouilleraient.

Madame de Mussidan n'avait pas l'habitude de résister à son mari, et devant toutes ses volontés, elle s'inclinait respectueusement; pour elle, la maxime orientale : « Entendre est obéir, » était article de foi ; cependant un cri de révolte lui échappa :

— Jamais ! s'écria-t-elle; puis, se reprenant aussitôt : jamais je ne pourrai, je n'entends rien à ces affaires de testament.

— Au fait, vous avez raison; il vaut mieux que je la prépare moi-même; vous ne feriez que des maladresses. A propos de maladresse, si Sébastien, Frédéric ou Clara viennent avant le départ de Geneviève, n'allez pas leur dire qu'elle va à Cordes ; cela ne les regarde pas, au moins c'est inutile.

## XXVIII

Quand M. de Mussidan avait quelque communication à adresser à sa fille, il faisait comparaître celle-ci devant lui pendant qu'il se rasait. Ce n'était pourtant pas l'heure où il se montrait à son avantage, car alors le col de sa chemise et ses cheveux rejetés en arrière, son menton plat, ses pommettes saillantes et ses larges mâchoires que les phrénologues attribuent aux égoïstes, étaient les traits dominants de son visage ; mais avec sa fille, il n'allait pas se gêner sans doute : la tenue et la correction, c'était bon en public.

Le lendemain matin il appela donc Geneviève.

— C'est la première fois, mon enfant, dit-il en faisant mousser son savon, c'est la première fois que tu vas te séparer de moi et avoir à agir seule, sans pouvoir me consulter dans les cas difficiles que tu peux rencontrer ; il est donc de mon devoir de père de te donner quelques petits conseils avant ton départ. Assieds-toi.

Et lentement il passa le rasoir sur le cuir.

— Ce n'est pas un voyage de plaisir que tu vas

entreprendre, et je dois te prévenir tout de suite que ton séjour à Cordes manquera d'agrément. Tu trouveras dans ta tante une vieille fille susceptible et égoïste qui exigera beaucoup de toi ; mais la pensée que tu es près d'elle pour gagner son héritage te rendra patiente et résignée, je l'espère. Ce sera précisément à obtenir cet héritage que tu devras t'appliquer. D'abord il faut obtenir sa tendresse et sa confiance. En ce monde on aime qui vous aime ; tu devras donc témoigner une très vive affection pour ta tante quand même tu l'exécrerais, ce qui arrivera peut-être, et je ne t'en blâmerais pas. En flattant ses manies, en disant comme elle, en la caressant, en prévenant ses désirs, tu réussiras facilement. Quand tu verras que tu la tiens, ce sera le moment d'agir. Autrefois elle avait une peur effroyable de la mort ; avec l'âge cette peur a dû se développer ; il est donc probable qu'elle t'entretiendra souvent de sa fin prochaine. Tu devras te garder de la rassurer ; cela serait inutile et même pourrait être nuisible. Ce n'est pas à nous de lui donner le calme de l'esprit. Tu diras comme elle ; à ton âge on est si loin de la mort qu'on en peut parler sans émotion et sans crainte. De la mort au testament la transition est facile.

C'était en se savonnant qu'il débitait gravement ses instructions sans que Geneviève osât l'interrompre. Il fit une pause pour essuyer du coin de sa serviette le savon qui lui couvrait les lèvres de sa mousse blanche ; puis tout en commençant à se gratter la joue, il poursuivit :

— Il est plus que probable qu'elle te parlera la première de son testament ; mais si elle n'en faisait rien, tu pourrais prendre les devants en disant que, dans la croyance où j'étais qu'elle voulait te déshériter, j'ai pensé à te marier, — à te marier richement, n'oublie pas richement. Une fois que le sujet sera abordé, tu pousseras les choses à fond. Il faut que tu sois la légataire universelle de ta tante, et il dépend de toi que cela soit.

Comme il se tenait le bout du nez pour se raser la lèvre supérieure il fut forcé de s'interrompre, mais bientôt il reprit :

— Tu n'es plus une enfant, tu connais le prix de la fortune et tu as pu voir qu'en ce monde c'est elle qui nous fait ce que nous sommes. Une fille pauvre, si belle et si pleine de mérite qu'elle soit, ne peut avoir ni volonté, ni initiative, ni goût, ni liberté dans le choix de son amour ; elle est l'esclave de sa pauvreté. Un fille riche, si laide et si bête qu'elle soit, est maîtresse de sa vie. Il faut que tu sois maîtresse de la tienne. Quant à ta beauté, à ton intelligence, à ta naissance, s'ajoutera la fortune, tu prendras dans le monde la position que tu voudras. Tu es une petite personne recueillie, tu n'oublieras pas mes paroles qui porteront fruit. Si tu te trouves quelquefois embarrassée, explique-moi ton cas, je te guiderai ; seulement écris-moi d'une façon adroite, je te répondrai ; je vais te donner une maxime qui est le fond de la prudence et de la sagesse : une lettre est comme un oracle, il faut qu'on puisse lui faire dire oui ou non, selon l'intérêt du moment. Maintenant va rejoindre ta mère ; vous n'avez pas trop de temps pour que tes affaires soient en état ; ne perdez pas une minute.

La recommandation n'était pas inutile, car ce trousseau qui allait tant bien que mal quand on pouvait le réparer tous les jours, était misérable pour un voyage. Geneviève avait bien promis à sa mère qu'elle s'arrangerait pour que les femmes de chambre de sa tante ne missent pas le nez dans ses affaires ; mais pourrait-elle les en empêcher ?

Sur les derniers mots de son père, Geneviève était sortie et elle avait repris sa place auprès de sa mère.

— Que t'a donc dit ton père ? demanda madame de Mussidan.

Comme Geneviève ne répondait pas, sa mère la regarda ; elle vit son visage bouleversé.

— Oh ! maman, maman ! s'écria Geneviève, se mettant les mains sur la figure.

Et elle fondit en larmes.

Madame de Mussidan ne répéta pas sa question ; elle ne devinait que trop ce qu'il lui avait dit, et tout de suite elle parla de Faré. N'était-ce pas le moyen le plus sûr de ne pas la laisser dans cette pénible émotion ?

— Dépêchons-nous, ma mignonne, car aussitôt que ton père sera parti, il faudra que tu ailles faire tes adieux à madame Faré ; demain nous n'en aurons pas le temps.

Ils furent tristes, ces adieux, au moins pour Geneviève, car, mise au courant de ce qui se passait par son fils, madame Faré était heureuse de ce voyage qui mettait fin au projet de mariage du marquis d'Arlanzon. Mais, pour Geneviève qui n'avait jamais voulu croire le marquis sérieusement dangereux, s'imaginant qu'elle n'aurait qu'à lui dire : « Je ne vous aime pas, » pour qu'il se retirât, elle était toute à la douleur de la séparation et à l'inquiétude de l'inconnu dans lequel elle allait entrer. Il fallait donc quitter cette maison où elle avait été si heureuse, ce jardin où chaque arbuste, chaque plante, chaque coin avait son souvenir. Il fallait dire adieu à cette salle de verdure qui maintenant avait de la verdure déjà festonnée de quelques fleurs de capucine. Il fallait aussi dire adieu à ces horizons bleus devant lesquels elle avait rêvé si souvent, imaginant sa vie pendant qu'il lui parlait. Quand reverrait-elle tout cela ? Quand reviendrait-elle sous ces ombrages ? Et monsieur Couicouic, le retrouverait-elle vivant, le pauvre petit vieux ?

Et pendant qu'ils marchaient côte à côte, lentement, il voulait qu'elle lui promît de lui écrire. Mais comment ? Savait-elle s'il lui serait possible de mettre une lettre à la poste ? Elle écrirait à sa mère souvent, très souvent, et ce serait par madame de Mussidan qu'il aurait de ses nouvelles, comme ce serait par elle qu'elle en aurait de lui.

— Est-ce tout, des nouvelles ? Direz-vous à votre mère que vous m'aimez ? Vous dira-t-elle que je vous aime ?

— Ah ! ne m'enlevez pas mon courage. Que voulez-vous que je fasse ? Venez ce soir, venez demain, venez le plus souvent que vous pourrez jusqu'au moment de mon départ.

Elles devaient être à la maison avant le retour de M. de Mussidan ; il fallut se séparer.

Peu de temps après que celui-ci fut rentré et à l'heure où ils se mettaient habituellement à table pour dîner, on sonna brusquement à la porte. Geneviève alla ouvrir et trouva devant elle ses deux frères et Clara.

— Ton père est là ?

— Il vient d'arriver.

Ils entrèrent tous les trois.

— Vous voyez, dit Clara en montrant une malle qui se trouvait dans le vestibule.

— Qu'est-ce qu'il y a donc ? demanda M. de Mussidan en entr'ouvrant la porte du salon.

Ils passèrent devant lui sans lui répondre.

— Il y a que j'ai reçu une lettre de Cordes m'apprenant qu'Adélaïde vient chercher Geneviève.

— Et nous vous demandons si vous permettez ce départ ? dit Sébastien.

— Et pourquoi ne le permettrais-je pas ? dit M. de Mussidan.

— Parce que Geneviève n'irait à Cordes que pour être l'héritière de notre tante, répondit Frédéric.

— Et nous ne supporterons pas qu'elle nous prenne notre part d'héritage, continua Sébastien.

— Ah çà ! de quoi vous mêlez-vous ? s'écria M. de Mussidan.

— Mais de ce qui nous regarde, dit Clara en intervenant.

— Vous aussi, vicomtesse !

— Espériez-vous donc que nous ne serions pas unis pour nous défendre ?

— Ce n'est pas moi qui envoie Geneviève à Cordes, c'est sa tante qui la demande !

— Ne la laissez pas partir, dit Clara.

— Mon devoir est de la laisser partir, et je ne transige pas avec mon devoir.

— Notre devoir à nous est de sauver nos intérêts.

— Votre devoir est de me parler respectueusement.

— Respectez nos droits, nous respecterons les vôtres, et ce n'est pas les respecter que d'envoyer Geneviève à Cordes pour que nous soyons déshérités.

— Croyez-vous donc que je vous préfère Geneviève ?

— A des majeurs vous préférez une enfant de qui, pendant trois ans, vous aurez les revenus, dit Clara froidement.

Du même geste, M. de Mussidan les enveloppa tous les trois.

— Sortez.

Il s'éleva une clameur, et comme il vit qu'ils n'étaient pas disposés à lui obéir, il passa vivement dans sa chambre, où il s'enferma. Après avoir attendu assez longtemps en discutant et en se querellant, ils furent bien forcés de se retirer.

Geneviève croyait que son père la conduirait le lendemain ; mais, un peu avant le départ, il lui déclara que les adieux l'attendrissaient trop.

— Ta mère te conduira, dit-il, et, en l'embrassant,

il ajouta tout bas : Quand ta tante sera morte, prends out de suite les clefs.

Faré lui avait promis d'être sur le quai de la gare. Elle l'aperçut en effet, mais en costume de voyage.

— Oh! maman, dit-elle toute tremblante de joie, il me conduit.

Mais tandis qu'Adélaïde la faisait monter dans le compartiment des dames seules, il ne put que prendre place dans la caisse voisine.

A Étampes, à Orléans, à Vierzon, à Limoges, à Brive, à Capdenac, partout où le train eut un arrêt suffisant elle le vit sur le quai ou devant son wagon.

N'ayant pu s'entendre avec elle avant le départ, il était dans un grand embarras, car leur express ne s'arrêtait pas à Vindrac qui est la station de Cordes : ou descendrait-elle ?

Ce fut le matin à Lexos qu'elle quitta le wagon. Alors il quitta le sien aussi ; sans doute il y avait une voiture pour Cordes. Mais il se trompait · il n'y avait pas d'autre voiture qu'une vieille calèche attelée de deux jolis chevaux de Tarbes, dans laquelle elle monta, après s'être retournée vingt fois, cent fois de son côté, le visage éploré.

Le cocher toucha ses chevaux du bout de son fouet : ils partirent grand train, et la calèche avait disparu dans la poussière que Faré était encore debout au milieu de la cour de la gare.

Maintenant quand la reverrait-il ?

FIN DE LA TROISIÈME PARTIE

## QUATRIÈME PARTIE

I

*A madame de Mussidan.*

« Chère maman,

» C'est aujourd'hui seulement que je peux com-
» pléter la dépêche que je t'ai envoyée hier aussitôt
» après mon arrivée. Je n'ai pas eu une minute à
» moi dans ma journée ; et le soir je tombais de
» fatigue et de sommeil ; d'ailleurs t'écrire en ce
» moment aurait déplu à ma tante, qui se couche à
» neuf heures et qui veut que toutes les lumières
» soient éteintes dans le château à neuf heures et
» demie.
» Si j'avais grand sommeil c'est que je n'ai pas
» dormi dans ma nuit de voyage ; je suis descendue
» à presque tous les arrêts du train, au grand dé-
» plaisir de mademoiselle Adélaïde ; mais j'avais

» plaisir à me promener sur le quai par cette chaude
» nuit, la plus belle que j'ai vue. Bien que mademoi-
» selle Adélaïde ait l'air assez aigre, ainsi que tu as
» pu le remarquer, au fond c'est, je crois, une
» bonne personne; elle s'est prêtée à ma fantaisie, et
» toutes les fois que j'ai voulu descendre de wagon
» elle est descendue avec moi, ne comprenant rien à
» l'envie que j'avais de me promener ainsi.

» Tu sais que la station de Cordes est Vindrac;
» mais notre train express ne s'y arrêtant pas, nous
» avons dû descendre à la station précédente qui est
» Lexos. J'en ai été tellement déroutée que je ne sais
» pas trop ce qui s'est passé en ce moment.

» Quand je me retrouve, nous sommes en voiture,
» dans une vieille calèche qui remonte à l'antiquité
» la plus vénérable, mais qui est traînée par deux
» beaux chevaux rapides; mademoiselle Adélaïde
» est assise en face de moi, à reculons, et quand je
» veux qu'elle prenne place à mes côtés, elle s'y re-
» fuse disant que cela ne serait pas respectueux ni
» convenable pour entrer à Cordes. Convenable,
» ah! maman!

» Il est neuf heures du matin et le soleil rend
» aveuglante la route blanche; il fait chaud comme
» à deux heures de l'après-midi à Paris, si chaud que
» je m'endors. Quand je me réveille j'aperçois de-
» vant moi, à une assez grande distance, au milieu
» d'une plaine jaune, se découpant sur le ciel bleu,
» une petite montagne isolée que couronnent les
» toits d'une ville avec une ceinture de murailles et
» de tours noires; il semble que ce soit une grande

» forteresse comme on en voit dans les contes de
» fées.

» — C'est Cordes, me dit mademoiselle Adélaïde ;
» ces murailles et ces tours ont été construites par
» Raymond VII le protecteur de votre ancêtre Guil-
» laume de Puylaurens.

» Eh bien, c'est très curieux, très beau de loin,
» Cordes : je te dirai dans la suite ce que c'est de
» près, car nous n'y sommes pas entrés immédiate-
» ment. Arrivées au bas du monticule, nous l'avons
» longé jusqu'à une grille ouvrant sur un beau jar-
» din dans lequel s'élève un château.

» — C'est le château, me dit mademoiselle Adé-
» laïde, qui dit tout ce qui est inutile.

» Je m'en doutais bien ; seulement, d'après ce que
» j'avais entendu dire à mon père, je m'imaginais
» que c'était un vieux, très vieux château, contem-
» porain des murailles de Raymond VII, tandis qu'il
» n'est pas du tout si vieux que cela ; il ne remonte
» qu'à Louis XV, d'après mademoiselle Adélaïde ;
» mais pour n'être pas vieux, il n'en est pas moins
» noble et imposant avec sa façade qui n'en finit pas.

» En descendant de voiture, je cherchai ma tante,
» mais je ne l'aperçus pas : je ne vis qu'un petit
» vieux bossu, vêtu d'une veste en indienne rose
» rayée de bleu et d'un pantalon noir tombant sur
» des souliers à boucles, qui ne pouvait être que
» M. Buvat, le valet de chambre de ma tante.

» — Mademoiselle se sera enrhumée, me dit made-
» moiselle Adélaïde, elle n'ose pas s'exposer à l'air ;
» elle est sûrement derrière la fenêtre du petit salon.

» Je suivis le regard de mademoiselle Adélaïde, et
» derrière une fenêtre à petits carreaux j'aperçus un
» visage pâle et maigre enveloppé de dentelles
» blanches, qui me souriait.

» Il faut te dire, maman, que j'étais très émue
» et que j'avais peur, me demandant ce qu'était
» cette tante si noble ; ce sourire me donna tout de
» suite du courage, et ce pauvre visage souffrant de
» la sympathie.

» Buvat marchait devant moi ; il m'ouvrit la porte
» du petit salon, et je me trouvai en présence de ma
» tante. Je fis quelques pas vers elle pour l'embras-
» ser, mais de la main elle m'arrêta :

» — Ne m'embrasse pas, ma petite, tu gagnerais
» mon rhume.

» Je restai au milieu du salon, assez déconte-
» nancée, bien que le ton avec lequel elle m'avait dit
» cela n'eût rien d'intimidant ; et pendant ce temps
» elle m'examinait des pieds à la tête. Tout à coup
» elle s'écria :

» — Oh ! elle est jolie, la malheureuse.

» Tu penses si cela me rassura. Mais pour que tu
» comprennes cette exclamation, il faut que je te ré-
» pète ce que mademoiselle Adélaïde m'a fait con-
» naître du caractère de ma tante, en me parlant
» d'elle-même et de ses malheurs. Car elle est très
» malheureuse, mademoiselle Adélaïde, malheureuse
» de ne pas s'être mariée. Il paraît qu'elle a trouvé
» des partis superbes qui avaient tout : l'argent,
» l'amour, tout ; au moins à ce qu'elle dit. Et elle les
» a refusés pour ne pas déplaire à ma tante, qui veut

» que tous ses domestiques soit célibataires, parce
» que pour elle le mariage est l'enfer des femmes.
» Alors me trouvant jolie, elle me plaignait déjà à la
» pensée qu'on voudrait m'épouser, et que je serais
» malheureuse.

» — As-tu fait bon voyage? me demanda-t-elle
» tout de suite.

» Quand j'eus répondu en la remerciant, elle me
» dit qu'on allait me conduire à mon appartement,
» d'où elle me priait de redescendre aussitôt que
» possible parce qu'elle m'avait attendue pour dé-
» jeuner.

» Penses-tu que j'ai un appartement à moi : une
» chambre, un cabinet de toilette et une autre pièce
» que je ne sais pas comment appeler : un salon, un
» boudoir, un cabinet de travail; enfin il n'y a pas
» de lit, mais deux petits canapés en bois peint en
» gris comme les lambris, et recouverts de velours
» vert rayé; des fauteuils, un bureau en bois de rose
» sur lequel je t'écris en ce moment même, carrée
» dans mon fauteuil comme si j'avais toujours été
» habituée à ce luxe.

» J'obéis à la recommandation de ma tante, et ce
» fut à la hâte que je m'arrangeai dans mon cabinet
» de toilette tendu de basin blanc et garni de porce-
» laine décorée de fleurs roses; ça m'a l'air très beau,
» mais je ne sais pas ce que c'est; ancien pourtant.

» Aussitôt que je fus descendue, ma tante me fit
» mettre à table en face d'elle, et on commença à ser-
» vir le déjeuner dans de la vaisselle en argent, et
» vieille aussi, celle-là, je t'assure.

» Ce n'est ni Buvat, ni Adélaïde, qui font le ser-
» vice de la table, ce sont de trop grands person-
» nages pour cela ; cependant Buvat, en redingote
» marron et en cravate blanche, assiste au repas, à
» côté d'un dressoir, et du doigt et de l'œil il dirige
» le domestique qui change les assiettes, apporte les
» plats et verse à boire ; quand ma tante a un ordre
» à donner ou qu'elle désire quelque chose, c'est à
» Buvat qu'elle parle.

» J'avais une terrible faim ; mais tout cela était si
» imposant, que j'en oubliais de manger.

» Et cependant ne va pas t'imaginer qu'elle n'est
» qu'imposante ma tante ; je ne la connais pas en-
» core beaucoup, mais je suis sûre qu'elle est très
» bonne ; il n'y a qu'à regarder ses yeux noirs, ar-
» dents et doux à la fois, il n'y a qu'à entendre sa
» voix.

» Je veux te dire tout ce que je fais, de façon que
» tu me voies ; mais tu ne tiens pas, n'est-ce pas, à
» ce que je te dise tout ce que je mange ? Sois tran-
» quille, malgré la vaisselle en argent et la belle re-
» dingote de Buvat, je ne trouve pas la cuisine de ma
» tante meilleure que la tienne.

» Le déjeuner fini, ma tante me proposa de me mon-
» trer la maison, et je lui répondis que je la remer-
» ciais, parce qu'elle pourrait gagner froid. Cela, je
» le dis par politesse, car il faisait une chaleur à suf-
» foquer ; j'étais rouge comme les cerises que je ve-
» nais de manger.

« — Mais je ne veux pas sortir, répondit ma
» tante, tu feras seule ton tour de jardin ; dans la

» maison c'est comme ici, les fenêtres sont fermées,
» il n'y a pas de courant d'air. Je ne peux pas
» m'exposer au froid, car il faut que je sois en état
» d'aller demain à la messe. Viendras-tu avec
» moi ?

» Quand ma tante avait dit le *Benedicite* et les
» grâces, elle avait bien vu que je n'étais pas au
» courant ; cela me fit répondre que je serais heu-
» reuse de me joindre à elle, ce qui lui fit plaisir.

» Elle est très grande, la maison de ma tante : il y
» a trois salons, un blanc, un vert, un bleu ; il y a
» une salle de billard, une bibliothèque où les livres
» sont dans des armoires grillées et fermées à clef ;
» il y a aussi ce que je n'avais jamais vu, un oratoire
» qui est en communication avec la chambre de ma
» tante : il s'y trouve un autel très bien orné avec
» des fleurs, et des chandeliers en argent, un grand
» tableau représentant le Christ sur la croix, et une
» statue en marbre blanc de la Vierge.

» Notre visite se termina par le salon bleu où, ce
» qui me frappa tout de suite, ce fut un magnifique
» clavecin, orné de peintures sur fond d'or repré-
» sentant des Amours qui jouent du violoncelle et
» d'autres instruments de musique, avec des singes
» qui les regardent en se balançant à des guirlandes
» de fleurs.

» — Ah ! un clavecin. Est-ce qu'on trouve encore à
» Cordes des personnes qui jouent du clavecin ? dis-
» je bêtement.

» — Moi, petite peste, répondit ma tante en riant,
» et puis il va y avoir toi aussi ; ce sera ta punition.

» Puisque tu joues si bien du piano, montre-moi un
» peu comme tu joues du clavecin.

» Je ne me fis pas prier et je jouai un menuet de
» Lulli, celui d'*Atys*.

» — C'est vrai que tu as beaucoup de talent ; on
» ne jouait pas comme cela de mon temps.

» Et comme je lui demandais comment on jouait
» de son temps, elle me donna une petite tape sur la
» joue.

» — Artiste, va, me dit-elle, tu veux me rendre
» les compliments que je t'ai faits ; mais avec moi
» cela n'est pas de mise.

» Je voulais te raconter ma journée d'aujourd'hui ;
» mais je t'en ai déjà écrit si long, que je n'ai plus de
» temps à moi. Il faut que je m'habille pour dîner
» avec M. Chabrol, le curé. Demain, je te conterai
» ma journée d'aujourd'hui et mon entrée dans la
» fameuse maison de Guillaume de Puylaurens.
» Pour connaître ma tante, c'est là qu'il faut la voir.
» A demain. »

## II

« Je reprends mon récit, chère maman, où j'ai été
» obligée de l'interrompre hier.

» Tu sais que je devais aller avec ma tante à la
» messe; le soir j'avais eu la précaution de demander
» à Adélaïde à quelle heure je devais être prête :
» sept heures et demie; j'arrivais dans le vestibule
» au moment même où s'arrêtait devant le perron
» une petite voiture basse traînée par une mule.

» Je sortis sur le perron pour examiner la mule,
» qui est très jolie, haute sur jambes, élancée, lé-
» gère, avec une tête intelligente et un œil doux;
» mais ce qui est tout à fait charmant, c'est son har-
» nais orné d'aigrettes et de huppes rouges entre-
» mêlées de rubans sur lesquels sont cousus des
» grelots.

» Comme j'étais en train de l'admirer, survient
» Buvat, en redingote, ce qui me fit comprendre
» qu'il devait nous accompagner; quoiqu'il fît la
» même chaleur que la veille, il portait sous son bras
» un manteau chaud pour ma tante.

» — On l'appelle la *Gloriette*, me dit-il.

» A ce moment arriva ma tante portant des croûtes
» de pain dans une petite corbeille en osier ; la *Glo-*
» *riette* fut débridée et ma tante lui fit manger ses
» croûtes en tenant elle-même la corbeille d'une
» main, tandis que de l'autre elle flattait la mule,
» qui la regardait de ses yeux doux et reconnais-
» sants.

» Ma tante me fit monter à côté d'elle, et quand
» Buvat eut grimpé sur le siège de derrière elle
» prit les rênes et nous partîmes au bruit joyeux
» des grelots de la *Gloriette*, qui encensait en trot-
» tant.

» La veille, en me promenant dans le jardin, j'avais
» tenu plus souvent mes yeux levés en l'air que sur
» le sable du chemin que je suivais, et ce que j'avais
» vu de la ville nichée au haut de la colline avait ex-
» cité ma curiosité et ne l'avait pas du tout satisfaite.
» Que cachaient ces murailles sombres et ces toits
» qui montaient en s'étageant jusqu'au clocher de
» l'église ?

» A mon nez en l'air et à la direction de mes re-
» gards, ma tante devina ma curiosité.

» — Je vois avec plaisir qu'il t'intéresse, le berceau
» de ta famille ; tu vas te trouver tout à l'heure au
» milieu de la ville la plus curieuse de France, une
» ville du treizième siècle restée, grâce à Dieu, telle
» à peu près qu'elle est sortie des mains de Ray-
» mond VII, le bienfaiteur de notre maison, car j'es-
» père qu'on t'a dit que tu descends de Guillaume
» de Puylaurens, qui fut ambassadeur du dernier
» des comtes de Toulouse auprès du saint-père ?

» — Oui, ma tante.

» — Tu vas voir les ruines du château que Ray-
» mond VII s'était fait construire, et tu vas voir
» aussi debout et intacte, Dieu merci, pour attester
» la gloire de notre famille, la maison que notre an-
» cêtre Guillaume de Puylaurens s'était fait cons-
» truire à côté de celles du grand-veneur, du grand-
» fauconnier et du grand-écuyer, debout aussi, mais
» en moins bon état que la nôtre, les descendants
» de leurs constructeurs n'existant plus depuis lon-
» temps pour les entretenir comme nous avons en-
» tretenu la nôtre; il y a encore des Puylaurens, il
» n'y a plus des Sicard d'Alaman.

» Pour que tu sentes bien ces paroles, il faudrait
» que je pusse te rendre l'animation, la fierté, la
» gloire avec lesquelles ma tante les prononce.

» Pendant qu'elle m'expliquait Cordes, la *Gloriette*
» montait la côte gaillardement en faisant sonner ses
» grelots, et à mesure que nous nous élevions sur
» les pentes raides de la colline, la vue s'étendait
» plus librement sur la vallée que j'avais suivie la
» veille. Le jardin de madame Faré m'a gâtée sur les
» belles vues, mais celle-ci est vraiment merveil-
» leuse; j'ai appris là ce que c'est qu'un ciel bleu.

» Au bout de la route se dressent deux tours rondes
» entre lesquelles s'ouvre une porte sous une voûte
» sombre; c'est une des entrées de Cordes et je t'as-
» sure qu'elle est presque effrayante.

» A peine la *Gloriette* s'était-elle engagée sous cette
» porte que j'eus la sensation d'une douche d'eau
» glacée qui me serait tombée sur les épaules, tant

» est brusque la transition de la chaleur du dehors
» avec le froid humide de ces noires murailles ; à ce
» moment même Buvat enveloppa ma tante du man-
» teau qu'il avait préparé.

» — Vous auriez dû en prendre un pour made-
» moiselle de Mussidan, dit-elle, il faudra ne pas
» l'oublier demain.

» Le premier coup de cloche de la messe venait de
» sonner dans le clocher ; du bout de son fouet, ma
» tante toucha la *Gloriette* qui allongea son trot et
» nous fit entrer dans les rues étroites et tortueuses,
» pavées de larges dalles sur lesquelles notre voiture
» passait avec des roulements graves, comme si des-
» sous il y avait des caves et des souterrains; des
» femmes qui filaient leurs quenouilles assises sur les
» marches de leurs maisons, se levaient pour sa-
» luer ma tante qui leur répondait d'un signe de
» tête.

» Je ne sais pas si on avait attendu ma tante,
» mais aussitôt qu'elle fut à sa place la messe com-
» mença. Je n'avais pas de livre, n'ayant pas pensé à
» en demander un à Adélaïde. Ma tante s'en aperçut
» tout de suite ; elle fit un signe à un sacristain qui
» s'empressa de m'en apporter un.

» — Troisième dimanche après la Pentecôte, me
» dit ma tante à mi-voix.

» Je fus attentive et j'eus la chance de m'age-
» nouiller et de me relever aux endroits qu'il fallait,
» ni trop tôt, ni trop tard.

» Ma seule distraction fut de me demander ce que
» nous ferions après la messe, si nous redescen-

» drions au château, ou bien si nous irions à la mai-
» son de Guillaume de Puylaurens.

» En sortant de l'église ma tante me prit le
» bras.

» — C'est mon habitude, dit-elle, d'aller tous les
» jours après la messe passer une heure dans la mai-
» son de Guillaume de Puylaurens ; c'est là que je
» reçois les gens qui ont affaire à moi, mes fermiers,
» mes pauvres.

» C'est une ville curieuse que Cordes, mais ce
» n'est pas une grande ville, toute petite au contraire,
» et les rues n'y sont ni longues, ni larges. Cepen-
» dant, malgré leur étroitesse on y a si grande peur
» du soleil, que là où les carreaux des boutiques ne
» sont pas garnis de rideaux verts, les portes et les
» fenêtres sont presque complètement fermées, ne
» laissant passer qu'une raie de lumière dans laquelle
» dansent des essaims de mouches. Tu verras tout à
» l'heure que ce n'est pas d'aujourd'hui qu'on a peur
» du soleil à Cordes et qu'on prend des précautions
» pour s'en défendre.

» En sortant de l'église j'avais vu une maison an-
» cienne, avec des arcades en ogive et une façade
» décorée de sculptures, et j'avais cru que c'était celle
» de Guillaume de Puylaurens : mais ma tante me
» dit que c'était celle du grand-veneur.

» Ce fut dans une autre rue et un peu avant d'ar-
» river à l'ancien château de Raymond VII, mainte-
» nant transformé en promenade, qu'à un tremble-
» ment du bras de ma tante je compris que je devais
» être attentive : la pensée de me montrer la maison

» de l'ancêtre dont elle était si fière la rendait tout
» émue.

» Je ne me trompais pas.

» — Cette maison gothique, à deux étages en pier-
» res de taille, c'est celle de Guillaume de Puylau-
» rens, me dit ma tante. Je ne lui ai fait subir que
» des travaux de consolidation et d'entretien ; tout
» est authentique : ces rosaces, ces colonnettes, ces
» quatre arcades ogivales du rez-de-chaussée, ces
» deux grandes fenêtres géminées du premier étage,
» l'attique avec ces fenêtres en cintre trilobé, ces
» bas-reliefs représentant des chasses avec des figures
» d'hommes et des animaux grotesques, tout cela est
» du temps. Quand tu seras grande et que tu voyage-
» ras, tu ne trouveras pas une maison pareille à
» celle-là.

» J'aurais voulu te décrire la maison ; mais c'est
» impossible ; je n'ai retenu que cela du discours
» de ma tante, parce que je me suis appliquée pour
» le retenir et te le répéter ; mais je ne sais pas si je
» ne m'embrouille pas dans les mots savants avec
» lesquels elle joue, et si les fenêtres sont bien vrai-
» ment en cintre trilobé ; il y avait aussi des archi-
» voltes qui faisaient très bien dans sa description,
» seulement je ne sais pas où les placer. Tout ce que
» je peux te dire, c'est que la maison est aussi cu-
» rieuse que la ville.

» Ma tante fut touchée de mon attention et de mon
» admiration :

» — Allons, tu es bien une Puylaurens, dit-elle.

» Mais ce qui acheva de la gagner ce fut une ques-
» tion que je lui adressai.

» J'avais remarqué sur la façade et au-dessus de
» la frise, des anneaux de fer maintenus par une
» tige recourbée qui me paraissaient des instruments
» diaboliques, car dans cette vieille ville fantastique,
» il y a un tas de choses qui ne sont pas rassurantes.

» — C'est des anneaux, cela, ma tante? à quoi cela
» servait-il?

» — Ah! tu sais regarder, toi. Il y a bien des gens,
» bien des savants qui viennent tous les jours admirer
» notre maison, et il y en a plus d'un qui s'en re-
» tourne sans s'être seulement demandé à quoi ser-
» vent ces anneaux. Eh bien, ils étaient destinés à
» recevoir des cordes et des perches pour soutenir,
» en temps ordinaire, des bannes servant d'abri
» contre le soleil, et, dans les jours de grande céré-
» monie, à suspendre des tapisseries.

» Si la maison était un objet de curiosité pour
» moi, j'étais pour la ville un sujet de bavardages.
» On nous regardait, ou plutôt on me regardait, car
» on la connaît bien, ma tante.

» Pour elle, elle ne paraissait pas s'inquiéter de
» ces regards qui m'ennuyaient un peu, et elle con-
» tinuait :

» — Il ne faut pas que tu t'imagines, mon enfant,
» que cette maison est restée dans notre famille de-
» puis sa construction ; elle en est sortie pendant
» longtemps, et ç'a été seulement quand j'ai pu dis-
» poser de ma fortune que je l'ai rachetée. Les arti-
» sans qui l'avaient occupée pendant de longues

» suites d'années l'avaient aménagée pour les be-
» soins de leur métier. Je n'ai eu qu'à faire disparaître
» leurs embellissements pour la remettre dans l'état
» où elle se trouvait du temps de Guillaume. Cela n'é-
» tait rien. La grosse affaire, c'était de la meubler
» Mon ambition tout d'abord avait été de n'y ad-
» mettre que des meubles du treizième siècle pro-
» venant d'ouvriers albigeois. Mais j'ai dû transiger,
» ils sont rares les meubles du treizième siècle, et
» leur origine n'est pas toujours facile à déterminer.
» Entrons, tu vas voir si le mobilier est en désaccord
» avec la maison.

» — Mais, ma tante, je ne le connais pas, moi, le
» treizième siècle.

» — Cela, justement, va te le faire connaître.

« La porte nous fut ouverte par un grand gaillard
» solide et imposant comme un suisse d'église.

» — Si on avait envie de me voler un jour, me dit
» ma tante en me montrant son gardien, tu vois que
» les voleurs trouveraient à qui parler ; Papaillau a
» des poings vigoureux.

» Le géant se mit à sourire en se balançant, très
» fier de ce compliment ; mais je n'eus pas le temps
» de l'examiner. Dans la pièce d'entrée, qui est une
» sorte de vestibule, de parloir, je ne sais comment
» l'appeler, n'ayant pour tout mobilier que des bancs
» noirs adossés aux murs et des lances, des épées,
» des casques accrochés çà et là, se trouvaient cinq
» ou six personnes, qui, à notre entrée, s'étaient
» levées pour saluer ma tante.

» Au costume et aux visages brunis par le soleil,

» il était facile de voir que c'étaient des gens de la
» campagne ; cependant il y avait parmi eux une
» sorte de personnage au teint pâle, bien cravaté,
» ganté de gants de peau noire et vêtu d'une redin-
» gote ; il vint au-devant de ma tante ; mais avant
» qu'il eût ouvert la bouche elle l'arrêta :
» — Vous êtes le premier, monsieur ?
» — Non, mademoiselle, mais...
» — Veuillez attendre votre tour.
» Et, ouvrant une porte, elle me fit passer devant
» elle après avoir dit à Papaillau d'introduire la pre-
» mière personne arrivée.
» — Assieds-toi, promène-toi, me dit-elle, fais ce
» que tu veux. Quand j'aurai reçu les personnes qui
» m'attendent je serai à toi.
» Mes yeux, éblouis par la clarté du dehors, furent
» un moment à s'habituer à l'obscurité qu'il fait
» dans cette vaste pièce, le jour n'y pénétrant que
» par des fenêtres garnies de vitraux de couleur
» représentant des personnes vêtues de robes rouges,
» jaunes, vertes, bleues, aux nuances éclatantes, et
» comme avec cela le plafond est formé de boiseries
» et de poutres noires, comme les murs sont tendus
» du haut en bas de tapisseries décolorées, tu dois
» comprendre qu'il faut un certain temps avant de
» savoir où l'on est, et ce qui vous entoure.
» Ce qui attira mes yeux tout d'abord, ce fut un
» feu clair dans une immense cheminée en pierre
» toute couverte de sculptures et sous le manteau de
» laquelle on peut se tenir debout ; ce feu brûlait sur
» de grands chenets en fer brillant se terminant à

» leur partie supérieure en forme de corbeille. De
» chaque côté de l'âtre il y a des bancs pour s'asseoir
» dans la cheminée même.

» Du feu en cette saison et par cette température,
» cela peint ma tante, n'est-ce pas? En entrant elle
» s'était assise devant une table en bois noirci par
» les années, dans une chaise de même bois et de
» forme étrange, à bras s'emmanchant dans un dos
» plein que surmontait une sorte de dais entouré de
» sculptures.

» Mais ce qui se disait entre elle et la femme que
» Papaillau venait d'introduire te la fera trop bien
» connaître pour que je ne te le répète pas.

» C'était une femme toute jeune qui portait un
» enfant au maillot dans ses bras et en tenait un
» autre par la main ; à sa jupe poussiéreuse, à ses
» souliers blanchis on devinait qu'elle avait beau-
» coup marché et qu'elle venait de loin.

» — Que puis-je pour vous, ma fille? demanda ma
» tante d'une voix encourageante, en l'examinant.

» La femme hésita, et il fallut que ma tante insistât
» pour la décider.

» — Vous venez de loin?

» — De Castanet, trois lieues d'ici. C'est mon
» homme qui a voulu que je vienne ; parce que je
» vais vous dire que j'ai ces deux enfants que voici
» et que je vas en avoir un troisième. Alors mon
» homme est fâché, et comme ça il voudrait que
» vous soyez la marraine.

» — Comment se nomme-t-il, votre homme?

» — Péchaudier.

» — Je ne le connais pas et je ne vous connais pas
» non plus.

» — Oh ! mais nous vous connaissons bien, nous.
» Nous savons que vous avez été marraine à Saint-
» Servin, à la Bastide, à Virac. Alors nous avons
» pensé à vous, et M. le curé a dit que vous ne nous
» refuseriez pas.

» Ma tante se mit à rire.

» — Du moment que M. le curé l'a dit ! Pourtant
» je ne serai pas la marraine de votre enfant.

» — Ah ! mademoiselle !

» — La voilà, votre marraine.

» Et elle me montra de la main ; mais la femme
» parut peu disposée à accepter ce changement.

» — Nous avions espéré que ce serait vous, dit-
» elle.

» — Ma nièce, c'est mieux que moi, dit ma tante,
» puisqu'elle n'a que quinze ans et qu'elle pourra
» s'occuper longtemps de votre enfant.

» Puis, ayant ouvert un tiroir, ma tante en tira
» une petite feuille de carton sur laquelle elle écrivit
» quelques mots.

» — Allez avec cela dans la grand'rue, dit-elle,
» chez les sœurs Gérard ; on vous donnera ce qui
» vous est nécessaire pour préparer votre layette ;
» pour le reste, j'écrirai à votre curé.

» Après la femme qui venait demander une
» marraine, ce fut un fermier qui venait demander
» du temps pour s'acquitter. Sa femme était malade ;
» un de ses chevaux qu'il comptait vendre était
» mort.

» — Mais la dernière fois que tu m'as demandé
» du temps, interrompit ma tante, c'était ton der-
» nier enfant qui était malade et ta vache qui était
» morte.

» Le fermier courba un peu plus son dos et parut
» ne pas comprendre ; avec la manche de sa veste, il
» polit consciencieusement le bras de la chaise en
» bois sur laquelle il était assis ; ma tante n'insista
» pas.

» Puis ce fut une vieille femme qui avait besoin
» d'un secours pour son fils qui était soldat et
» malade à l'hôpital ; puis vint une autre femme qui
» avait besoin d'un secours pour elle ; et de nouveau
» ma tante ouvrit son tiroir et écrivit quelques mots
» sur une de ses petites feuilles de carton.

» Pendant ce temps je tournais autour de la pièce,
» regardant curieusement les divers meubles qui la
» garnissaient, mais sans trop comprendre à quels
» usages ils avaient pu servir.

» L'entrée du monsieur à la redingote vint me
» distraire de mon examen. Que voulait-il demander,
» celui-là ?

» Il ne demandait pas ; il offrait d'acheter une pro-
» priété que ma tante possède à Mazamet ; mais il
» n'eut pas de chance : autant ma tante avait été
» douce et bienveillante avec les gens qui étaient
» venus lui prendre quelque chose, autant elle fut
» raide et hautaine avec lui.

» — Vous êtes notaire, monsieur ?

» — Non, mademoiselle ; agent d'affaires à Cas-
» tres...

» Il allait dire son nom, ma tante lui coupa la pa-
» role :

» — J'aurais dû m'en douter. Si vous aviez été
» notaire, vous auriez su qu'une Puylaurens n'aliène
» pas une part de l'héritage que lui ont transmis ses
» parents.

» — Mais, mademoiselle, l'affaire est très avanta-
» geuse pour vous.

» — Nous ne faisons pas d'affaires.

» Un nouveau venu lui permit de sortir sans trop
» d'embarras ; aussitôt ma tante m'appela.

» — Viens que je te présente au docteur Azéma,
» ma mignonne.

» Et tout de suite elle demanda au médecin, qui a
» l'air d'un brave homme, gai et bienveillant, com-
» ment il me trouvait.

» — Mais charmante, dit le médecin.

» — Ce n'est pas cela que je vous demande ; est-
» elle solide ?

» Le médecin, après m'avoir examinée, déclara
» que lorsque j'aurais vécu quelques mois à la cam-
» pagne, je serais robuste comme une paysanne, et
» tout de suite il gronda ma tante d'avoir été à la
» messe, mais elle lui répondit qu'elle le consultait
» sur tout excepté pour ce qui regardait sa cons-
» cience, et, lui coupant la parole, elle lui remit une
» liste de malades qu'elle le priait de visiter.

» Tout en parlant, ma tante signait plusieurs de
» ces petits cartons que je lui avais vu déjà donner ;
» elle en remit une dizaine au médecin :

» — Voici des bons en blanc pour vos malades,
» dit-elle, vous les remplirez.

» Alors le médecin vint à moi :

» — C'est ainsi que chaque matin, dans la maison
» de son aïeul, votre tante commence sa journée, me
» dit-il, celle d'une sainte.

» Mais ma tante n'aime pas qu'on la loue, elle
» coupa la parole au docteur Azéma.

» — Et le soir elle la termine en dînant avec son
» médecin, dit-elle ; à sept heures, n'est-ce pas ?

» Quand le médecin fut parti, Papaillau vint an-
» noncer qu'il n'y avait plus personne. Alors ma
» tante ferma à clef le tiroir de sa table et se
» leva.

» — Maintenant je suis à toi, dit-elle. Qu'est-ce que
» tu as vu ?

» — Tout et rien, car je ne me doute même pas à
» quel usage peuvent servir la plupart de ces belles
» choses.

» Elle me prit par la main, et me conduisant de-
» vant un coffre en chêne sculpté dont la face repré-
» sentait des guerriers dans des niches, et le cou-
» vercle des médaillons :

» — Voilà, dit-elle, un bahut qui date bien authen-
» tiquement du commencement du treizième siècle
» et qui est la pièce la plus curieuse de la maison,
» car les meubles de cette époque sont extrêmement
» rares ; on les compte ; il y a celui du musée de
» Cluny et les armoires de Bagneux et de Noyon ;
» celui-là vaut celui de Cluny pour son mérite artis-
» tique et sa conservation, et de plus il a pour moi

» et pour cette maison une valeur inappréciable,
» c'est d'être un travail toulousain.

» Après le bahut ce fut un retable, c'est-à-dire un
» lambris en bois sculpté, puis un dressoir à trois
» étages surmonté d'un couronnement sculpté à
» jour, puis une crédence, c'est-à-dire une armoire
» sur pied dont les portes (ma tante dit les vantaux)
» sont ornées de ferrures et de verrous découpés à
» jour représentant des branches et des feuillages ;
» puis des bancs surmontés de dais et divisés en
» stalles, enfin les tapisseries et les vitraux dont ma
» tante m'expliqua les sujets ; mais je ne te dis pas
» ces explications, car tu n'y comprendrais probable-
» ment rien, n'ayant pas les objets sous les yeux.

» Cependant, il faut que je te répète ce que ma
» tante a tenu à me faire comprendre : c'est qu'elle
» a voulu que sa maison fût une maison, celle de
» Guillaume de Puylaurens, et non un musée. De là
» le caractère de cette maison qui pourrait être
» habitée par Guillaume de Puylaurens sans qu'il
» eût rien à changer à ses habitudes, retrouvant par-
» tout les meubles dont il se servait en 1250.

» Du rez-de-chaussée, ma tante me fit monter au
» premier étage par un bel escalier en pierre tout
» garni sur ses murs d'armes, de bannières et de
» crosses. C'est à cet étage que se trouve ce que ma
» tante appelle « la chambre de Guillaume de Puy-
» laurens », meublée comme l'est la grande salle du
» rez-de-chaussée, mais avec un lit en plus et surtout
» avec une crédence (tu sais que c'est une sorte
» d'armoire) dans laquelle se trouve ce que ma tante

» estime par-dessus tout, les œuvres de Guillaume
» de Puylaurens et un manuscrit relié en velours
» décoloré ayant pour titre : *Chronica magistri*
» *Guillelmi de Podio*, c'est-à-dire, d'après la traduc-
» tion de ma tante : Chronique de maître Guillaume
» de Puylaurens ; c'est ce de Podio qui fait que papa
» appelle si souvent ma tante de ce nom.

» Tu vois si ma matinée a été remplie. En sortant,
» la *Gloriette* se trouvait devant la porte, et ma tante
» voulut bien me la donner à conduire pour des-
» cendre la côte. »

## III

La sympathie que Geneviève avait tout d'abord éprouvée pour sa tante devint vite de l'affection.

Elle avait si souvent entendu son père l'appeler « vieille folle, vieille coquine » qu'en venant à Cordes elle s'était imaginée qu'elle allait trouver une espèce de mauvaise fée retirée dans une tour lugubre où elle passait son temps à tourmenter ceux qui l'approchaient.

Et voilà qu'au contraire, la tour lugubre que son imagination enfantine avait vue terrible avec ses souterrains noirs, ses murailles vertes et ses corridors sombres, était un beau château gai et clair, entouré de vastes jardins plantés de grands arbres, de taillis ombreux, d'arbustes et de fleurs.

Voilà que la mauvaise fée était une bonne fée qui n'avait d'autres soucis que de rendre heureux ceux qui l'entouraient et d'aller chercher pour les soulager ceux qui souffraient loin d'elle.

Lorsqu'elle avait dû venir à Cordes, elle avait eu la force de cacher ses craintes à sa mère et à Faré, et de ne leur rien dire de ses appréhensions; mais, au fond du cœur, elle était convaincue qu'elle allait être enfermée dans une prison où elle serait torturée par une ogresse. N'était-elle pas une vieille folle, cette ogresse, une vieille coquine? Sans doute cette folle, cette coquine qu'elle n'avait jamais vue, ne s'était, jusqu'à ce jour, manifestée à elle que par des cadeaux. Mais qu'est-ce qu'ils prouvaient, ces cadeaux? Une seule chose semblait-il : qu'elle voulait la tenter; c'était un appât qu'elle mettait au bout de son hameçon pour attirer la chair fraîche.

Elle était donc arrivée très inquiète, malheureuse non seulement de quitter ceux qu'elle aimait, mais encore pleine d'angoisse à la pensée de ce qui l'attendait. Quelle allait être sa vie dans cette prison, auprès de cette folle ou de cette coquine? Assurément elle ne se serait jamais résignée à cet exil, si le désir de tranquilliser Faré et de lui prouver qu'elle était capable des plus durs sacrifices ne l'avait décidée. Ce sera pour lui, se disait-elle en imaginant ce qu'elle aurait à souffrir, et cette pensée lui donnait du courage. — Il verra comme je l'aime. Mais tout en se disant : « Il verra comme je l'aime » elle se disait aussi : « Comment est-elle? » Car enfin, pour que son père en parlât avec cette hostilité et ce mépris, il fallait bien qu'elle fût une folle et une coquine, et même plus que cela.

De là l'anxiété de son premier regard quand Adélaïde la lui avait montrée derrière la fenêtre; de là aussi le brusque mouvement de sympathie qui lui avait touché le cœur quand elle avait vu que cette vieille femme à la physionomie noble et douce, attristée seulement par une longue souffrance, ressemblait si peu à celle qu'elle avait imaginée d'après ce que son père et ses frères lui avaient dit d'elle.

De là encore sa précaution d'insister dans sa lettre sur cette sympathie afin de rassurer sa mère qui, elle aussi, devait croire à la prison et à l'ogresse, et se désoler à la pensée de ce que sa fille allait avoir à supporter.

De là enfin le soin avec lequel elle avait étudié sa tante et précisé les traits de caractère, d'habitude, de manière d'être qui pouvaient faire revenir sa mère des craintes qui devaient la tourmenter. Assurément, quand à son impression elle ajoutait des fait comme celui de la paysanne qui demande une marraine, et des mots comme celui du docteur Azéma : « C'est une sainte », cela devait rassurer sa mère et Ernest, qui n'avaient plus à souffrir que de la séparation.

A la vérité, ces détails étaient en contradiction avec ce que son père lui avait toujours dit, et par là ils pouvaient peut-être fâcher celui-ci ; mais, d'un autre côté, ne devait-il pas être heureux de voir qu'il s'était trompé, ou bien que mademoiselle de Puylaurens n'était plus ce qu'elle avait été autrefois, au temps où il la croyait une folle et une coquine ?

Bien que la vie qu'elle eût trouvée auprès de sa tante ne ressemblât en rien à celle qu'elle avait imaginée en quittant Paris, et que l'ogresse fût pour elle pleine de tendresse, elle n'en avait pas moins des heures où la séparation pesait sur elle de tout son poids et l'écrasait. Pendant le jour, elle n'avait pas grand temps pour être seule avec elle-même et s'abandonner : dans la matinée, la messe et la station à la maison de Guillaume de Puylaurens; dans l'après-midi, la musique, les promenades en voiture, les courses aux environs, les visites que sa tante recevait, les lettres à sa mère l'occupaient et la distrayaient. Mais le soir, quand elle se trouvait seule dans sa chambre, elle était libre, libre de pensée, d'esprit, de cœur, et, de cette liberté, elle en usait pour retourner à Paris. Où étaient-ils en ce moment? Que faisait sa mère? Que faisait Ernest?

Bien souvent, ces questions se présentaient à son souvenir dans la journée; mais alors elle les écartait toujours, ne voulant les examiner que dans le recueillement de la solitude, quand elle pourrait se donner à elles entièrement.

Aussitôt arrivée dans sa chambre, elle se déshabillait vivement; puis, après avoir éteint les lumières, elle ouvrait une fenêtre avec précaution, et, assise sur une petite chaise, accoudée sur l'appui en fer du balcon, elle restait là, les yeux perdus dans les profondeurs bleues de la nuit et les ombres qui emplissaient le jardin.

Sa chambre était exposée au soleil levant, c'est-à-dire que devant elle elle avait Paris : dans la journée, à deux cents lieues, par-dessus des collines, des montagnes et des plaines, des rivières et des fleuves, et encore des montagnes et des plaines ; mais, dans la nuit, quand l'ombre brouille tout, quand il n'y a plus de distance et que la terre sombre rejoint tout de suite le ciel pâle, il n'était plus qu'à quelques pas que son imagination franchissait et que les roulements des trains qui passaient dans la vallée abrégeaient encore, en lui apportant la vie même de Paris et comme un écho des voix aimées.

Elle les entendait, celle de sa mère, celle de Faré, et par le souvenir elle revivait son ancienne vie, ses longues heures de travail, ses jeux, ses causeries avec la pauvre petite Odile, ses veillées sous la lampe avec sa mère en attendant son père, l'oreille aux écoutes, pour se sauver dans sa chambre avant qu'il fût rentré, ses journées du dimanche dans le jardin de la rue Girardon, la balançoire, M. Couicouïc, les tête-à-tête, les rêveries silencieuses avec Faré, ses espérances quand elle arrivait, ses déceptions quand elle partait sans qu'il eût rien dit de ce qu'elle attendait.

Quelle fatalité dans l'enchaînement des choses! Tant qu'ils n'avaient pas pu s'entretenir de leur amour ils avaient été réunis, et voilà que maintenant qu'ils pouvaient se dire et se répéter qu'ils s'aimaient, ils étaient séparés, et séparés pour longtemps peut-être; au moins sans qu'ils pussent savoir quand cette séparation finirait.

Que faisait-il à cette heure, tandis qu'elle pensait à lui et qu'elle le cherchait? Ce n'était pas les lettres de sa mère qui pouvaient le lui apprendre. A la vérité, dans chacune de ces lettres il y était question de lui, mais il était confondu avec madame Faré, avec madame Gueswiller, avec Lutan et Sophie. Pour lui écrire sa mère employait le même système qu'elle, et c'était par allusions, par insinuations plus ou moins détournées qu'elle procédait. Et cela ne lui suffisait pas. Un mot, quand elle aurait voulu des pages, et encore bien souvent un mot qu'il fallait deviner, se demandant si on lui faisait vraiment dire ce qu'il disait. Et rien, pas une ligne de lui, pas une petite fleur séchée, pas une place sur le papier qu'il eût embrassée et où elle pût prendre son baiser comme au temps où il lui embrassait les mains.

Si encore sa tante avait reçu le journal d'Ernest ou même simplement un journal de Paris, elle aurait vu s'il était question de ses pièces, si on les mettait en répétition; mais le seul journal qui arrivât au château était une petite feuille locale paraissant le samedi et le mercredi; la première fois qu'elle avait pu mettre la main dessus, elle avait manœuvré adroitement pour l'emporter et la lire en cachette; mais tout ce qu'elle avait trouvé dedans, ç'avait été un article et des nouvelles politiques, des faits-divers sur ce qui se passait dans le département, et beaucoup d'annonces; mais rien de Paris, du Paris des lettres et du théâtre.

Le temps passait, le silence se faisait plus profond et l'on n'entendait plus que le bruit frais de la rivière qui coulait au bout des jardins. Il fallait dormir pour être prête le lendemain matin et ne pas manquer le départ pour la messe. Elle fermait doucement sa fenêtre et s'allait mettre au lit. Mais le sommeil ne lui obéissait pas toujours; et ce qui, le plus souvent, venait, c'était un mouvement de tristesse nerveuse et de découragement. La fenêtre fermée, la lumière éteinte, dans le noir et le silence de sa chambre, elle se laissait aller au découragement et pleurait sans se retenir : « O maman ! maman ! »

Une nuit que cet appel lui avait échappé plus fort que d'ordinaire peut-être, elle vit s'ouvrir la porte de sa chambre, et sa tante, enveloppée de flanelle, un châle de barèges sur la tête, les pieds chaussés de gros chaussons de Strasbourg, était venue à son lit, une lumière à la main.

— Qu'as-tu, mon enfant ?

— Rien.

Mais son visage baigné de larmes démentait sa réponse.

— Comment, rien ? Tu viens d'appeler ta maman et tu pleures. Es-tu malade ?

— Oh ! non, ma tante ; je ne suis pas du tout malade.

— Alors tu as du chagrin, et ce que je croyais se trouve vrai, car ce n'est pas la première fois que je t'entends appeler ta maman.

Geneviève eut un mouvement de confusion ; mais mademoiselle de Puylaurens lui prit la main affectueusement :

— Il ne faut pas te cacher, mon enfant : ce n'est pas moi qui te blâmerai de penser à ta mère dont tu es séparée ; je les connais, ces heures où l'on pleure sa maman, car j'ai été comme toi, séparée de la mienne quand j'avais ton âge et que j'étais au couvent. Cela te serait un soulagement, n'est-ce pas, si tu avais son portrait ! Eh bien, demain tu lui enverras un billet de cent francs en lui demandant d'aller poser chez un bon photographe. J'espère que ton père ne lui prendra pas ce billet ; mais si le portrait n'arrivait pas, nous emploierions un autre moyen. Quand tu auras ta maman là, en face de toi, cela te fera du bien. Maintenant dors.

Et mademoiselle de Puylaurens s'en alla en serrant ses flanelles contre elle et en toussant.

A la porte elle se retourna :

— Bonne nuit, mon enfant..

## IV

C'avait été un des chagrins de Geneviève que sa tante la traitât en orpheline, exactement comme si elle n'avait ni père ni mère, et cela n'avait pas pour peu contribué à lui « faire pleurer sa maman ». C'était non seulement dans sa tendresse pour sa mère qu'elle souffrait de ce silence obstiné, mais encore dans sa fierté filiale : pour n'être pas noble de naissance, sa mère n'en était pas moins digne de respect, et ce n'était pas la respecter que d'observer à son égard un silence dédaigneux. Qu'il ne fût jamais question de son père, cela elle le comprenait et elle n'en était pas trop cruellement blessée ; entre son père et mademoiselle de Puylaurens, il y avait eu des sujets de division et d'hostilité qu'elle ne connaissait pas au juste, mais enfin qui expliquaient l'animosité qu'ils éprouvaient l'un pour l'autre. Tandis que sa mère n'avait jamais rien dit, jamais rien fait qui pût fâcher mademoiselle de Puylaurens. Alors pourquoi ce dédain ? Cela n'était ni digne, ni juste de la part d'une personne qui semblait en tout si remplie de dignité et de justice.

Aussi quelle joie lui donna l'offre de ce portrait, et quelle joie lui donna le portrait lui-même lorsqu'il arriva et qu'elle put l'accrocher dans sa chambre, devant ses yeux !

Elle avait besoin de ce soutien, car dans la tristesse à laquelle elle s'abandonnait le soir, il n'y avait pas qu'une sentimentalité nerveuse et enfantine, il y avait aussi une part de réalité. Elle n'avait pas rencontré que de la sympathie, de la bienveillance et de l'affection dans cette maison, et il ne lui avait pas fallu longtemps pour s'apercevoir qu'elle y avait des ennemis. En venant à Cordes, elle avait cru à l'ogresse, et elle s'était attendue à tout ce qui pouvait résulter du mauvais caractère de la « vieille coquine ». Mais quand elle avait vu qu'elle était la douceur et quelle était la bonté, quelle était la sainteté de sa tante, elle n'avait pas imaginé qu'elle pût avoir à souffrir de personne. Pourquoi lui aurait-on été hostile ? Qui l'aurait été ? Elle ne le voyait pas. Ce n'est pas à quinze ans qu'on soupçonne chez les autres les sentiments qu'on n'éprouve pas soi-même. Comment aurait-elle cru à la jalousie, à l'envie, à la malveillance ?

Et cependant cette jalousie, cette envie, cette malveillance, elle avait dû les reconnaître bientôt chez plusieurs des personnes de l'entourage ou de l'intimité de sa tante, et cela à son grand étonnement. Qu'avait-elle donc fait ?

Si elle n'avait point deviné les causes de l'hostilité qu'elle provoquait, elle n'en avait que trop désagréablement ressenti les effets.

Adélaïde, qu'elle avait jugée tout d'abord n'être pas une mauvaise personne, s'était au contraire trouvée une ennemie qui, sous des apparences doucereuses et avec des démonstrations de dévouement, lui avait joué ou avait essayé de lui jouer toutes sortes de mauvais tours. Elle avait été assez longtemps à comprendre cette hostilité, se demandant si réellement elle n'était pas en faute, quand la vieille femme de chambre avait adroitement amené mademoiselle de Puylaurens à lui faire quelque observation.

De même elle avait jugé aussi que deux religieuses, la mère Alfrédie et la sœur Irmine, qui venaient à chaque instant, étaient d'excellentes femmes qui n'avaient que de la sympathie pour elle, et elle avait d'autant mieux pu le croire qu'elles l'accablaient de compliments : « La charmante demoiselle ! elle est si aimable, si bonne ! » Mais elle n'avait pas tardé à s'apercevoir que, chaque fois que la mère Alfrédie et la sœur Irmine venaient au château, sa tante était moins affectueuse avec elle, comme si elle avait quelque chose à lui reprocher. Les premières fois elle s'était demandé, comme pour Adélaïde, si elle était réellement en faute ; mais à la longue, la coïncidence continuelle du changement d'humeur chez sa tante avec la visite des sœurs avait fini par la frapper. Pourquoi sa tante semblait-elle avoir des griefs contre elle toutes les fois que les sœurs lui faisaient visite et restaient seules avec elle ? Au contraire, pourquoi l'humeur de mademoiselle de Puylaurens ne changeait-elle pas quand les sœurs n'avaient pas pu l'entretenir en particulier ? Enfin, pourquoi l'une ou l'autre des sœurs s'arrangeait-elle toujours pour se ménager un tête-à-tête avec mademoiselle de Puylaurens ?

Dans sa solitude elle n'avait que trop de temps pour réfléchir et chercher les raisons de ce qu'elle observait.

Ce qui, d'ailleurs, rendait cette hostilité d'Adélaïde et des sœurs plus sensible, c'était la bienveillance qu'elle rencontrait chez tout le monde, — ces trois femmes exceptées.

Ainsi le vieux Buvat s'était tout de suite fait son protecteur et son ami, mais respectueusement, ayant pour elle les attentions, les prévenances, les politesses qu'il aurait eues si elle avait été la fille de la maison revenant chez sa mère. Il n'y avait pas à douter de la sincérité du dévouement de celui-là. Pour voir ce qu'il était, il n'y avait qu'à le regarder pendant qu'il dirigeait le service de la table. A sa place habituelle, près le dressoir, et ayant Geneviève en face de lui, il ne la quittait presque pas des yeux. C'était à croire qu'il était exclusivement attaché à sa personne. D'un coup d'œil rapide il inspectait chaque assiette qu'on lui portait, et s'il trouvait qu'elle n'avait pas été servie comme il voulait ou qu'on ne lui avait pas donné le morceau qui devait lui convenir, il arrêtait le domestique au passage, et de sa propre main il la servait de nouveau. Alors il y avait vraiment quelque chose de touchant à regarder ce petit vieux bossu pendant qu'elle mangeait : les jambes écartées, le menton plongeant dans sa cravate blanche et le large collet de sa redingote, il souriait avec béatitude si elle montrait de l'appétit, tandis qu'au contraire il fronçait le sourcil si elle laissait sur son assiette ce qu'il avait choisi avec tant de soin. Pourquoi ne mangeait-elle pas ? Est-ce que ce n'était pas bon ? Il ferait des observations à la cuisine ; mademoiselle avait été trop bonne en ces derniers temps, ne se plaignant jamais ; mais une femme de soixante-dix ans et une jeune fille de quinze ans ce n'était pas du tout la même chose ; il veillerait à cela.

De même le curé de Cordes, le doyen Cabrol, l'avait prise aussi en amitié. En réalité, c'était le personnage le plus important de la maison. Était-ce lui qui dirigeait mademoiselle de Puylaurens ou bien était-ce mademoiselle de Puylaurens qui le dirigeait ? Cela aurait été difficile à préciser. Mais le certain, c'était que mademoiselle de Puylaurens ne faisait rien sans le consulter, et que, de son côté, le curé recourait chaque jour à mademoiselle de Puylaurens, soit pour lui demander conseil, soit — ce qui était plus fréquent encore, — pour lui demander une aumône ou un secours. Avec cela, le commensal du château où son couvert était mis deux fois par semaine sans qu'il manquât jamais un seul de ces dîners, et cela autant par amitié et estime pour mademoiselle de Puylaurens, que par reconnaissance, car c'était à elle, à son insistance, à son influence, qu'il devait la cure de Cordes, où il était revenu après quelques années seulement de stage dans une petite paroisse du diocèse.

Après l'abbé Cabrol, la personne qui avait la plus

grande influence sur mademoiselle de Puylaurens était le docteur Azéma, qui la voyait régulièrement tous les jours, tantôt dans la maison de Guillaume de Puylaurens quand elle pouvait y monter, tantôt au château quand elle était retenue à la chambre par le rhume. Depuis trente ans, il n'avait jamais manqué de lui faire cette visite quotidienne, et elle était convaincue que, sans lui, sans ses soins et son zèle, elle serait morte depuis vingt ans au moins. Comme le curé, le médecin s'était pris d'affection pour Geneviève, et jamais il ne manquait une occasion de lui dire une chose gracieuse ou de lui témoigner son amitié.

— Cette enfant fera plus pour votre santé, disait-il souvent à mademoiselle de Puylaurens, que tous les médecins du monde : elle vous occupe, elle vous égaye, elle vous force à vous remuer moralement et physiquement ; c'est votre sauveur.

Cet argument de l'enfant sauveur, il l'avait déjà employé pour Frédéric quand celui-ci était venu chez sa tante, car pour lui l'état de vieille fille, qui n'a pour s'occuper que la dévotion, était pernicieux. Malheureusement Frédéric, au lieu d'améliorer la santé de sa tante l'avait gravement compromise par ses désordres. Ç'avait été un profond désespoir pour mademoiselle de Puylaurens que la chute de ces deux garçons : Sébastien et Frédéric, sur qui elle avait bâti tant de fières espérances ; et les angoisses, les fièvres, les humiliations, les anéantissements, les prostrations qu'ils lui avaient causés pendant les cinq ou six années où elle s'était malgré tout obstinée à les repêcher toujours, étaient assurément la cause principale de cet affaiblissement.

Aussi avait-il grand soin, le vieux médecin, de compléter son argument de l'enfant sauveur en faisant remarquer qu'une fille offre à ses parents bien plus de sécurité qu'un garçon ; il ne faisait aucune comparaison directe entre Sébastien, Frédéric et Geneviève, de peur de raviver les souvenirs douloureux de la pauvre vieille tante ; mais il répétait sans cesse son mot favori :

— Une fille est une fille, elle reste à la maison, elle vous tient compagnie ; sans compter qu'elle n'est pas exposée à tous les dangers que courent les garçons.

Il était heureux pour Geneviève, qu'elle trouvât cet appui dans le vieux valet de chambre, le curé et le médecin ; car l'animosité d'Adélaïde et des sœurs, une fois qu'il ne lui avait plus été possible de se la nier, la rendait non seulement malheureuse, mais encore gauche, empruntée et maladroite.

Quand elle sentait les yeux d'Adélaïde posés sur elle, et cela arrivait à chaque instant, elle n'avait plus sa liberté d'esprit : elle se surveillait, aussi bien dans ce qu'elle disait que dans ce qu'elle faisait.

Et justement ce n'était pas ce qu'elle avait préparé qu'elle réussissait, il lui fallait le premier mouvement, l'initiative, la spontanéité, c'est-à-dire les qualités de son âge, dire librement ce qui lui passait par la tête, faire ce que l'élan lui suggérait.

De même quand elle arrivait auprès de sa tante, et que sa venue faisait subitement taire la mère Alfrédie et la sœur Irmine, elle ne pouvait pas ne pas s'arrêter sur le seuil, interdite, ne sachant comment se tenir, ne sachant où poser ses yeux, se sentant stupide et, ce qui était plus grave, toute confuse comme si elle était coupable de ce dont on l'accusait.

Mais de quoi l'accusait-on ? De quoi était-elle coupable ?

C'était ce qu'elle se demandait sans arriver à se donner des réponses raisonnables.

Plusieurs fois l'idée lui était venue d'interroger le doyen ou le médecin ; mais quoi leur dire, sur quoi les interroger, quels faits précis leur soumettre ? Des soupçons ? Cela ne les fâcherait-il pas qu'elle leur montrât de la méfiance ? Ne la jugeraient-ils pas défavorablement ? ne trouveraient-ils pas qu'elle se donnait vraiment trop d'importance ?

Et précisément elle avait une peur effroyable qu'on pût croire qu'elle voulait prendre de l'importance dans la maison, et se poser en héritière.

V

Depuis qu'elle était à Cordes, elle rencontrait sans cesse sur son chemin un petit vieux d'une soixantaine d'années, qui semblait vouloir l'aborder comme s'il avait quelque chose de mystérieux à lui dire.

Bien souvent elle l'avait aperçu dans l'église, non pas qu'il assistât à la messe, mais se rendant à la sacristie, à pas glissés, avec des génuflexions de prêtre ou de sacristain toutes les fois qu'il passait devant le sanctuaire.

Presque tous les jours aussi elle l'avait vu devant la maison de Guillaume de Puylaurens, et bien évidemment ce n'était ni l'attique, ni les frises de la façade, ni les archivoltes qui le retenaient, car ou bien il marchait la tête basse, ou bien il causait avec quelque voisin, en homme qui attend.

Plusieurs fois aussi elle l'avait aperçu rôdant le long des grilles du château, et l'endroit était d'autant plus mal choisi pour s'y promener qu'on enfonçait dans la poussière et que la réverbération du soleil contre le mur produisait là une chaleur infernale.

Chaque fois qu'elle le rencontrait, il se tournait

vers elle, il la regardait obstinément et, s'il ne la saluait pas, au moins s'inclinait-il à demi, se prenant le menton, frottant son gilet, se mouchant, toussant, faisant des « heu! heu! » qui n'en finissaient pas, enfin tout le manège d'un homme qui veut se faire remarquer, mais qui a peur qu'on le surprenne.

Elle en avait presque peur. Était-ce aussi un ennemi mystérieux, un allié d'Adélaïde ou des sœurs, un espion?

Elle était d'autant mieux disposée à voir en lui un ennemi qu'il lui était antipathique; elle le trouvait grotesque et de mine inquiétante. De petite taille, rondelet, grassouillet, les jambes arquées, les pieds énormes dans des souliers plats lacés sur des bas noirs, il était toujours vêtu de drap noir également, une redingote longue à petits boutons, un gilet fermé jusqu'à la cravate, un pantalon trop court, tout cela râpé, lustré, graisseux, le visage rasé et blême, les cheveux d'un gris sale frisant sur le col de la redingote. Avec cela un air éveillé, pétillant et patelin à la fois. En tout un personnage qui était une énigme pour elle et qu'elle n'arrivait ni à définir ni à caser; un monsieur? un pauvre diable? elle n'en savait rien.

Un jour qu'en sortant de la maison de Guillaume de Puylaurens, sa tante et elle s'étaient presque jetées dans lui et qu'il les avait saluées sans que mademoiselle de Puylaurens parût le voir, elle s'enhardit à demander enfin quel était ce monsieur.

— Un malheureux, mon enfant, répondit mademoiselle de Puylaurens, d'un accent à la fois désolé et indigné, ne me parle pas de lui.

Il n'y avait pas à insister, mais sa curiosité n'en avait été que plus vive : un malheureux ! Si c'était un malheureux, comment mademoiselle de Puylaurens ne voulait-elle pas qu'on lui en parlât, elle qui venait en aide à tous les malheureux, avec une inépuisable charité ? Qu'avait-il donc fait ? Un criminel sans doute.

Une lettre qu'elle avait reçue de sa mère à ce moment même avait encore excité sa curiosité : « Ton père me charge de te dire, écrivait madame de Mussidan, que tu dois veiller attentivement sur toi, sur ta conduite et tes paroles. Ton installation auprès de ta tante a dérangé des convoitises et par là elle t'a attiré des inimitiés ; on cherchera à te nuire. Tiens-toi donc sur tes gardes. Et ce qui peut être encore plus utile avec ton inexpérience de la vie et des hommes, écoute les conseils des personnes bienveillantes qui peuvent te tracer ta route et l'éclairer. Comprends bien cela et ne l'oublie pas. »

« Comprends cela », c'était là le difficile pour elle. Ce qu'elle comprenait, c'est que ce n'était point le style de sa mère, qui n'écrivait point de cette façon ; c'était son père qui avait dicté ce passage, en mettant en pratique la maxime qu'il lui avait donnée : « Qu'une lettre est un oracle et qu'il faut qu'on puisse lui faire dire oui ou non, selon l'intérêt du moment. »

Il avait réussi. Cette lettre était un vrai oracle ; sans doute il pouvait lui faire dire ce qu'il voulait ; mais pour elle, par malheur, elle ne savait comment la traduire. Où étaient-elles les personnes bienveillantes qui devaient lui tracer sa route et l'éclairer? Quelles étaient-elles?

Cela la faisait toujours tourner autour des mêmes questions, sans avancer; car si les lettres qu'elle recevait de Paris étaient, par prudence, rédigées en style d'oracle, celles qu'elle écrivait elle-même se tenaient aussi dans la même réserve. Pour tout ce qui était insignifiant elle bavardait librement; mais pour tout ce qui avait ou pouvait avoir de la gravité, elle pesait ses mots, ne sachant même pas si ce qui lui paraissait innocent n'était pas au contraire dangereux. Elle ne les mettait pas elle-même à la poste, ses lettres, mais elle les déposait dans un casier placé à l'entrée du vestibule où Adélaïde les prenait pour les faire porter, et il fallait se défier d'Adélaïde. Quel parti ne pourrait-on pas tirer contre elle d'une lettre dans laquelle elle aurait parlé franchement, si cette lettre était lue ou interceptée! De même qu'on pouvait ne pas lui remettre une lettre de sa mère, de même on pouvait garder une de celles qu'elle déposait dans le casier. Si cela se produisait, qu'arriverait-il? Sa situation était déjà bien assez difficile sans qu'elle l'aggravât encore par des imprudences ou des maladresses. Un jour peut-être son père se déciderait-il à rendre ses oracles plus clairs.

En attendant, elle pensait souvent à son vieux bonhomme crasseux, non seulement quand elle l'avait rencontré, mais encore quand elle ne le voyait point. Était-il parmi les personnes bienveillantes dont lui parlait son père, ou bien était-il parmi celles dont elle avait dérangé les convoitises?

Comme elle agitait cette question, un dimanche, dans l'après-midi qu'elle avait été s'asseoir au bord de la rivière, tout à l'extrémité du jardin, où un petit bois de magnolias et le voisinage de l'eau entretenaient toujours une certaine fraîcheur, elle aperçut son bonhomme, assis sur la berge et pêchant ou tout au moins faisant semblant de pêcher. La rivière tournant là brusquement, elle le voyait presque de face, bien qu'il fût sur la même rive qu'elle. Comme la distance était assez grande, elle s'était assise à sa place habituelle, sans s'inquiéter de lui. Il avait bien le droit de pêcher à la ligne, sans doute; et d'ailleurs il ne semblait pas homme à se mettre à l'eau pour venir jusqu'à elle.

Au moins était-il homme à vouloir se faire remarquer lorsqu'il l'eut aperçue, et franchement cette fois, non plus avec hésitation, il la salua tout bas. Elle fit semblant de ne pas le voir et resta à sa place sans bouger. Alors il tira un papier de sa poche et le lui montra : il n'y avait pas à se méprendre sur sa pantomime, il voulait lui remettre une lettre.

Elle baissa la tête un peu plus et ne le regarda que sous le bord de son grand chapeau de paille. Son premier mouvement avait été de se sauver; mais à quoi bon? A pareille distance elle n'avait rien à craindre de lui, en supposant qu'il fût à craindre.

Bientôt elle vit qu'il abandonnait sa place, et elle ne l'aperçut plus; sûrement il avait renoncé à son idée de lettre. Tranquillisée elle se mit à penser à cette lettre. N'était-ce pas étrange, invraisemblable, inexplicable au moins?

Tout à coup elle le vit surgir au bout du mur du jardin ; il avait suivi le lit de la rivière dont les eaux étaient basses, et de temps en temps il sautait de pierre en pierre, se soutenant sur sa ligne pour ne pas tomber.

Vivement elle se leva pour se sauver, mais il comprit son mouvement et se haussant sur la pointe des pieds :

— Ceydoux, criait-il, c'est moi Ceydoux !

Ce nom l'arrêta; elle le connaissait, et cent fois elle l'avait entendu : c'était celui de l'homme qui tenait son père au courant de ce qui se passait chez mademoiselle de Puylaurens. Comment n'avait-elle pas deviné que ce petit vieux qui la poursuivait était Ceydoux?

— J'ai à vous parler, disait-il, approchez.

Il avait baissé la voix et, la ligne à la main, il semblait pêcher, comme si c'était à la poursuite du poisson qu'il était venu jusque-là.

Elle regarda autour d'elle et ne vit personne, ni dans le jardin, ni de l'autre côté de la rivière; aucun bruit, si ce n'est celui de l'eau clapotant sur les cailloux.

— C'est de la part de votre père, continuait Ceydoux.

C'était donc là ce que son père avait voulu lui dire: la personne bienveillante qui devait lui tracer sa route et l'éclairer, c'était Ceydoux.

Alors elle devait l'écouter.

Au lieu de rentrer dans le bois de magnolias, elle s'avança vers la rivière dont le lit venait jusqu'au mur qui soutenait les terres du jardin. Ceydoux était là en contre-bas, perché sur deux grosses pierres, pêchant avec une attention exagérée.

— Écoutez-moi bien, dit-il, je vais parler sans me retourner, afin que, si on nous voit de loin, on ne devine pas que je vous parle. Vous n'avez donc pas compris mes signes ?

— Non.

— La faute en est à M. de Mussidan, qui aurait dû vous prévenir avant votre départ; mais j'espère qu'il est temps encore de réparer cette faute. Vous êtes-vous livrée à mademoiselle Adélaïde ?

— Comment, livrée ?

— Est-elle votre confidente ? a-t-elle gagné votre confiance ? lui demandez-vous conseil ?

— Non, jamais.

— Eh bien, défiez-vous d'elle !

— Pourquoi ?

— Parce qu'elle est dévouée à votre frère Frédéric et qu'elle voudrait lui faire avoir l'héritage de mademoiselle de Puylaurens; elle est votre ennemie et fera tout pour vous perdre dans l'esprit de votre tante. Et la mère Alfrédie, la sœur Irmine, comment êtes-vous avec elles ?

— Je crois qu'elles ne m'aiment pas, mais je ne sais pas pourquoi.

— Parce qu'elles aussi visent l'héritage de votre tante et que votre présence menace leurs espérances. Elles aussi sont vos ennemies. Tenez-vous donc en garde contre elles autant que contre mademoiselle

Adélaïde. J'avais préparé cette lettre pour vous expliquer tout cela, prenez-la.

Il la jeta dans le jardin.

— Maintenant je me sauve, dit-il. Quand vous aurez besoin de moi, quand vous serez embarrassée, ou bien quand vous voudrez écrire à votre père librement, faites-moi un signe : votre mouchoir à votre main gauche, par exemple, et le lendemain vous me trouverez ici.

## VI

Ce fut un soulagement pour Geneviève d'apprendre que l'hostilité d'Adélaïde et des religieuses n'avait pour cause que l'intérêt.

En somme cela était tout naturel et à ses yeux parfaitement légitime.

Au moins cela l'était-il de la part d'Adélaïde, qui n'avait en vue que la défense de Frédéric qu'elle avait soigné et aimé quand il était enfant, et à qui elle continuait son affection et sa protection. Comment se serait-elle blessée et fâchée de cela ?

Quant aux sœurs, elles avaient aussi, sans doute, de bonnes raisons pour défendre ce qu'elles considéraient comme leur bien.

Le malheur de sa situation était qu'on fût en droit de l'accuser d'être vraiment une coureuse d'héritage et que tout ce qui pouvait appuyer cette accusation fût réuni contre elle.

Si elle était venue à Cordes pour fuir M. d'Arlanzon, elle y avait été envoyée aussi par son père pour se faire donner la fortune de sa tante, et bien que jusqu'à ce jour elle n'eût pas dit un mot, qui, de près ou de loin, tendît à cela, il n'en était pas moins vrai qu'on pouvait la soupçonner d'y travailler.

Et le terrible, c'était que sa tante pouvait le croire aussi. Quelle humiliation pour elle si cela était ! Que la mère Alfrédie et la sœur Irmine, qu'Adélaïde, que d'autres encore la crussent capable d'une pareille bassesse, cela était déjà bien triste pour elle, mais enfin elle ne tenait à l'estime ni de la mère Alfrédie, ni de la sœur Irmine, ni d'Adélaïde, ni des autres qui ne lui étaient rien, tandis qu'elle tenait à celle de sa tante, qu'elle respectait, qu'elle admirait, et à laquelle elle s'était attachée.

Si cette idée l'avait inquiétée bien des fois avant son entretien avec Ceydoux, elle en fut tourmentée bien plus vivement encore après qu'elle eut appris la cause de l'hostilité des religieuses et d'Adélaïde. Assurément celle-ci avait parlé, et si sa tante ne l'avait pas spontanément accusée de n'être venue à Cordes que pour se faire instituer héritière, elle ne pouvait pas ne pas se demander si les accusations des sœurs et d'Adélaïde n'étaient pas jusqu'à un certain point fondées.

Eh bien ! cela ne serait pas : si sa tante la soupçonnait de ce calcul bas, elle se disculperait et lui prouverait qu'elle était innocente ; elle ne pouvait pas rester dans cette situation de n'oser pas soutenir le regard de sa tante quand celle-ci paraissait vouloir lire en elle, ni de savoir quelle contenance tenir quand devant elle on racontait des histoires d'héritage ; cela était honteux et misérable ; elle n'était ni une mendiante, ni une voleuse d'héritage ; sa tante si fière, devait admettre la fierté chez les autres.

A la vérité, ce ne serait pas se conformer aux instructions de son père ; mais son plan était tel que si elle réussissait, son père certainement ne pourrait être que très content d'elle.

Lorsque cette idée se fut présentée à son esprit, elle ne pensa plus qu'à la mettre à exécution ; mais pour cela il fallait une occasion, car elle n'était pas assez simple pour s'en aller dire gaillardement à sa tante : « Je n'ai jamais eu l'intention d'accaparer votre fortune », et d'autre part elle ne se sentait ni assez hardie ni assez adroite pour provoquer cette occasion.

Elle n'eut pas longtemps à l'attendre, et un jour que sa tante lui avait proposé d'aller à Castanet voir les parents de l'enfant dont elle devait être la marraine, en lui répétant son mot habituel : « Il faut qu'on apprenne à te connaître », elle se promit de profiter de ce voyage et de cette circonstance pour s'expliquer, — ce qui lui serait facile si Buvat ne les accompagnait pas.

Justement il resta à la maison, car mademoiselle de Puylaurens, qui avait vu quel plaisir c'était pour sa nièce de conduire la *Gloriette*, ne prenait plus de domestique avec elle maintenant et donnait les guides à Geneviève, qui faisait claquer son fouet, comme si elle avait été habituée aux chevaux et aux mules depuis son enfance.

Cependant lorsqu'elle eut pris place à côté de sa tante et que la *Gloriette* se fut mise au trot, elle se montra moins joyeuse que de coutume ou plutôt

14.

moins exubérante dans sa joie, le fouet bas, les yeux fixés sur les longues oreilles de la mule, ne parlant pas.

Pendant assez longtemps, mademoiselle de Puylaurens garda aussi le silence, et cela augmenta la contrainte de Geneviève et son angoisse. N'aurait-elle donc pas le courage de commencer ? Le terrible c'était le premier mot.

Heureusement sa tante vint à son aide.

— Est-ce que cela te contrarie d'aller à Castanet ? demanda-t-elle.

— Oh ! pas du tout, ma tante.

— Je ne dis pas que la promenade soit des plus agréables par ce soleil et cette poussière ; mais il est bon que tu t'habitues à voir tous les gens du pays, comme il est bon que les gens du pays s'habituent à te voir, de façon à ce que plus tard on s'adresse à toi librement comme on s'adresse à moi.

C'était l'ouverture qu'elle avait désirée. Aurait-elle la lâcheté de n'en pas profiter ? Enfin, respirant à peine, tremblante, elle se décida :

— Puisque vous parlez de cela, voulez-vous me permettre de vous dire ce que j'ai sur le cœur, ma tante ?

— Tu as quelque chose sur le cœur, mon enfant ?

— Oh ! oui, et qui le serre à m'étouffer. Ne le voyez-vous pas à mon émotion ?

— Alors, parle, ma petite, parle vite. Tu sais bien que tu n'as rien à craindre de moi.

— Si j'étais une grande fille, je vous dirais sans doute sans embarras ce qui m'étouffe ; mais je ne suis qu'une enfant, au moins pour cela, et c'est ce qui fait que je n'ai pas encore osé parler.

— Donne-moi les guides, interrompit mademoiselle de Puylaurens ; tu es tellement troublée que tu nous vas mettre dans le fossé.

— Quand je suis arrivée près de vous, commença Geneviève, j'avais grand'peur ; mais en voyant combien vous êtes bonne et affectueuse, juste et indulgente, je me suis tout de suite rassurée. Et cependant je n'ai pas encore la tranquillité et la confiance que je devrais avoir, car je sens bien, car je vois bien qu'il y a autour de vous des personnes qui me sont hostiles et qui cherchent à vous indisposer contre moi.

— Et où prends-tu cela ?

— Cela est visible, et je comprends qu'il en soit ainsi. Je comprends qu'Adélaïde, que la mère Alfrédie et la sœur Irmine m'en veuillent et m'accusent de n'être venue que...

Elle s'arrêta devant le gros mot qu'elle avait à dire et qui était : « Pour me faire donner votre héritage. » Elle chercha, et comme au point où elle en était il fallait qu'elle allât jusqu'au bout, elle se décida pour ce qui lui vint à l'esprit :

— ... Et m'accusent de n'être venue que pour votre fortune. Il est vrai que j'ai été habituée à entendre parler de votre fortune ; mais si vous saviez comme ma mère et moi nous en avions peur ; si vous saviez comme, depuis que je vous connais et que je me suis attachée à vous, j'ai peur que vous ne me croyiez capable d'une pareille pensée ! Qu'Adélaïde, que les sœurs m'accusent, elles ne me connaissent pas, je n'ai pas besoin de leur affection, tandis que je serais désolée si je perdais la vôtre.

— Et qui peut te faire croire que tu es menacée dans mon affection?

— J'ai peur de l'être, et je voudrais que ni vous ni personne ne pût m'accuser de convoiter votre héritage, et il me semble qu'il y aurait un moyen pour cela, si vous vouliez.

Cette fois ce fut mademoiselle de Puylaurens qui faillit conduire la *Gloriette* dans le fossé, car, dans sa surprise elle regardait Geneviève, tirant les guides d'un côté sans savoir ce qu'elle faisait.

— Ah! tu as un moyen? dit-elle d'une voix soupçonneuse, et il t'est venu tout seul, ton moyen?

— Mais oui, ma tante, tout seul, mais pas tout de suite; je l'ai bien cherché.

— Voyons, quel est-il?

— Pourquoi ne feriez-vous pas connaître votre volonté, cela couperait court à toutes les suppositions et à toutes les espérances.

— Alors tu veux que je dise que tu es ma légataire universelle, et que rien ni personne ne pourra changer mes dispositions?

— Oh! ma tante! s'écria Geneviève, suffoquée, vous voyez bien que j'ai raison de craindre que vous m'accusiez.

— Que veux-tu donc?

Ce qu'elle voulait, c'était ne dire qu'avec des ménagements ce qu'elle avait préparé; mais ce soupçon de sa tante lui fit tout oublier :

— Ce que je voudrais, s'écria-t-elle d'une voix tremblante, ce serait que tout le monde sût que vous partagez votre fortune entre vos parents : entre mon père, mes frères et moi. N'est-ce pas là ce qui est juste ? Qui pourrait s'en plaindre ?

D'une main mademoiselle de Puylaurens lui donna deux ou trois tapes sur l'épaule :

— Allons, dit-elle avec attendrissement, tu es décidément une brave petite fille et j'ai eu tort, j'en conviens, de penser tout à l'heure que tu me répétais une leçon qu'on t'avait apprise. Tu es bien l'auteur, le seul auteur de ce moyen qui ne pouvait être inventé que par un bon petit cœur comme le tien, mais aussi par une pauvre petite tête d'enfant comme la tienne. Ma chère mignonne, tu as raison d'aimer ton père et tes frères, c'est ton devoir et je suis heureuse de la tendresse que tu leur témoignes ; aussi ce que je vais te dire ne doit-il porter aucune atteinte à cette tendresse. Eh bien, la vérité, la malheureuse vérité est que ni ton père, ni tes frères, ne peuvent être choisis pour légataires par une personne qui les connaît, attendu que leur donner une fortune ou la jeter à l'eau, c'est exactement la même chose. Que je fasse ce que tu demandes, et un an après ma mort, quelques mois seulement peut-être, ni ton père, ni tes frères n'auront plus rien de la part d'héritage que tu veux que je leur donne. Et je ne veux pas que ma fortune soit gaspillée. Elle doit être employée plus utilement et mieux que cela. J'entends que mon héritière me continue et continue aussi les œuvres que j'ai entreprises ; c'est par le bien que nous pouvons durer sur la terre. Si tu ne portes pas mon nom, tu n'en es pas moins une Puylaurens, et tu seras mon héritière, ma seule héritière.

— Oh ! ma tante...

— Ma volonté est arrêtée, rien ne la changera. Avec une santé comme la mienne, on pense souvent à la mort ; on l'attend, et c'est pour moi une consolation de savoir que tu me remplaceras. Maintenant, quant à ce qui te tourmente, sois tranquille : je m'expliquerai de telle sorte que personne ne pourra t'accuser d'avoir convoité mon héritage. Ne parlons donc plus de cela.

## VII

La proposition de Geneviève avait causé à mademoiselle de Puylaurens autant de joie que d'inquiétude.

D'un côté, elle était heureuse de trouver chez cette enfant, à laquelle elle s'attachait chaque jour davantage, les qualités que cette proposition affirmait si hautement : la fierté, la générosité, l'oubli de soi et le souci des siens.

Mais, d'autre part, c'était pour elle un sujet de grave préoccupation, sinon dans le présent immédiat, au moins dans un avenir plus ou moins rapproché, que la constatation de ces qualités, qui pouvaient entraîner loin et même très loin cette enfant au cœur généreux.

Qu'elle mourût dans un délai prochain, dans quelques mois, dans quelques jours, laissant sa fortune à Geneviève, que deviendrait cette fortune ?

Elle n'avait pas attendu jusqu'à ce jour pour examiner cette question, et la pensée que l'héritage qu'elle laisserait à sa petite-nièce serait administré pendant quelques années par M. de Mussidan avait été pour elle un cruel tourment. C'était un singulier administrateur que M. de Mussidan; mais enfin, dans ce cas et en prenant toutes les précautions que les gens de loi lui avaient indiquées, il ne pourrait que gaspiller les revenus de sa fille, sans sérieusement compromettre le capital.

Mais maintenant, et après ce que Geneviève lui avait dit, il n'y avait plus à se préoccuper seulement de l'administration de l'héritage qu'elle laisserait, il fallait penser à l'héritage lui-même et à ce qu'il deviendrait entre les mains de cette enfant. Avec les idées qui étaient les siennes et dans les dispositions où elle était, comment la fille résisterait-elle aux demandes de son père, et la petite sœur aux obsessions de ses frères ?

Mademoiselle de Puylaurens savait par expérience quelles étaient ces demandes et quelles étaient ces obsessions, comment procédait le père et comment procédaient les fils. Que ne leur avait-elle pas cédé ! Que ne leur avait-elle pas donné à l'un pendant plus de vingt ans, aux autres tant qu'elle avait eu l'espérance qu'ils finiraient par s'arrêter ! Que ne lui avait-il pas fallu d'épreuves sans cesse renouvelées pour qu'elle ne se laissât pas ruiner par eux, successivement ! Et elle n'était pas une enfant, mais une femme qui connaissait la vie et qui avait vu sa sœur, la comtesse de Mussidan, aux prises avec les passions de son fils, à demi ruinée, tuée par lui.

Que ferait Geneviève, inexpérimentée et tendre comme elle l'était ? Que n'obtiendraient-ils pas d'elle par la prière, par la menace, par la rouerie et l'escroquerie, ou spontanément par cela seul qu'elle les aimait et que ses idées sur la justice étaient que celui qui avait, devait partager avec ceux qui n'avaient point!

Qu'elle fût mise en possession de son héritage demain ou dans un court délai, avant que l'âge fût venu, et elle commencerait par le partager cet héritage, avec son père et ses frères; puis, quand ceux-ci auraient dissipé la part qu'elle leur aurait abandonnée, ils lui mangeraient en détail, mais rapidement, celle qu'elle se serait réservée.

Si elle avait eu Geneviève à dix ans, comme elle le voulait, elle l'aurait préparée et, dans une certaine mesure, elle aurait su atténuer les dangers qu'elle redoutait; malheureusement il n'en avait pas été ainsi.

Maintenant en aurait-elle le temps, et Geneviève à quinze ans serait-elle docile comme elle l'aurait été à dix?

Ah! si seulement elle avait encore dix ou douze ans à vivre; mais avec une santé aussi misérable que la sienne, n'était-ce pas folie de parler de dix ans; avait-elle quelques années, quelques mois seulement à espérer? Sincèrement religieuse comme elle l'était, la mort n'avait rien pour l'effrayer, mais quand il ne s'agissait que d'elle, et non quand elle pensait à ce qui arriverait lorsqu'elle ne serait plus là.

Ces bonnes œuvres qu'elle avait fondées, ces malheureux qui ne vivaient que par elle, cette maison de son ancêtre qu'elle avait relevée, ce nom de Puylaurens qu'elle voulait qui vécût glorieux, tout cela s'écroulerait-il, détruit par M. de Mussidan et ses fils?

Cette idée était bien vite devenue une obsession dont elle ne pouvait se débarrasser ni le jour ni la nuit. Elle avait demandé au docteur Azéma ce qu'il pensait de sa santé et combien de temps il lui donnait encore à vivre, mais elle n'avait pas pu tirer de lui une réponse sérieuse : et quand elle l'avait prié, supplié de lui parler franchement, en lui expliquant pour quelles raisons elle voulait la vérité, elle n'avait obtenu que des assurances vagues qui ne pouvaient pas la rassurer.

Elle avait alors résolu d'aller à Toulouse voir un autre médecin qu'elle avait consulté quelquefois et en qui elle avait toute confiance. N'étant point en relations quotidiennes avec elle comme le docteur Azéma, celui-là la jugerait mieux; et n'ayant point pour elle une réelle amitié, il lui parlerait sans ménagements, s'imaginait-elle. On demande bien à un avocat si l'on perdra ou ne perdra pas un procès. Ne peut-on pas demander à un médecin si l'on perdra ou ne perdra pas la vie?

Mais elle n'obtint de celui-là rien de plus qu'elle n'avait obtenu du docteur Azéma : elle pouvait vivre, elle pouvait mourir, nous sommes tous mortels, les condamnations des médecins n'ont jamais fait mourir personne, leurs certificats de bonne santé n'ont jamais donné la vie; tous les lieux communs qu'on répète quand on ne veut rien dire.

Et justement parce qu'on semblait ne rien vouloir lui dire, cela avait quelque chose d'inquiétant. Elle eût été en bon état de santé, qu'on eût pas pris tous ces ménagements; on se fût moqué d'elle : « Est-ce qu'avec une santé comme la vôtre on parle de la mort ! » Puisque les médecins ne pouvaient pas ou ne voulaient pas l'éclairer, c'était aux gens d'affaires de la guider; il devait y avoir dans la loi des moyens pour qu'elle assurât sa fortune à Geneviève, sans que ni M. de Mussidan, ni Sébastien, ni Frédéric, missent la main dessus.

De même qu'elle avait à Toulouse un médecin pour les cas graves, de même elle avait aussi un avocat, et elle décida de le consulter.

Geneviève et Buvat, qu'elle avait emmenés avec elle, étaient restés dans le fiacre qu'elle avait pris à la gare, et ils l'attendaient à la porte du médecin.

— J'ai encore une visite d'affaires, mon enfant, dit mademoiselle de Puylaurens en montant en voiture, pardonne-moi de t'imposer cet ennui.

Et elle donna à Buvat l'adresse de l'hôtel Fleyres, où demeurait son avocat.

— J'espère ne pas rester là trop longtemps, continua mademoiselle de Puylaurens pendant que la voiture roulait sur les cailloux pointus de la Garonne qui servent de pavé dans la plupart des rues tortueuses de la ville; mais, en m'attendant, tu pourras t'amuser à étudier les sculptures de la cour de cette jolie maison, qui, avec l'hôtel d'Assezat et l'hôtel Felzins, est une des curiosités de Toulouse. Ça n'est pas du treizième siècle; mais quand on aime la Renaissance, c'est charmant. Je te recommande une vieille femme qui est vraiment très belle.

Et, après avoir mis sa nièce en face de cette vieille

femme, mademoiselle de Puylaurens monta chez son avocat.

Là elle recommença le récit qu'elle avait déjà fait à son médecin, mais avec une conclusion différente, ne demandant plus combien elle avait encore de temps à vivre, demandant seulement quels moyens la loi mettait à sa disposition pour assurer sa fortune à sa petite-nièce, sans que ni le père ni les frères de celle-ci pussent y toucher et sans qu'elle-même, dans un élan filial ou fraternel, pût la leur donner.

C'était un bonhomme curieux que le père Ginsac, une des lumières du barreau de Toulouse; il était l'homme le plus bavard de la terre, et comme son besoin irrésistible de parler sans cesse, d'interrompre, de placer un mot, une réflexion, un récit, lui avait beaucoup nui dans sa jeunesse, ses clients ne pouvant jamais arriver à lui exposer entièrement leur affaire qu'il connaissait mieux qu'eux avant qu'ils l'eussent contée, il avait inventé un moyen original de s'imposer silence; tant qu'un client lui parlait il se bourrait le nez de tabac, si longues que fussent les explications qu'il écoutait; et quand il parlait à son tour, il ne prenait plus une seule prise.

Ce fut accompagnée par ces reniflements sonores que mademoiselle de Puylaurens fit son récit; mais comme elle avait déjà entendu plusieurs fois cette musique qui troublait bien des gens, elle ne s'en inquiéta pas.

— Quel âge a l'enfant? demanda l'avocat, cessant de plonger ses doigts dans sa tabatière, qui restait grande ouverte sur son bureau.

— Elle aura bientôt quinze ans.

— Bon, maintenant autre question : êtes-vous certaine de ne pas changer de dispositions à son égard, autrement dit consentiriez-vous à lui faire, dès maintenant, donation irrévocable de votre fortune?

— Parfaitement; mais pour cela il faudrait que je fusse certaine que cette fortune sera pour elle, rien que pour elle.

— C'est justement ce que peut assurer le moyen que je vais vous proposer. Et il est bien simple ce moyen, tout naturel : il consiste à marier votre nièce le jour où elle aura ses quinze ans révolus.

— Marier Geneviève! s'écria mademoiselle de Puylaurens.

— C'est ce qu'il y a de plus sûr; tout ce que nous chercherons à côté aura ses dangers. Assurément, mademoiselle, vous n'avez rien d'une personne qui doit mourir prochainement, mais enfin il est possible que vous soyez tuée demain : un accident, une tuile sur la tête, une maladie subite, que sais-je! Dans ce cas c'est le père de cette jeune personne qui administre la fortune que par votre testament vous avez laissée à votre nièce. Quelle sera cette administration? Nous aurons pris toutes les précautions, je le veux bien; mais un homme habile et peu scrupuleux dispose de bien des ressources. Quand je vous énumérerais tout ce qu'il pourrait faire, cela serait fastidieux. Je reviens donc au moyen que je vous propose et qui est sûr. Vous mariez votre petite-nièce et par contrat de mariage vous lui constituez en dot votre fortune entière aux termes de l'article 1541, et vous lui en faites donation. Or, vous savez qu'aux termes de l'article 1541, les immeubles constitués en dot ne peuvent être aliénés ou hypothéqués ni par le mari ni par la femme, sauf certaines exceptions qui, dans notre situation, ne présentent aucun danger, c'est-à-dire pour l'établissement des enfants, pour fournir des aliments à la famille, etc. Ma conclusion est donc que vous trouviez un bon mari à cette enfant et que vous la mariiez au plus tôt. Tout ce que nous chercherions à côté serait dangereux ; cela seul offre toutes les garanties désirables : constituée en dot, votre fortune échappe aussi bien aux élans de votre jeune nièce qu'à ceux de son mari, et elle passe à leurs enfants.

## VIII

Marier Geneviève !

Mais elle ne voulait pas marier Geneviève. Jamais cette idée ne lui était venue.

Quand Adélaïde avait dit à Geneviève que, pour mademoiselle de Puylaurens, le mariage était l'enfer des femmes, elle n'avait point exagéré. Même à l'âge où elle pouvait se marier et où cela lui eût été facile avec son nom, sa naissance, sa fortune, ses qualités morales et ses avantages personnels, car sans être une beauté elle avait été agréable, mademoiselle de Puylaurens n'avait jamais admis qu'une fille raisonnable pût se soumettre à un mari, et quand elle n'avait plus été jeune, elle s'était toujours indignée, autant que l'indignation était compatible avec sa nature, qu'on se moquât des vieilles filles.

— C'est donc bien ridicule, une femme qui a conservé sa liberté ? disait-elle. Pour moi, ce ridicule m'échappe ; montrez-le-moi, je vous prie.

Il y en avait encore un autre qui lui échappait : en vieillissant et peu à peu elle s'était, par certains côtés, rapprochée du caractère masculin.

— En quoi ne suis-je pas un homme? disait-elle souvent. Je ne le vois pas. Voulez-vous me dire ce qui me manque pour être un homme?

Et comme on ne répondait pas à cette question dont elle vous poursuivait, elle continuait :

— Prétendez-vous que pour cela il faut absolument vivre dans le désordre moral, être grossier, être ivrogne? Non, n'est-ce pas? Eh bien, en quoi ne suis-je pas un homme? Dites, je vous en prie, je voudrais le savoir.

En même temps qu'elle était devenue homme elle avait pris les hommes en horreur, et son neveu le comte de Mussidan, ainsi que ses deux petits-neveux Sébastien et Frédéric, n'avaient pas peu contribué à justifier cette antipathie, qui, tout d'abord instinctive, n'avait eu bientôt que trop de raisons pour se développer.

Quand on lui annonçait un mariage, son premier mot était :

— La malheureuse !

Puis elle ajoutait :

— C'est bien, laissez-la faire; mais, je vous en prie, n'oubliez pas de m'en parler dans deux ans.

Et quand on lui en parlait de nouveau, quelquefois avant les deux ans, il n'y avait bien souvent que trop de raisons pour qu'elle pût s'écrier :

— Qu'est-ce que je vous avais dit?

Quand on l'invitait à un mariage, elle n'acceptait jamais, ayant une réponse, toujours la même :

— Vous savez, je suis très sensible; je ne peux

pas supporter le spectacle d'un sacrifice humain ; c'est d'un autre âge.

Depuis qu'elle avait Geneviève près d'elle, l'idée ne lui était pas venue que cette petite pouvait se marier ; au contraire, elle se flattait de la convertir à son horreur du mariage. Pourquoi se marierait-elle ? A quoi bon ? Avec la fortune qu'elle lui laisserait, elle n'aurait besoin de personne. Quelle satisfaction d'être continuée par cette enfant, non seulement dans ses œuvres, mais encore dans ses principes ! Celle-là non plus ne trouverait rien de ridicule dans l'état de vieille fille, et elle saurait se mettre au-dessus des vains préjugés du monde. Il est vrai qu'elle était jolie, la malheureuse, et que, malgré sa douceur et sa candeur, elle avait un petit air déluré qui ne présageait rien de bon ; mais pour l'avenir seulement, car, prise à temps, et avec les leçons et les exemples qu'elle avait sous les yeux, elle devait apprécier la fierté de l'indépendance et les joies de la liberté.

Et voilà que maintenant on voulait qu'elle-même la mariât.

N'était-ce pas une sorte d'ironie du sort qu'avec ses principes, elle qui n'admettait pas le mariage, fût obligée de marier les siens ; après avoir marié le père malgré elle et parce qu'il le fallait, elle devait marier la fille maintenant parce qu'il le fallait encore.

Car elle avait beau discuter avec elle-même, elle devait s'avouer que si elle voulait que sa fortune ne fût pas gaspillée un jour ou l'autre par le père et par les deux frères, il n'y avait de sûr que le moyen conseillé par Ginsac. Tout ce qu'on chercherait à côté, comme l'avait dit l'avocat, serait dangereux ; et pour avoir le plaisir de faire triompher ses principes elle ne pouvait pas exposer cette enfant qu'elle aimait à des dangers certains, à la lutte avec son père et ses frères d'abord ; puis après ces luttes, qui se continueraient tant qu'elle aurait un sou, à la ruine.

Mais quand on a pratiqué certains principes pendant de longues années, quand on en a fait la règle de sa vie, on n'y renonce pas facilement, et tout en se disant avec une parfaite bonne foi qu'on veut, qu'on doit les abandonner, on cherche si malgré tout il ne serait pas possible de les concilier avec la nécessité.

Certainement elle ne devait pas persister dans son espérance de voir Geneviève ne pas se marier, cela ne serait ni digne, ni honnête ; mais, enfin si Geneviève était elle même convaincue que le mariage est l'enfer des femmes, si elle sentait les avantages de l'état de fille, si elle appréciait la fierté de l'indépendance et les joies de la liberté, il ne serait ni honnête, ni digne non plus de la pousser au mariage.

Pourquoi pas ? Pourquoi cette petite, qui était intelligente et fière, et qui mieux encore était une vraie Puylaurens, n'aurait-elle pas deviné le plaisir qu'il y avait à rester fille ?

Avant tout, il fallait donc lui faire subir un examen ; après on verrait.

C'était la règle qu'après déjeuner, à l'heure où la chaleur du jour ne permettait pas la promenade, elles allaient toutes deux s'installer dans le salon bleu, où Geneviève se mettait au clavecin et jouait à sa tante ce que celle-ci lui demandait : des sonates de Haydn, de Mozart, et aussi tout ce qu'elle retrouvait d'ancienne musique dans sa mémoire inépuisable. Mais Geneviève ne jouait pas toujours ; il y avait des moments où, après avoir épuisé son répertoire, elle sortait seule dans le jardin, ou bien elle venait prendre place auprès de sa tante, et alors elles causaient, elles lisaient. Point de visites à craindre à ce moment, chacun restant chez soi à faire la sieste ou à regarder les mouches tournoyer dans un rayon de soleil.

Ce fut un de ces moments que mademoiselle de Puylaurens choisit pour procéder à son interrogatoire ; il faisait un si terrible soleil qu'il n'y avait pas à craindre que les bonnes sœurs, qui préféraient les heures plus clémentes de la soirée, vinssent les déranger ; ni elles, ni personne d'ailleurs, car on connaissait les habitudes de mademoiselle de Puylaurens et l'on savait que chez elle, où jamais on ne fermait ni persiennes ni rideaux, il régnait constamment une température africaine, au milieu de laquelle elle était seule à se trouver à son aise.

Après avoir joué pendant plus d'une heure, Geneviève avait pris un livre et elle s'était assise dans un coin, pour rêver plus encore que pour lire ; et quand elle rêvait, le sujet de sa rêverie était toujours le même. Que faisait-il ? Où était-il ? Pensait-il à elle comme elle pensait à lui ?

Tout à coup elle entendit vaguement la voix de sa tante; sans doute elle lui parlait.

— Vous désirez quelque chose, ma tante ?

— Je désire que tu me répondes. Je te demandais si tu n'avais jamais pensé à te marier ?

— Me marier, moi, ma tante !

— Tu vas arriver à un âge où une fille peut se marier et où il est raisonnable, par conséquent, de songer à ce que l'on fera. Tu peux donc très bien avoir examiné la question de savoir si tu te marierais ou si tu ne te marierais pas. Sans doute il y a des raisons qui expliquent qu'une fille veuille se marier. Mais d'autre part, il y en a aussi qui expliquent qu'elle ne le veuille pas. Quand une fille est pauvre ou bien quand elle est laide, le mariage s'impose presque à elle, car si elle ne se marie pas, elle s'expose à ce qu'on dise que personne n'a voulu d'elle, et cela est mortifiant assurément; on n'aime pas à s'entendre dire cela, et on peut être très légitimement blessée en pensant qu'il y a des gens qui le disent. Mais, au contraire, quand on est jolie d'une beauté qui s'impose à tous, — comme toi par exemple, quand on a ou quand on aura une fortune à tenter tous les épouseurs, — et c'est encore ton cas, puisque tu seras mon héritière, — on peut mettre sa dignité, sa fierté à ne pas subir la loi d'un homme qui fera de vous une esclave. Ainsi moi, par exemple, qui n'ai jamais eu ta beauté, crois-tu que j'aie jamais eu la crainte d'être une vieille fille ridicule ? Pas du tout; on sait que si je ne me suis pas mariée, ç'a été parce que je n'ai pas voulu, par fierté, par dignité. On méprise, on bafoue une vieille fille pauvre et laide ; on estime une vieille fille belle et riche.

L'occasion était trop tentante pour que Geneviève n'en profitât pas :

— Mais je veux me marier moi, ma tante.

— Ah ! Et pourquoi ?

— Mais... mais pour qu'on me dise : « Je t'aime ! » et pour que je dise à celui que j'aime : « Je t'aime ! »

— A quoi bon ? On ne m'a jamais dit : « Je t'aime ! » pas plus que je n'ai dit ce mot à personne, et ça ne m'a pas manqué.

— Moi, ça me manquerait.

— Qu'en sais-tu ?

C'était une occasion nouvelle, une porte qui s'ouvrait. Devait-elle en profiter ? devait-elle avouer qu'elle le connaissait, celui à qui elle disait : « Je t'aime ! » La tentation fut forte. Le courage lui manqua. Comment dire à sa tante, si fière de ses ancêtres, qu'elle, Geneviève de Mussidan, fille du comte de Mussidan et héritière des Puylaurens, aimait... Ernest Faré ? Ne valait-il pas mieux attendre qu'il pût se présenter avec le prestige du succès ?

Au reste, sa tante coupa court à son hésitation :

— Ah ! tu veux te marier, dit-elle. Singulière idée pour une fille intelligente. Enfin tu n'es pas la seule. Il suffit, nous en reparlerons. Ah ! tu veux te marier !

Geneviève eut un moment de courage.

— Cela vous déplaît, ma tante ?

— Au contraire.

## IX

A quelques jours de là Geneviève remarqua que le château était en révolution ; au premier étage, on faisait grand ménage dans les appartements de réception, et, à la cuisine, il y avait un mouvement inusité qui annonçait les préparatifs d'un grand dîner.

Cependant sa tante ne lui disait rien ; mais un mardi, après l'heure de la sieste ou plus justement de la musique, elle la prévint qu'elle attendait des amis pour dîner, la comtesse de Javerlhac et son fils, un jeune homme dont le père Elysée, un franciscain, son précepteur, avait fait un modèle accompli, sous tous les rapports : la piété, l'instruction, la douceur, ajoutées aux qualités natives qu'il avait reçues de son père et de sa mère, la distinction des manières et la beauté corporelle, en un mot, un charmant garçon. Et elle lui demanda de s'habiller pour le dîner.

— Je n'ai que ma robe de concert.

— Eh bien, mets ta robe de concert, et fais-toi belle.

Cela était clair. Elle monta à sa chambre, très émue non pas parce qu'un jeune homme, un charmant garçon allait arriver, mais parce que cette arrivée était le début d'une lutte avec sa tante. Il allait falloir dire qu'elle n'en voulait pas, de ce charmant garçon, ce modèle accompli sous tous les rapports. Comment sa tante accepterait-elle ce refus et qu'en résulterait-il ?

Comme elle pensait à cela, une voiture roula sur le gravier du jardin et s'arrêta devant le perron. Si peu curieuse qu'elle fût ordinairement, elle ne put résister à l'envie de voir quelles étaient au vrai la distinction des manières et la beauté corporelle du mari que sa tante lui destinait. Elle courut à sa fenêtre, et comme les persiennes étaient fermées, elle put, à travers les lames, regarder sans crainte d'être vue.

C'était vraiment un beau garçon de vingt-deux à vingt-trois ans que celui qui descendait de voiture, grand, fort, joufflu, aux yeux noirs et doux, habillé avec recherche, ayant dans toute sa personne une attitude et un air de timidité ou de contrainte.

Aussitôt qu'il fut à terre, il se retourna pour donner la main à une petite femme habillée de noir avec une négligence et un dédain de la toilette qui se traduisaient dans tout son costume et particulièrement dans ses souliers à la haute anglaise en peau de chèvre, sans talons. A coup sûr ce n'était pas à elle que son fils avait pris son air timide, car elle semblait au contraire une femme de résolution et d'action, pleine de vivacité et de décision.

Au lieu de tendre le bras à sa mère pour entrer avec elle dans le vestibule, où mademoiselle de Puylaurens les attendait par peur des courants d'air, il resta à la portière de la calèche pour aider le père Elysée, dont elle aperçut la tête tondue entourée d'une étroite couronne de cheveux gris ; bientôt le capuchon du froc brun du moine parut, puis le moine lui-même ceint de sa corde. C'était le premier franciscain qu'elle voyait ; elle fut toute surprise qu'il eût les pieds nus dans des sandales. Il descendit lourdement, s'appuyant sur les deux bras de son ancien élève.

Alors c'était là son mari, ce jeune homme ! Eh bien, sa tante avait raison de trouver que c'était une drôle d'idée de se marier. Comme tous les hommes qu'elle voyait lui paraissaient mal, ou niais, ou prétentieux, ou nuls, ou durs, les blonds fades, les bruns vulgaires, les châtains sans caractère, les maigres décharnés, les gras soufflés, les petits comiques, les grands gauches ! Il n'y en avait qu'un à qui elle revenait toujours pour lui trouver les qualités qui manquaient aux autres. Il n'était ni trop gras ni trop maigre, celui-là, ni trop petit ni trop grand ; il était de la couleur qu'on devait être, il avait les qualités qu'on doit avoir, c'est-à-dire qu'il les avait toutes.

Elle resta dans sa chambre jusqu'au moment où sa tante la fit prévenir de descendre. Ce fut sans embarras qu'elle entra dans le salon où tout le monde était réuni. Pourquoi prendre souci de ces gens ? C'était comme si elle paraissait devant son ancien public, à une représentation qu'elle donnait. D'ailleurs eût-elle été gênée, qu'elle se fût fait violence pour se montrer aimable. Ce n'était pas parce qu'elle ne voulait pas de ce mari qu'elle devait peiner sa tante. Après tout, il n'était pas ridicule comme M. d'Arlanzon, et si elle n'avait pas aimé Ernest, elle l'aurait peut-être trouvé très bien.

S'il n'était pas ridicule, au moins était-il étrange. Ainsi il ne parlait qu'après que sa mère avait commencé. Alors il semblait que c'était un couplet qu'il achevait et qu'il disait, les yeux attachés sur le père Elysée, comme si celui-ci avait été son chef d'orchestre. Et cela était d'autant plus sensible qu'à certains moments le franciscain se posait un doigt sur les lèvres, et alors le comte de Javerlhac se taisait brusquement, sans même achever sa phrase, que sa mère finissait, mais pour arriver à une conclusion autre que celle pour laquelle il avait paru partir.

Le seul convive étranger était le doyen, qui fut placé à la droite de mademoiselle de Puylaurens, tandis que le franciscain occupait la gauche. Pour Geneviève, on lui donna pour voisins la mère et le fils.

Dégagée de toute crainte sérieuse quant à l'avenir, elle eut la gaminerie de vouloir voir ce qu'il y avait dans ce « charmant garçon », comme si c'était un bébé mécanique dont on lâchait et dont on arrêtait le ressort pour le faire parler et le faire taire à volonté. Mais il ne lui fut pas facile, comme elle se l'était imaginé, de l'entraîner dans une conversation particulière. C'était sa mère qui lui donnait la parôle ; c'était le père Elysée qui la lui coupait ; les autres n'en avaient pas le secret.

D'ailleurs madame de Javerlhac paraissait aussi, de son côté, vouloir voir ce qu'il y avait en elle, en la faisant causer tantôt sur un point, tantôt sur un autre, un vrai interrogatoire, mais un interrogatoire dirigé par une femme du monde, qui mettait autant de bonne grâce que d'amabilité dans ses questions posées d'une voix douce et avec des sourires caressants, ce qui ne l'empêchait nullement d'obtenir les réponses qu'elle voulait et d'apprendre ce qu'elle tenait à savoir.

Ainsi occupée et distraite, elle ne put pas s'adresser au jeune comte aussi souvent qu'elle l'aurait voulu, ni engager avec lui des entretiens qui l'auraient obligé à montrer où il cachait son grand ressort. Cependant, comme elle était parfaitement maîtresse d'elle-même et sans aucune émotion, puisqu'elle n'avait rien à cacher et qu'elle ne tenait pas davantage à plaire, elle put au moins l'observer ; et ce qui la frappa, ce fut la surveillance et l'autorité que le père Elysée exerçait sur lui, à ce point qu'il n'osait pas laisser remplir son verre sans en demander auparavant la permission au père, qui la donnait en inclinant légèrement sa tête rasée ou qui la refusait en levant l'index. Pour parler, c'était la même chose que ce qu'elle avait remarqué au salon : sa mère commençait, il continuait, et le père le surveillait, le laissant aller ou l'arrêtant. Quand elle parvenait à échapper à madame de Javerlhac pour l'interroger directement, le comte ne répondait jamais sans avoir auparavant regardé le père pour lui demander s'il pouvait parler ou s'il devait se taire.

Et c'était là un modèle accompli sous tous les rapports : l'instruction, la douceur, la distinction, et il avait vingt-trois ans !

Alors pensant à cela, il y avait des moments où elle gardait le silence, réfléchissant, sans qu'on pût tirer d'elle un mot, sans qu'elle pensât à manger ou à boire. Vingt-trois ans ! vingt-trois ans ! se répétait-elle. A quel âge marcherait-il donc tout seul ?

Quand elle était toute petite encore, elle avait eu un superbe polichinelle articulé que sa tante lui avait donné précisément, et longtemps il leur avait servi de jouet à Odile et à elle : on le suspendait à une barre sur le balcon ; Odile de son côté prenait à travers la grille de séparation les fils qui faisaient mouvoir la tête, les yeux et la mâchoire ; elle, de son côté, prenait ceux qui mettaient en mouvement les bras et les jambes, et alors elles lui faisaient exécuter des grimaces d'autant plus drolatiques que celles de la tête étaient en opposition avec celles des jambes. Eh bien, par une association d'idées qu'elle ne pouvait écarter, « le charmant jeune homme », tiraillé entre sa mère et son ancien précepteur, lui rappelait si bien son polichinelle qu'elle en riait toute seule. Et cependant il avait vraiment l'air d'un bon garçon.

Pendant la soirée, il fut autre cependant que ce qu'il avait été pendant le dîner. Elle s'était mise au clavecin, et ensuite elle avait joué sur un orgue, que sa tante lui avait donné en ces derniers temps, quelques morceaux de musique religieuse, notamment le chœur du *Judas Macchabée* de Hændel. Alors ç'avait été madame de Javerlhac qui avait commencé à la complimenter ; mais brusquement son fils avait pris la parole et sans regarder sa mère ni le père Elysée, il s'était exprimé bravement, disant ce qu'il avait à dire, avec feu, en homme qui sent et que son émotion entraîne, la louant avec un enthousiasme intelligent, non avec des paroles de banale politesse. Vainement le franciscain avait levé son doigt plusieurs fois : il avait été jusqu'au bout.

X

Les invités de mademoiselle de Puylaurens ne restèrent qu'un jour à Cordes ; ils partirent le lendemain après le déjeuner.

Geneviève s'attendait à ce qu'il fût bientôt question d'eux. En effet, comme elle allait, selon son habitude, se mettre à faire de la musique, sa tante l'appela près d'elle.

— Nous avons à causer, dit-elle, viens là.

Et comme Geneviève arrivait à cet appel :

— Ferme la porte, dit mademoiselle de Puylaurens, qui s'était installée dans son fauteuil, il est inutile qu'on entende ce que nous avons à dire.

La porte poussée, Geneviève vint s'asseoir près de sa tante, devant une fenêtre fermée exposée en plein midi, où il faisait une chaleur de serre.

Ce n'était point l'habitude de mademoiselle de Puylaurens de procéder par des ménagements ou par des détours ; ayant toujours eu la liberté et la fortune, elle allait droit, sans souci d'autre chose que de ce qu'elle voulait dire ou voulait savoir.

— Comment trouves-tu le comte de Javerlhac? demanda-t-elle.

Geneviève se croyait si bien certaine de n'avoir rien à craindre de madame de Javerlhac et de son fils, qu'elle ne trouva pas utile d'affirmer durement l'effet drolatique qu'il avait produit sur elle. A quoi bon peiner sa tante qui, bien certainement, avait de l'estime pour eux, et peut-être même de l'amitié?

— C'est un beau garçon, répondit-elle.

— N'est-ce pas? Mais la beauté du corps est peu de chose, c'est celle de l'âme qui est tout; et le père Elysée, qui avait charge de cette âme, en a fait le modèle de toutes les vertus. C'était pour madame de Javerlhac une lourde responsabilité d'élever son fils quand elle se trouva veuve. Son mari était une nature violente qui avait fait toutes les folies, même celle de compromettre sa fortune. Il était à craindre que le fils n'eût hérité du père et le continuât. Ce danger imposait à madame de Javerlhac des devoirs d'autant plus impérieux que cet enfant était le dernier représentant d'une des familles les plus nobles et les plus pieuses de notre Midi. Un Javerlhac était lieutenant de Montluc à la défense de Sienne; ce fut à un Javerlhac que Louis de Bourbon se rendit pendant la bataille de Jarnac, au moment où Montesquiou se jetait sur le prince pour le tuer. La divine Providence permit qu'elle rencontrât le père Elysée et qu'elle reconnût les grands mérites de celui-ci. Elle lui donna son fils, et à eux deux, la mère et le précepteur, ils ont fait le jeune homme accompli que tu viens de voir : il n'a jamais quitté sa mère.

— Ça se voit, dit Geneviève en souriant.

— Tu le trouves un peu timide ; ne t'en plains pas, mon enfant. Je dis ne t'en plains pas, car tu es trop fine pour n'avoir pas vu en lui un futur mari. Aussi ce que tu viens de me répondre, quand je t'ai demandé comment tu le trouvais, me remplit de joie.

Geneviève laissa échapper un geste sur le sens duquel mademoiselle de Puylaurens se méprit.

— Tu es étonnée, je le vois, dit-elle, que je te propose un mari maintenant après avoir si souvent affirmé devant toi mes opinions sur le mariage, l'enfer des femmes. Il faut d'abord que tu te rappelles que tu m'as dit que tu désires te marier, et si cela n'a pas changé mes idées, au moins cela a-t-il changé mes projets sur toi. Je m'étais flattée que tu me continuerais et que, comme moi, tu mettrais ta liberté et la dignité de la femme au-dessus de tout, et qu'avec la fortune que je te laisserai tu n'aurais pas peur de rester vieille fille. Mais notre conversation à ce sujet m'a montré que tu ne sentais pas comme moi là-dessus. Je tiens à mes idées, mon enfant, à mes sentiments, et j'ai le détestable orgueil, je m'en confesse, de croire que je suis dans le vrai ; mais enfin, et j'en remercie Dieu, je n'ai jamais la présomption de vouloir convaincre les autres. D'ailleurs, en dehors de toi comme en dehors de moi, il y a des raisons qui rendent ton mariage nécessaire, qui l'imposent.

Il ne pouvait pas déplaire à Geneviève qu'il y eût des raisons qui rendissent son mariage nécessaire :

— Quelles raisons, ma tante ? demanda-t-elle.

— Tu sais que je veux que tu gardes ma fortune et qu'elle ne puisse pas fondre entre tes mains, soit par mauvaise administration, soit par générosité. Eh bien, il n'y a pour cela, paraît-il, qu'un moyen sûr, c'est que je te la constitue en dot, attendu qu'une femme mariée ne peut pas disposer de sa dot. Il ne faut pas croire, ma petite fille, que je prends des mesures contre toi, en mettant ces conditions à la donation de ma fortune. J'en prends contre ton père, contre tes frères, qui te ruineraient, et rapidement, si tu avais la liberté de leur donner ce qu'ils te demanderaient. Voilà les raisons pour lesquelles je me suis décidée à te marier. Ce sont elles aussi qui m'ont fait penser au jeune comte de Javerlhac. J'avais eu autrefois des relations d'amitié avec sa mère, qui est une sainte et digne femme. Je connaissais le père Elysée, ses mérites, ses vertus. Et le souvenir que j'avais gardé du jeune homme me rappelait précisément ce que tu m'as dit ; qu'il était un beau garçon, et il paraît que, pour une petite fille de ton âge, c'est un point capital puisque c'est le mot dont tu t'es servie pour le qualifier.

Pendant que sa tante parlait, Geneviève l'écoutait avec distraction. Peu sensible à ce qu'étaient comme à ce qu'avaient été les Javerlhac ; à celui qui avait accompagné Montluc à Sienne, comme à la sainte et digne femme qui était la mère du polichinelle, elle ne pensait qu'à Ernest. Puisque sa tante tenait maintement si fort à la marier, et cela pour des raisons qui faisaient violence à ses idées tant elles étaient impérieuses à ses yeux, n'était-ce pas le moment d'avouer son amour ? Il fallait un mari, eh bien ! elle en avait un, un qu'elle aimait, qui l'aimait, et le plus beau, le plus doux, le plus tendre, le plus intelligent, le meilleur. Ne devait-elle pas saisir cette occasion qui semblait véritablement providentielle ? Ce serait de la lâcheté d'attendre. Et puis attendre quoi d'ailleurs ? Sans doute, sa tante paraissait tenir à son Javerlhac, ce modèle accompli, et quand elle entendrait parler d'un homme qui écrivait dans les journaux et qui travaillait pour le théâtre, elle pousserait les hauts cris. Mais n'était-il pas à croire que la nécessité ferait taire sa résistance et que le désir de voir sa nièce mariée l'emporterait sur tout ? D'autre part, n'était-il pas à croire aussi que sa bonté et son affection se laisseraient toucher ? Elle devait donc parler ; elle le devait pour elle, et, mieux encore, elle le devait pour lui.

Cependant il convenait de laisser sa tante achever l'éloge de son jeune homme charmant.

— Si tu as été sensible à son mérite de beau garçon, continua mademoiselle de Puylaurens, tu comprends que cela n'était pas suffisant pour me déterminer. Sans doute, c'est quelque chose, et même j'admets que ce puisse être beaucoup pour une jeune fille. Mais, pour moi, il avait d'autres qualités : son éducation religieuse, sa piété, et enfin, ce qui pour moi est une condition essentielle, sa naissance. Il fallait un nom digne du tien, et si les Javerlhac ne remontent pas aussi haut que les Mussidan et les Puylaurens, ta noblesse cependant peut s'allier à la leur-

Cela ferma la bouche à Geneviève. Comment parler de Faré, au moment même où sa tante lui disait que le descendant de Javerlhac, qui fut lieutenant de Montluc à Sienne, n'était pas suffisant pour une Mussidan? Ne serait-ce pas courir un trop gros risque? Ne valait-il pas mieux simplement dire que ce futur mari ne lui plaisait pas et qu'elle ne l'accepterait jamais? Quand sa tante verrait qu'elle était bien décidée à refuser, malgré tout, M. de Javerlhac, il pourrait être question d'Ernest. Alors il y aurait à voir qui l'emporterait chez sa tante, ou de son désir de la marier, ou de ses exigences nobiliaires.

— Il faut que tu saches, continua mademoiselle de Puylaurens, ce que déjà tu sais peut-être d'ailleurs : c'est que tu as produit sur lui une impression foudroyante. Il m'a dit que tu étais une créature séraphique, sainte Cécile elle-même. Quant à la mère, elle est ravie, elle t'aime déjà, elle te considère déjà comme sa fille.

Geneviève ne pouvait pas laisser aller sa tante plus loin, et, si peinée qu'elle fût d'infliger une déception à ses espérances et à sa joie, il fallait qu'elle dît nettement qu'elle ne voulait pas de M. de Javerlhac.

— Mais lui ne me plaît pas, ma tante, dit-elle avec une douce fermeté.

— Tu viens de me dire que tu le trouves beau garçon.

— Qu'importe cela? Je ne le connais pas.

— Tu le connaîtras.

— Il ne me plaît pas.

— Il te plaira.

— Jamais.

— Comment jamais ! Et pourquoi ?

— Mais c'est un enfant, un petit garçon : sa mère et son précepteur tiennent ses lisières.

— Voudrais-tu que ce fût un hussard ?

Il fallait qu'elle dît quelque chose et qu'elle donnât des raisons pour justifier son refus.

— Je voudrais que ce fût un homme, dit-elle. Si vous saviez, ma chère tante, comme je suis désolée de vous peiner ; mais je ne peux pas vous dire que M. de Javerlhac me plaît quand il ne me plaît pas.

— Je n'admets pas qu'il te déplaise.

— Mais, ma tante...

— Je ne veux pas dire que je te refuse le droit de trouver que tu peux l'aimer ou ne pas l'aimer ; mais seulement que je n'admets pas que tu me dises qu'il ne te plaît pas, quand tu viens de m'avouer toi-même, à l'instant, que tu ne le connais pas. Je comprends jusqu'à un certain point que sa tenue t'ait surprise ; élevé comme il l'a été, il ne doit point ressembler aux jeunes Parisiens que tu as pu rencontrer, mais ses qualités sont réelles, et pour les apprécier il n'y a qu'à les connaître. C'est là ce que je te demande avant de me répondre : « il ne me plaît pas ». Il reviendra soit seul, soit avec sa mère ; tu le verras, tu l'étudieras. Songe qu'il y a toujours un peu d'embarras et même de la gaucherie dans une présentation. Remarque aussi qu'il n'a que vingt-trois ans et qu'il ne faut pas lui demander l'aisance et l'aplomb d'un homme de trente ans. Enfin, mon enfant, réfléchis au triste état de ma santé, aux inquiétudes que cet état m'impose pour ton avenir. Et, quand tu auras pesé tout cela tu me répondras, non avant. Jusque-là je ne te parlerai plus du jeune comte, et je n'ai plus qu'un mot à te dire à son sujet : tu feras mon bonheur et tu assureras mon repos si tu l'acceptes pour mari.

## XI

Geneviève n'avait pas imaginé qu'il pût être difficile de se débarrasser de son polichinelle; il ne lui plaisait pas, elle le déclarait à sa tante, et c'était fini.

Mais quand mademoiselle de Puylaurens lui eut expliqué pour quelles raisons elle tenait à la marier, et pour quelles raisons aussi elle avait choisi M. de Javerlhac, elle comprit que les choses n'iraient pas avec cette simplicité; il faudrait se défendre, et ce qui était plus pénible encore, se défendre contre sa tante, si bonne et si affectueuse. Le polichinelle n'était rien; sa tante était tout. Quel serait le résultat de cette lutte?

Un autre sujet de préoccupation pour elle était de savoir si elle devait parler dans ses lettres de ce mariage projeté. Pour sa mère cela n'avait pas grande importance, et même valait-il mieux peut-être ne lui en rien dire. Mais pour Ernest cela ne serait-il pas terrible? Elle avait vu combien les projets du marquis d'Arlanzon l'avaient rendu malheureux. Que n'imaginerait-il pas à deux cents lieues de distance, ne sachant pas ce qui se passait, ne connaissant pas le comte de Javerlhac! Sa vie ne serait-elle pas une inquiétude sans repos? Ne souffrirait-il pas tous les tourments de la jalousie sans qu'elle pût le rassurer, le consoler d'un mot tendre?

Évidemment, cela n'était pas possible; ce serait de la cruauté de sa part de lui imposer un pareil supplice.

Elle devait donc ne rien dire à sa mère. Mais parce qu'elle ne dirait rien, cela ne ferait pas que pendant un certain temps M. de Javerlhac ne viendrait pas au château. Ernest pouvait apprendre ces visites. Comment? Elle n'en savait rien; mais quand ce ne serait que par les lettres de Ceydoux à son père. Alors, quelles seraient ses angoisses: on ne lui disait rien, on lui taisait la vérité; n'était-ce pas la preuve que ce qu'on lui cachait était criminel.

Et en réalité cela le serait; au moins son silence.

Elle parlerait donc, mais pour lui seulement; elle lui écrirait. Il y avait longtemps déjà qu'elle voulait le faire. Et même bien souvent elle avait eu des remords de ne l'avoir pas osé. Maintenant il n'y avait pas à différer, il fallait écrire; et quand elle aurait écrit, il fallait trouver un moyen de faire porter sa lettre sans l'exposer à être confisquée par Adélaïde ou par Ceydoux, si elle la confiait à celui-ci. Pourquoi ne trouverait-elle pas une heureuse chance, quand elle sortait avec sa tante ou même quelquefois avec Buvat? En tout cas, le moyen d'en profiter c'était d'avoir sa lettre toute prête dans sa poche:

« Ernest, cher Ernest, ma tante veut me marier.

» N'est-ce pas vraiment une fatalité ! Tout le monde
» me trouve des maris. Après le vieux marquis, un
» jeune comte.

» Je suis désolée, humiliée, car je voudrais qu'au-
» cun homme autre que vous pût penser à moi, et
» je trouve abominable que, dans ces combinaisons
» de famille, on m'unisse à quelqu'un qui n'est pas
» vous, vous mon vrai mari, celui à qui je me suis
» liée, le seul à qui j'appartiendrai. Heureusement
» vous savez que pour tout ce qui touche à l'avenir,
» à notre bonheur, je suis brave et que vous n'avez
» rien à craindre. Et ce n'est pas seulement parce
» que le comte de Javerlhac est un grand dadais,
» plus jeune de dix années que ses vingt-trois ans ;
» qu'il est niais, gauche, ridicule, avec cela empê-
» tré d'une mère qui le croit encore au maillot ; d'un
» franciscain, son précepteur, qui ne le quitte pas
» d'une semelle et qui décide si son élève doit dor-
» mir, manger, boire, parler, sourire ; — mais c'est
» parce que je vous aime et que toutes mes espé-
» rances tiennent dans ce mot.

» C'est peut-être depuis que nous sommes séparés,
» cher Ernest, que je sais seulement combien je
» vous aime, et je brûlais de vous le dire. Jusqu'à
» présent je n'avais pas osé ; maintenant que j'ai la
» pensée que par un étranger vous pouvez connaître
» les intentions de ma tante et savoir qu'un jeune
» homme est reçu ici et à quel titre, rien ne peut
» m'arrêter ; c'est moi, votre fiancée, qui dois vous
» apprendre ce qui vous menace et en même temps
» vous rassurer. Ne vous effrayez donc pas, cher Er-

» nest. Ma tante est une sainte et ne peut pas pour-
» suivre une idée qui doit faire mon malheur. Je ne
» dis pas qu'il me sera facile de l'amener à abandon-
» ner son projet; mais que ne peut pas l'amour! Je
» mettrai pour la gagner à nos désirs toute la per-
» sévérance, toute la volonté, toute la ténacité pos-
» sibles. Vous m'aiderez de votre expérience et de
» vos conseils; vous me soutiendrez.

» Vous avez compris que je veux vous voir. Oui, ici;
» dix minutes, cinq minutes; mais je vous aurai vu
» et j'aurai pris du courage pour longtemps. Pensez
» que depuis que je vous ai quitté, j'ignore tout de
» vous; pas de journaux de Paris, pas de lettres, ex-
» cepté celles de maman. Alors, le soir, quand je
» suis seule, je reste de longues heures à rêver, à
» imaginer le possible et l'impossible. Par ces
» chaudes nuits d'été, je m'assieds à la fenêtre et,
» les yeux tournés vers Paris, je traverse l'espace, je
» suis avec vous. Pense-t-il à moi? M'aime-t-il? N'est-
» ce pas l'heure où il travaille pour nous? Ne joue-t-
» on pas en ce moment une œuvre de lui? N'est-il pas
» applaudi, triomphant, célèbre? J'ai des émotions
» qui me font trembler comme si j'étais au théâtre
» écoutant votre pièce, regardant vos acteurs, épiant
» les impressions de votre public. Je me sens ivre
» de joie ou je pleure comme si vous ne m'aimiez
» plus. Ce n'est pas de doute, cher Ernest; j'ai l'in-
» quiétude de l'ignorance. Ah! le lendemain, comme
» je guette l'arrivée du facteur, comme je cours au-
» devant de lui. Maman a dû m'écrire sous votre
» dictée; vous avez dû m'envoyer des journaux qui

» m'annoncent enfin qu'un grand succès vous per-
» met de me demander à mon père. Je suis joyeuse,
» j'ai confiance; mais rien; rien qu'un journal du
» pays. C'est avec dépit que je le parcours, quoique
» soutenue encore par le vague espoir d'y lire votre
» nom. Un grand succès, un succès comme celui
» que vous devez avoir n'éclate-t-il pas de telle sorte
» que tout le monde doit crier votre gloire?

» Ce jour viendra, n'est-ce pas, et je serai enfin
» votre femme, et si fière, si heureuse! Peut-il être
» une joie plus grande que de porter le nom d'un
» homme qu'on admire et qu'on aime?

» C'est pour être une femme digne de vous
» que je me pénètre de vos idées et que je m'ap-
» plique depuis que je suis ici à retrouver dans ma
» mémoire des phrases entières de nos longues cau-
» series, dans lesquelles vous avez dit vos goûts,
» vos tendances, vos désirs que je veux partager. Je
» me prépare au bonheur ainsi, et il ne faut rien
» moins que cette chère occupation pour me faire
» accepter sans découragement une existence qui
» m'éloigne de ce que j'aime.

» Mais je vais vous voir, n'est-ce pas, car il faut
» que nous nous entendions sur ce que je dois faire,
» sur ce que je dois dire pour résister à ma tante
» sans la fâcher et de façon à pouvoir l'amener à con-
» sentir à notre mariage? je serai si heureuse qu'elle
» vous prenne en amitié et que vous l'aimiez comme
» elle le mérite!

» J'ai beaucoup réfléchi aux moyens que nous
» pourrions employer pour passer quelques instants

» ensemble et je n'en ai trouvé qu'un, non pas qu'il
» offre toute sécurité, mais enfin à la rigueur il me
» paraît possible.

» Il faut que vous sachiez, si vous ne le savez déjà
» (en tous cas vous devez le présumer), il faut que
» vous sachiez que je n'ai aucune liberté. Quand je
» sors, c'est pour accompagner ma tante; quand je
» reste au château, je suis entourée de domestiques,
» et tout particulièrement surveillée par une femme
» de chambre, mon ennemie, qui espère toujours
» me prendre en faute. Cependant je peux me pro-
» mener dans le jardin, et aux heures de la chaleur
» du jour, j'ai de grandes chances pour y trouver la
» solitude. Les domestiques de ma tante, fatigués
» par la température qui règne dans le château,
» cherchent le frais dans une petite cour intérieure,
» et les jardiniers font la sieste ou ne font rien. De
» une heure à trois heures je suis à peu près libre,
» et souvent j'en profite pour aller m'asseoir dans
» un petit bois de magnolias au bord de la rivière,
» où je reste à rêver. — A qui? Faut-il que je vous
» le dise? Non, n'est-ce pas? Vous le savez, vous le
» sentez.

» C'est donc à ce moment que nous pouvons
» échanger quelques mots. Pour cela il faut que vous
» veniez dans la prairie qui joint immédiatement le
» château. Vous pourrez vous installer là, sans atti-
» rer l'attention des curieux, soit en pêchant à la
» ligne, soit en faisant un croquis. Quand vous me
» verrez paraître sous les magnolias, vous n'aurez
» qu'à descendre dans le lit de la rivière dont les

» eaux sont basses, et vous pourrez ainsi arriver
» jusqu'au mur de soutien du jardin de ma tante.

» Peut-être trouverez-vous cela un peu compliqué
» et dangereux ; cependant c'est possible, car c'est
» ainsi que le vieux Ceydoux, ce prêtre défroqué
» dont vous nous avez entendu parler, a trouvé
» moyen de venir me donner des conseils à propos
» de l'héritage de ma tante, — que je n'ai pas du
» tout suivis, comme vous devez bien le penser. Ce
» qu'il a fait, vous le ferez bien mieux que lui...

» Quatre jours après que cette lettre sera partie,
» — ce qui aura lieu je ne sais quand, — je com-
» mencerai à me trouver dans le jardin à une
» heure, vous attendant.

» A bientôt. »

Cette lettre écrite, elle n'avait plus, pour la mettre à la poste, qu'à saisir la bonne chance sur laquelle elle comptait. Mais elle ne se présenta point, cette bonne chance. Sa tante, bien portante en ce moment, alla tous les matins à la messe. Dans leurs promenades, elle ne passa jamais près d'une boîte de façon à y jeter sa lettre, qu'elle portait toujours dans la poche de sa robe, et dont elle changeait l'adresse chiffonnée et fripée tous les soirs.

N'aurait-elle donc écrit que pour elle ?

Elle en avait la fièvre d'impatience et elle s'accusait de maladresse.

Enfin elle se dit que ce n'était pas sur une bonne chance qu'elle devait compter, mais sur elle-même, sur elle seule.

Un matin, pendant que sa tante recevait ses

clients ordinaires dans la maison de Guillaume de Puylaurens, elle s'installa à une table et ostensiblement elle se mit à écrire.

— Que fais-tu là, petite? demanda mademoiselle de Puylaurens.

— J'écris à maman.

C'était vrai. Sa lettre écrite, elle profita d'un moment où sa tante était en conférence avec un paysan et elle sortit, sa lettre à la main.

— Mademoiselle veut-elle que j'aille mettre sa lettre à la poste? demanda Papaillau.

— Non, merci; ma tante va avoir besoin de vous.

Et elle courut jusqu'à la boîte, où, toute tremblante, elle jeta non seulement sa lettre à sa mère, mais encore celle à Faré.

## XII

C'était le lendemain que madame de Javerlhac et son fils devaient venir à Cordes. Ils arrivèrent, comme la première fois, accompagnés du franciscain sans lequel, décidément, ils ne pouvaient point faire deux pas.

Mademoiselle de Puylaurens était assurément la femme la moins coquette du monde, et c'était bien à propos de la toilette qu'elle pouvait justement dire : « En quoi ne suis-je pas un homme ? » Cependant elle avait eu l'idée que sa petite-nièce n'était peut-être pas assez riche en robes, et elle lui en avait commandé une à Toulouse, par lettre et en ces quelques lignes qui montrent comment elle entendait l'élégance : « Faites-moi, d'après le corsage et la longueur de jupe que je vous envoie, une robe suffisamment habillée pour un dîner, modeste et décente cependant ; c'est pour ma nièce, âgée de quinze ans ; je m'en remets à vous pour l'étoffe, la couleur, la forme, le prix. » Et la couturière de Toulouse avait envoyé une robe de surah blanc avec des garnitures en moire rubis, ce qui avait renversé mademoiselle de Puylaurens :

— Décent le rubis, décent ! s'était-elle écriée.

Cependant Geneviève ayant trouvé la robe jolie, mademoiselle de Puylaurens ne l'avait pas renvoyée comme elle en avait eu tout d'abord l'intention.

En arrivant, madame de Javerlhac embrassa Geneviève, et le jeune comte, après être resté un moment en admiration devant elle, s'avança la main tendue comme pour la lui donner, ce qu'il n'osa pas faire cependant, devant un regard de son précepteur qu'il l'arrêta net.

Le dîner et la soirée furent ce qu'avaient été le dîner et la soirée de la première visite. Comme la première fois, elle fut placée entre la mère et le fils, et comme la première fois aussi, madame de Javerlhac lui posa toutes sortes de questions sans que le jeune comte pût trouver l'occasion de parler ; mais s'il ne lui dit que peu de choses, par contre il la regarda beaucoup ou pour mieux dire il ne la quitta pas des yeux, malgré les signes que le franciscain, qui voyait son attitude inconvenante, lui adressait à chaque instant. Quand, après dîner, on la fit mettre à l'orgue, il vint s'asseoir près d'elle, mais non à côté, en face, et il resta là recueilli, absorbé dans une muette admiration, ne répondant ni à sa mère ni à son précepteur, ne parlant que pour la complimenter avec feu et avec une émotion qui le rendait tremblant.

Elle avait cru que, comme la première fois, ils repartiraient le lendemain ; mais en entendant parler d'une promenade à la Commanderie de Vaour, où mademoiselle de Puylaurens voulait montrer à ses hôtes le donjon en carré barlong qui est un monument du treizième siècle, elle vit qu'elle s'était trompée et qu'elle aurait encore à subir les conversations de la mère et les regards du fils pendant une journée au moins. Tout d'abord elle en fut dépitée, puis après réflexion elle se dit qu'il valait mieux qu'il en fût ainsi : si elle laissait ce jeune muet la regarder avec ces yeux passionnés, il pourrait s'imaginer qu'elle était touchée de son admiration, et elle ne voulait point que cela fût. C'était, croyait-elle, une sorte de trahison envers Ernest; pendant cette journée, dans cette promenade elle trouverait bien sans doute l'occasion d'être seule quelques instants avec lui et de lui faire connaître ses sentiments.

Elle n'eut pas à attendre la promenade ; le matin, avant le déjeuner, elle l'aperçut dans le jardin, et alors elle descendit pour le rejoindre.

Pendant le temps qu'elle avait mis à venir de sa chambre, n'osant pas courir de peur d'attirer l'attention, il s'était enfoncé dans le jardin et elle le vit prendre l'allée circulaire qui conduit au bois de magnolias. Alors elle suivit l'autre bras, de façon à le croiser à un certain moment.

Quand il l'aperçut venant vers lui, il s'arrêta stupéfait ; elle hâta le pas, car il se trouvait justement à une courte distance de l'endroit où elle avait dit à Ernest qu'elle l'attendrait, et il lui plaisait que ce fût là que fût tranchée la question de ce mariage, comme si en parlant, elle devait avoir celui qu'elle aimait devant les yeux.

Elle ne tarda pas à le rejoindre, car après le premier mouvement de surprise, il avait repris sa marche, venant vers elle, tandis qu'elle venait vers lui ; mais tout avançant elle se demandait si elle allait pouvoir lui ouvrir les lèvres et le décider à parler. A la vérité pourvu qu'elle parlât elle-même, cela suffirait ; seulement si au lieu d'un muet, elle avait un interlocuteur devant elle, sa tâche serait singulièrement simplifiée. Après tout elle n'avait que deux mots à lui dire : « Comme je ne vous aime pas, je ne serai jamais votre femme. »

Bravement elle alla à lui, tandis que non moins résolument il venait à elle, et tous deux en même temps ils prirent la parole :

— Je suis vraiment heureuse de vous rencontrer ici, monsieur.

— C'est pour moi un bonheur inespéré de vous trouver seule dans ce jardin, mademoiselle.

Entendant cela, elle se tut, se disant que puisqu'il avait commencé, il valait mieux l'écouter que de prendre les devants pour qu'il répondît lui-même et engageât une discussion.

— C'est beaucoup que ma mère et mademoiselle de Puylaurens soient d'accord pour notre mariage ; mais ce n'est pas assez, il faut que nous soyons d'accord nous-mêmes.

Il était tremblant, le visage pâle, les lèvres décolorées, ému, non seulement de ce qu'il avait à dire, mais encore troublé par l'attitude de Geneviève, qui n'avait rien de sympathique. Cependant il continua :

— Je ne vous apprends rien, mademoiselle, en

vous disant que vous avez produit sur moi une impression.... que je suis impuissant à qualifier ; mes regards, mon émotion, mon trouble, mon admiration vous l'ont révélée. Je vous avoue que quand ma mère m'a amené ici, je n'étais pas du tout disposé à l'admiration. Je savais qu'il s'agissait d'un mariage projeté entre elle et mademoiselle de Puylaurens, et il ne me convenait pas qu'on eût ainsi arrangé mon avenir sans moi. Mais je vous ai vue et j'ai ressenti l'émotion la plus profonde, la plus délicieuse que j'ai encore éprouvée ; instantanément ma vie a été liée à la vôtre : je n'ai plus rêvé qu'à vous, vous avez empli mon souvenir et mon espérance, mon esprit et mon cœur ; et ce mariage, dont je ne voulais pas avant de vous connaître, est devenu mon unique pensée du jour où je vous ai connue.

Plusieurs fois Geneviève avait voulu l'interrompre, car ce langage la blessait. Qu'on lui parlât d'amour, c'était un outrage à son amour ; et, au lieu de regarder le jeune comte, elle tenait ses yeux fixés droit devant elle, au loin, dans la prairie, à l'endroit où Ernest serait dans quelques jours et où il était déjà pour elle. Elle ne s'était contenue que pour voir ce qui était arrangé entre madame de Javerlhac et sa tante, et à quel point en étaient les choses. Ne fallait-il pas qu'elle le sût pour le dire à Ernest, de façon à préparer sûrement leur défense ?

Mais cette affirmation d'espérances qui la révoltaient lui fit rompre le silence qu'elle s'imposait :

— Ce mariage est impossible, dit-elle.

Il fut décontenancé.

— Impossible, impossible ? murmura-t-il.

Au lieu de voir le désespoir qu'il y avait dans cette exclamation, elle n'y vit qu'un doute.

— Impossible ! s'écria-t-elle d'un ton affirmatif.

Il fut un certain moment à se remettre.

— Certainement, dit-il enfin, je n'ai point la prétention d'avoir pu produire sur vous une impression comparable à celle que vous avez produite sur moi. Cela serait absurde et d'un orgueil qui n'est pas dans mon caractère...

— Eh bien, alors ? interrompit-elle sèchement.

— Mon Dieu, mademoiselle, pardonnez-moi si je vous fâche...

— Vous ne me fâchez pas ; vous me surprenez.

— Je vous surprends ?

Elle était exaspérée par cette insistance ; puisqu'elle lui avait dit que ce mariage était impossible pourquoi s'obstinait-il à ne pas comprendre ?

— Vous me surprenez, dit-elle, par votre insistance ; il m'avait semblé que ce n'était pas votre habitude de tant parler.

Il eut un moment de stupéfaction douloureuse ; mais tout d'un coup il se remit et ce fut presque gaiement, au moins avec un entrain nerveux, qu'il répliqua :

— C'est donc cela qui vous a déplu en moi ? Vous ne voulez pas d'un mari sans volonté qui n'ose élever la voix ni devant sa mère, ni devant son précepteur ? Eh bien, vous avez joliment raison.

— Vous trouvez ? dit-elle.

— Si vous saviez comment j'ai été élevé, vous comprendriez cette réserve, ou si le mot ne vous paraît pas juste, cette timidité. C'est l'effet d'une habitude prise, non du caractère. Plusieurs fois j'ai voulu échapper à cette tutelle qui, je le sens bien, est ridicule à mon âge. Je n'ai pas pu. Mais si j'avais une femme pour me soutenir, elle me donnerait la force de résister. Je m'appuierais sur elle, elle me défendrait contre ma propre faiblesse qui, dans une certaine mesure, est faite de tendresse pour ma mère et de respect pour mon précepteur. Et puis, si vous avez peur de subir cette influence et cette autorité, rassurez-vous. Soyez sûre que je n'ai pas l'intention d'imposer à ma femme l'intimité, une intimité étroite et de tous les instants, avec ma mère et le père Élysée. Au contraire, elle m'aiderait à la rompre, cette intimité.

Puis, comme elle ne répondait rien, écoutant curieusement ces explications qui étaient une révélation de ce caractère, il crut qu'il l'avait touchée, et il se fit presque gai :

— Croyez bien que j'en ai assez de l'existence recluse. Ça fait bien, c'est chic, mais ce n'est pas drôle. Ce n'est pas cette existence-là que je vous offre. Une fois libres nous nous amuserons, et rondement, je vous le promets. Ce que vous voudrez, je le voudrai. Vous me donnerez des idées ; les vôtres seront les miennes. Ni Cordes, ni Javerlhac, mais Paris, ou bien Vienne, ou bien l'Italie, tout m'est égal ; vous serez maîtresse.

Elle secoua la tête.

— Vous ne me croyez pas ? Je vous donne ma parole.

— Je vous crois ; mais je vous ai dit que ce mariage était impossible et je ne peux que vous le répéter : je ne l'accepterai jamais.

## XIII

Le jeune comte était resté si complètement absourdi que Geneviève avait pu s'éloigner sans qu'il pensât à lui dire un mot.

Mais au déjeuner et pendant la promenade à la Commanderie de Vaour, il s'était largement rattrapé. Ni les interruptions de sa mère, ni les signes du père Elysée ne purent lui fermer les lèvres ; évidemment il avait à cœur de montrer qu'il n'était pas muet et qu'il savait se corriger de ce qui déplaisait en lui.

— Vous voyez, semblait-il dire à Geneviève, quand je suis soutenu je résiste : quand vous serez ma femme ce sera bien autre chose; et vous la serez, n'est-ce pas ? vous reviendrez sur ce que vous avez dit ?

Au reste, au moment du départ pour retourner à Javerlhac, il voulut préciser ses sentiments et ses espérances mieux que par des regards, si éloquents qu'ils fussent, et saluant Geneviève pendant que madame de Javerlhac et le père Elysée s'installaient dans la voiture, n'attendant plus que lui pour partir :

— Et rondement, dit-il, je vous en donne ma parole.

Le père Elysée, qui entendit ce mot, se méprit sur son sens.

— Nous ne sommes pas en retard, dit-il.

Et, en homme prudent, il ajouta :

— Il est inutile d'aller trop vite, c'est ainsi que les accidents arrivent.

Mais Geneviève ne pouvait pas se tromper : ce n'était pas de la façon de faire le chemin qu'il s'agissait, mais de celle d'arranger leur vie quand ils seraient mariés : « Nous nous amuserons, et rondement. »

Pauvre garçon ! Décidément il n'était pas le niais qu'elle avait cru tout d'abord, et elle l'eût plaint s'il n'y avait pas eu dans cette manière de comprendre l'affranchissement quelque chose qui la choquait. Mais que lui importait le comte de Javerlhac ? Opprimé ou échappé, elle n'avait pas à prendre souci de lui ; elle avait mieux à faire, d'autres idées dans l'esprit, d'autres émotions dans le cœur.

Comme elle avait été bien inspirée de jeter sa lettre à la poste ! Maintenant elle était libre et il allait arriver.

Serait-ce le quatrième jour, comme elle l'avait demandé ? Peut-être était-ce beaucoup d'exigence de l'espérer. Il pouvait avoir des empêchements : être retenu par son journal, par ses pièces ; enfin il pouvait ne s'être pas trouvé à Paris pour recevoir sa lettre. Elle ne devait donc pas s'inquiéter si elle ne le voyait pas au jour dit dans la prairie ; mais elle devait être à son poste, l'attendant.

Elle dormit peu, cette nuit-là, et lorsque vers minuit elle se réveilla, il lui fut impossible de retrouver le sommeil : il allait venir, elle allait le voir. Au lieu de trouver le temps long il passa si vite qu'elle faillit être en retard pour accompagner sa tante à la messe ; pour la première fois depuis son arrivée à Cordes, ce ne fut pas elle qui donna à manger à la *Gloriette*, les croûtes du dîner.

— Tu t'es endormie? dit mademoiselle de Puylaurens.

Elle avait horreur du mensonge, et quand elle ne pouvait pas répondre sincèrement elle se taisait.

— Non, j'ai rêvé éveillée.

Et mademoiselle de Puylaurens, qui crut comprendre ce qu'elle avait rêvé, se mit à sourire, se disant que décidément les choses allaient bien, — ce qu'elle avait prévu d'ailleurs. Comment eût-il pu en être autrement? N'étaient-ils pas faits l'un pour l'autre ?

Plongée dans son livre de messe, Geneviève continuait son rêve, lorsque son attention fut éveillée par un bruit de pas qui retentissait sur les dalles de l'église. Assurément ce n'était pas un habitant de la ville qui marchait ainsi avec cette lenteur et cette hésitation, s'arrêtant, se reprenant ; quand on arrivait en retard à la messe, on se hâtait discrètement.

Elle leva les yeux, et n'apercevant pas celui qui faisait ce bruit, elle tourna la tête à demi.

Lui ! C'était lui !

Elle reçut une telle secousse que son livre lui échappa des mains et tomba sur le prie-Dieu, d'où il roula sur les dalles avec un bruit argentin produit par le choc du fermoir et des coins sur les pierres, qui résonna dans toute l'église.

— T'endors-tu? demanda mademoiselle de Puylaurens.

— Oh! non, ma tante, non.

Mais mademoiselle de Puylaurens, un court moment distraite par ce tapage, était déjà toute à la messe.

Geneviève put de nouveau lever les yeux sur Faré, qui, ayant fait quelques pas en avant, ne se trouvait plus qu'à une courte distance, très occupé, en apparence, à étudier un détail d'architecture; leurs regards s'unirent et ils oublièrent tout, le lieu où ils se trouvaient, ceux qui les entouraient.

Un mot de mademoiselle de Puylaurens rappela Geneviève à elle.

— Tu as quelque chose, décidément.

— Mais non, ma tante, rien.

Heureusement, Faré avait vu le mouvement de mademoiselle de Puylaurens, et il avait repris sa marche, de sorte que, lorsque celle-ci regarda autour d'elle, ce qui ne lui était peut-être jamais arrivé, elle ne remarqua rien d'extraordinaire ; ce n'était pas la première fois qu'un promeneur, un curieux entrait dans l'église pendant l'office.

Après la messe, elles se rendirent, comme de coutume, à la maison de Guillaume de Puylaurens, et pendant que sa tante recevait au rez-de-chaussée les personnes qui avaient affaire à elle, Geneviève monta au premier étage et, ayant ouvert une des fenêtres géminées, elle se pencha en avant pour regarder dans la rue; par ses lettres il devait savoir qu'elles venaient tous les matins dans cette maison, et bien certainement elle allait le voir passer.

En effet, il ne tarda pas à arriver; mais au lieu de passer, comme elle avait cru, il s'installa devant la maison et, tirant de sa poche un de ces petits albums recouverts en toile grise qui servent aux peintres en voyage pour prendre des croquis, ils se mit à dessiner la maison, ou tout au moins à promener son crayon sur le papier, comme s'il dessinait. Mais, en réalité, ce n'était ni pour l'attique de cette curieuse façade qu'il avait des yeux, ni pour ses fenêtres en cintre trilobé, ni pour ses bas-reliefs, c'était pour l'apparition qui se montrait au milieu des vitraux sombres dans son cadre en pierre, légèrement penchée vers lui, souriante, tremblante, transfigurée par la joie.

Ils ne pouvaient point parler; mais que ce seraient-ils dit de plus que ce que leurs yeux exprimaient? quelles paroles eussent eu plus d'éloquence que leurs regards? qu'eussent-elles ajouté à leur bonheur?

Malheureusement la rue n'était point déserte; il passait des gens de temps en temps, d'autres étaient sur leurs portes; et, quoique ce soit chose ordinaire à Cordes que de voir des artistes ou des antiquaires dessiner un des vieux hôtels ou un coin de rue pittoresque, on examinait curieusement ce jeune homme qui avait les yeux plus souvent levés sur la maison de mademoiselle de Puylaurens que baissés sur son papier, — ce qui était une étrange façon de faire un croquis; alors on cherchait ce qui retenait si fixement son attention et l'on apercevait Geneviève.

Tant que ceux qui la regardaient furent des gens qui n'étaient pas en relation avec sa tante, elle ne s'inquiéta pas d'eux; mais ayant vu venir le docteur Azéma, elle dut quitter la fenêtre; après le médecin, ce fut le curé, alors elle dut la fermer. Cependant elle ne se retira pas; mais, debout, derrière les vitraux, elle resta à le regarder. S'il pouvait à peine la distinguer, au moins il la savait là, et elle, de son côté, le voyait la tête levée vers elle, seulement elle le voyait tout en rose.

Elle ne quitta cette place que lorsqu'elle entendit sa tante l'appeler du bas de l'escalier; alors elle rouvrit la fenêtre et, portant ses doigts à ses lèvres, lui envoya un baiser, puis elle descendit en courant.

— Où donc étais-tu? demanda la tante.

— Dans la chambre de Guillaume de Puylaurens.

— Ah !

Et elle ne poussa pas son interrogatoire plus loin.

Quand elles sortirent, la rue était déserte; Faré avait compris que Geneviève allait sortir avec sa tante, et il s'était retiré.

En descendant, mademoiselle de Puylaurens ne dit pas un mot, et il ne fut pas difficile de voir qu'elle était préoccupée, fâchée peut-être.

Soupçonnait-elle quelque chose ?

Ce qu'il y avait de terrible pour Geneviève dans cette question, c'était la crainte que sa tante, si elle avait des soupçons, ne la laissât pas sortir seule après le déjeuner.

Alors que ferait Ernest? Que penserait-il? Que n'imaginerait-il pas?

A table, mademoiselle de Puylaurens fut aussi absorbée qu'elle l'avait été en voiture, et la voyant ainsi, Geneviève se disait qu'elle avait tout à craindre ; assurément elle ne pourrait pas sortir, et cette pensée la serrait si fort à la gorge qu'il lui était impossible de manger.

— Tu ne manges pas, dit mademoiselle de Puylaurens.

— Mais si, ma tante.

— Mais non, ma nièce.

Quand elles passèrent dans le salon, Geneviève voulut se mettre au clavecin, mais sa tante l'arrêta.

— Est-ce que tu as la tête à faire de la musique?

— Pourquoi ne l'aurais-je pas, ma tante?

— Parce qu'elle est pleine d'autres idées.

Que savait-elle? Il fallait être brave.

— Quelles idées, ma tante?

— De rêveries, si tu aimes mieux. Tu me crois donc aveugle? Celles qui ont fait rouler ton livre à l'église, celles qui t'ont fait t'enfermer dans la chambre de notre ancêtre.

Geneviève fut anéantie.

— Je suis fâchée, continua mademoiselle de Puylaurens, que tu aies été si distraite à l'église; mais cependant j'avoue que je suis heureuse de te voir penser à lui ainsi.

— A lui ?

— Vas-tu me dire que ce n'est pas le jeune comte qui t'occupe ? Je te préviens que tu ne me convaincras pas. Pense à lui, mon enfant ; rêve de lui, et, si tu veux ta liberté, va te promener dans le jardin, je ne te retiens pas.

## XIV

Il n'était que midi et demi; elle avait donc tout le temps de s'installer dans le bois de magnolias, puisqu'elle avait fixé leur rendez-vous à une heure seulement.

Mais, en combinant son projet, elle avait compté qu'ils auraient le terrible soleil auquel elle était habituée depuis son arrivée à Cordes, et voilà qu'au contraire le temps était couvert et que les gens qui devaient, selon ses prévisions, se mettre à l'abri au frais, pouvaient très bien rester dehors. On était au commencement de septembre, et il ne faisait plus cette série de jours ensoleillés pendant lesquels la campagne est à peu près déserte à midi. Comment n'avait-elle pas pensé à cela? Comment n'avait-elle pas pensé aussi qu'il pourrait pleuvoir? C'était maintenant que les difficultés de son plan lui apparaissaient. Ne serait-il donc venu que pour qu'ils se vissent de loin? Maintenant les joies de la matinée ne lui suffisaient plus; ils avaient tant de choses à se dire!

Elle avait hâté le pas, bien qu'elle fût certaine

d'être en avance ; mais, en arrivant sous les magnolias, elle l'aperçut dans la prairie, à la place même qu'elle lui avait indiquée, dessinant ou au moins ayant l'air de dessiner ; trois gamins, les mains derrière le dos, l'entouraient, le regardant.

A un mouvement qu'il fit, levant son album en l'air, elle comprit qu'il l'avait vue et que dès lors elle n'avait plus qu'à attendre que les gamins fussent partis.

Mais s'en iraient-ils ? Parviendrait-il à s'en débarrasser ? La question était irritante et d'autant plus exaspérante, qu'elle n'apercevait personne aux alentours, et que, sans ces enfants, il pourrait déjà être près d'elle.

Elle s'était assise, non sur le banc placé sous les arbres, mais au bord même de la rivière, sur le mur qui était de plain-pied avec le jardin dont il soutenait les terres, et elle avait pris l'attitude de quelqu'un qui rêve en regardant couler l'eau ; mais par-dessous les grands bords de son chapeau de paille, elle suivait très bien ce qui se passait dans la prairie en face.

Ce fut ainsi qu'elle vit bientôt Ernest se lever et s'en aller. Il n'était pas difficile de deviner qu'il désespérait de se débarrasser de ses gamins et qu'il ne quittait la place que pour revenir aussitôt qu'il les aurait perdus.

Certainement la tactique était bonne ; mais pendant ce temps personne ne surviendrait-il dans le jardin ou bien aux environs ? Elle était dans un état d'impatience fiévreuse, d'exaltation qui ne lui permettait pas de raisonner ; les secondes qui s'écoulaient lui duraient autant que des heures ; le bruit des feuilles la faisait trembler.

Enfin elle le vit apparaître : il était seul ; il descendit dans le lit de la rivière et, suivant son bord à sec, il fut près d'elle. Elle s'était levée.

— Geneviève ! chère Geneviève !

— Enfin !

Et, séparés depuis trois mois, préparés à se voir, ils restèrent interdits pendant quelques instants, ne trouvant pas de paroles pour exprimer les élans tumultueux qui leur montaient du cœur.

— Comme je vous retrouve belle ! dit-il, comme le soleil, comme la vie de la campagne vous ont veloutée ! Vous avez un éclat de carnation, une douceur...

— C'est la joie, dit-elle. Mon Dieu ! que je suis heureuse de vous voir. Comme j'attendais ce moment-là ! Enfin vous voilà, c'est vous.

Et pendant quelques secondes, elle le regarda, les yeux dans les yeux. Ce n'était plus comme le matin, à l'église ou dans la rue : une courte distance les séparait, la hauteur du mur au pied duquel il se tenait, le visage levé vers elle, tandis qu'elle se baissait vers lui. Il s'en fallait de peu qu'ils ne pussent se donner la main ; mais l'imprudence qu'ils commettaient à s'entretenir ainsi en plein jour, dans ce lieu découvert, exposé à toutes les surprises, était déjà assez grande sans l'aggraver encore.

Tout à coup elle secoua la tête.

— Vous avez à me parler, dit-elle, que dois-je faire ?

— Ce n'est pas pour cela que je suis venu.

— Pourtant...

— Est-ce donc pour cela que vous m'avez appelé?

— Pour vous voir.

— Et c'est pour vous voir, c'est pour vous regarder, c'est pour vous entendre, c'est pour être près de vous que je suis accouru aussitôt que vous m'avez écrit que je pouvais venir.

— Pour vous voir, c'est vrai, car je mourais d'être séparée de vous; mais aussi pour vous demander de me guider. Hâtons-nous, on peut arriver, vous interrompre, vous forcer à partir.

— Mais que voulez-vous que je vous dise quand je ne sais rien ni de votre tante ni des gens qui l'entourent? Et puis d'ailleurs n'ai-je pas pleine confiance en vous? Depuis notre séparation, j'ai souffert, cruellement souffert de cette séparation; mais je n'ai jamais eu une heure, une minute d'inquiétude. Ce n'est pas seulement parce que vous êtes belle et séduisante que je vous ai aimée, chère Geneviève, parce que vous êtes au-dessus des autres femmes par votre talent et votre intelligence si extraordinaire dans une jeune fille de votre âge; — mais aussi parce que vous avez une âme honnête, un cœur bon, tendre et courageux.

— Oh! que je suis heureuse que vous me jugiez ainsi!

— C'est parce que j'ai deviné dans la charmante petite fille que vous étiez, enfant, la femme que vous êtes maintenant que l'amour est né dans mon cœur. Je ne pense pas à vous sans penser en même temps aux qualités de ce cœur, aux vertus de cette âme, et le doute ne m'effleure pas. Je ne pouvais pas prévoir combien de temps nous serions séparés, car ni vos lettres, que votre mère m'a toutes lues, ni ce que j'ai pu apprendre par votre père ne me renseignaient à ce sujet ; mais j'étais bien certain que si long que fût ce temps, je vous retrouverais ce que vous étiez à votre départ...

— Votre femme, interrompit-elle avec un doux sourire.

— Oui, ma petite Geneviève, ma femme ; c'est pour cela que ce que m'a appris votre lettre ne m'a pas tourmenté. N'est-il pas tout naturel que votre tante, qui maintenant a pu vous apprécier, veuille vous marier ? et n'est-il pas tout naturel aussi que ceux qui vous approchent veuillent vous épouser ?

— Oui, ma lettre, dit-elle, parlons-en de ma lettre. Ah ! si j'avais pu en recevoir une de vous me disant ce que vous faisiez, car celles de maman sont presque muettes sur vous. Ce qui me tourmentait ce n'était pas de me dire : « M'aime-t-il toujours ? » c'était de savoir où en étaient votre comédie et votre drame.

— On va les jouer d'ici quinze jours, *Chatelard* à l'Odéon, *Sylvie* au Gymnase ; la chose est sûre maintenant, les répétitions sont avancées, et il n'a fallu rien moins que votre lettre pour me les faire manquer aujourd'hui, et elles m'obligent à repartir aujourd'hui même.

— Si j'avais su...

— Heureusement vous ne saviez pas! Vous m'avez appelé, je suis venu.

— Comme je vais trembler maintenant! dans quelle angoisse je vais passer ces quinze jours! J'aurais tant voulu être là, partager votre émotion, votre triomphe, car ce sera un triomphe!

— Oh! un triomphe... Les comédiens ne sont pas contents.

— Ils n'y connaissent rien. C'est votre originalité qui les déroute; vous n'aurez pas refait ce que font les autres. Mais ce sera un triomphe; votre talent s'imposera. N'allez-vous pas douter de vous? Et puis il faut que ce soit plus qu'un succès, il faut que ce soit un vrai triomphe. Ce n'est pas mon père seulement que nous avons à décider pour notre mariage, c'est ma tante aussi. Songez qu'elle veut me donner sa fortune, toute sa fortune, et me la donner en dot. Quelle affaire!

— Elle a déjà mis la guerre entre votre père, vos frères et votre belle-sœur, qui est dans un état d'exaspération folle contre vous.

— Est-ce ma faute? Est-ce que j'y tiens, moi, à cette fortune qui est un nouvel obstacle entre nous? C'est comme mon nom : qu'est-ce que cela me fait de m'appeler Geneviève de Mussidan et de descendre des Puylaurens? J'aimerais bien mieux n'avoir ni héritage ni nom et me marier tout de suite. Est-ce qu'il y a pour moi autre chose dans la vie que notre amour? Votre triomphe décidera mon père, et aussi ma tante... sans doute. Mais si vous saviez comme elle est pieuse et comme il sera difficile de lui faire accepter un homme de théâtre! Il faudra que votre gloire emporte tout. Aussi, je vous en prie, le lendemain du jour où vous aurez été joué, que ce soit vous-même qui m'annonciez votre succès. Revenez, que je reçoive dans mes yeux l'éclat de votre triomphe.

— Je vous le promets.

— Jusque-là, ne craignez rien. J'ai dit au comte de Javerlhac que je ne serais jamais sa femme ; s'il revient, je le lui dirai encore, je le lui dirai jusqu'à ce qu'il le comprenne. Maintenant, partez ; vous m'avez mis dans le cœur la force, le courage et la joie.

Et elle fit un effort pour sourire, bien qu'il y eût des larmes dans ses yeux.

— Mais nous n'avons rien dit! s'écria-t-il.

— Nous nous sommes vus ; n'est-ce pas tout ?

— Eh bien, laissez-moi vous regarder encore et vous emporter dans ce cadre de verdure qui me fera un souvenir tout parfumé de ces belles fleurs de magnolia.

Elle se mit à genoux, et, se penchant en avant, elle lui tendit la main qu'il prit et qu'il baisa passionnément sans vouloir la lâcher.

— Je vous en prie ! je vous en prie ! dit-elle.

A ce moment même, elle crut entendre un bruit de pas sur le sable.

— On vient, dit-elle à voix basse, partez !

Et, se relevant vivement, elle fit quelques pas en arrière, tandis qu'il s'éloignait en rasant le mur.

C'était Adélaïde qui arrivait. Elle vint jusqu'au

mur; mais Faré était déjà assez loin pour qu'elle ne pût le voir que de dos et pour qu'il fût impossible de dire s'il était venu devant le jardin de mademoiselle de Puylaurens ou s'il était resté devant la prairie.

Alors, se retournant, Adélaïde examina Geneviève avec une curiosité dans laquelle il y avait autant d'étonnement que de défiance.

## XV

Ce qui, jusqu'à un certain point, rassura Geneviève, ce fut que déjà, plus d'une fois, elle avait vu la femme de chambre de sa tante lui tomber ainsi sur le dos avec ces regards fureteurs et ces manières inquiètes. Cependant elle n'avait jamais remarqué en elle autant d'étonnement et de défiance ; mais c'était probablement parce qu'elle se trouvait maintenant en danger qu'elle s'apercevait de ce qui, jusqu'à ce moment, ne l'avait pas frappée.

Quoi qu'il en fût, elle devait se tenir sur ses gardes et, pour sa prochaines entrevue avec Faré, prendre des précautions.

Le lendemain, bien qu'elle n'eût rien à faire sous les magnolias, elle voulut y revenir ; ce serait un moyen de voir si l'espionnage d'Adélaïde continuait, et en même temps c'en serait un pour le dérouter. En ne trouvant jamais personne, cette vieille curieuse finirait par se fatiguer à la longue. N'étant plus dans les mêmes conditions que la veille, elle put donner toute son attention à ce qui se passait autour d'elle, et comme elle avait l'oreille fine elle ne tarda pas à entendre derrière elle un bruit de pas étouffés. Assise comme la veille, au bord du mur, elle n'eut garde de tourner la tête, et elle resta à regarder clapoter l'eau comme si elle prenait un plaisir extrême à cette contemplation. Le temps s'écoula, elle ne bougea pas ; assurément on devait croire qu'elle attendait. Qui se lasserait la première ? Ce ne serait pas elle. Commodément installée à la place même où elle avait été si heureuse, pouvant rêver en toute liberté et se souvenir, elle n'avait pas de raison pour s'impatienter ou se lasser. Il n'en devait pas être de même pour Adélaïde, restée debout derrière un arbre où elle n'osait pas faire un mouvement. Cette idée du supplice qu'elle imposait à son espionne amusa Geneviève et lui suggéra la fantaisie de pousser la plaisanterie plus loin. De l'endroit où elle était embusquée, Adélaïde ne voyait rien de ce qui se passait au bas du mur, dans le lit à sec de la rivière ; elle ne pouvait donc savoir s'il y avait quelqu'un de caché là que par les mouvements de celle qu'elle épiait.

Ce fut là-dessus que Geneviève disposa son plan.

Tout à coup elle se mit à parler à voix retenue en se penchant en avant, comme si elle s'adressait à quelqu'un placé en contre-bas, et instantanément elle entendit un fracas derrière elle : Adélaïde qui sortait brusquement de sa cachette pour voir quel était celui qu'elle n'avait pu surprendre. Geneviève ne se retourna pas et continua de parler, mais sans qu'on pût distinguer ses paroles : une musique voilà tout.

Adélaïde arrivait au mur, où du coin de l'œil Geneviève, souriante, l'observait.

En voyant la mine désappointée et stupide de la femme de chambre, qui ne trouvait que des cailloux au bas du mur, Geneviève fut obligée de faire un effort pour ne pas éclater de rire.

— Je croyais que vous parliez, dit Adélaïde, qui perdit un peu la tête.

— Mais oui.

— A qui?

— A personne... à moi...

— On ne parle pas ainsi.

— Mais au contraire, c'est mon habitude; c'est même pour cela que je viens ici. Cela m'amuse de parler à l'eau qui court, elle emporte ce que je lui dis et ne le répète à personne.

Puis s'enhardissant en voyant le désarroi qu'elle produisait dans l'esprit d'Adélaïde, elle ajouta :

— Vous croyiez donc que je parlais à quelqu'un?

— Mais...

— A qui?

— Justement, c'était justement ce que je me demandais.

— Est-ce qu'on se promène habituellement dans le lit desséché du Cérou?

Furieuse, Adélaïde tourna sur ses talons et rentra au château, tandis que Geneviève se réjouissait en se disant : « Elle n'y reviendra pas, et dans quinze jours nous serons tranquilles. »

Elle ne se pressa pas de rentrer, riant en elle-même du bon tour qu'elle avait joué à Adélaïde. Quand elle revint elle trouva sa tante dans le fauteuil où elle l'avait laissée.

— Eh bien ! tu te plais au bord de la rivière ? dit mademoiselle de Puylaurens.

— Vous saviez donc que j'étais au bord de la rivière ? demanda Geneviève.

— C'est Adélaïde qui vient de me dire qu'elle t'a trouvée adressant des discours à l'eau qui court. Alors c'est comme cela que ça se passe avant de se marier ?

— Sans doute, ma tante.

— Rien ne peut m'être plus agréable que de voir que tu te rends à mon désir et que tu penses à M. de Javerlhac.

— Mais je ne pense pas à lui, ma tante.

— Comment ! tu ne penses pas à lui ?

— Oh ! pas du tout.

— Mais alors ?

— C'est-à-dire que je n'y pense pas comme vous l'entendez. Si je vous disais qu'il n'a pas occupé mes réflexions pendant que j'étais assise au bord de l'eau qui court, comme dit mademoiselle Adélaïde, je ne serais pas sincère.

— A la bonne heure.

— Oui, j'ai pensé à lui, beaucoup pensé à lui, m'efforçant d'apprécier les qualités que vous m'avez dit de chercher en lui et que j'ai cherchées, ma tante, mais sans les trouver ; de sorte que ce que je vous disais quand nous avons parlé de lui, je vous le répète aujourd'hui : il ne me plaît pas.

Mademoiselle de Puylaurens fut stupéfaite, et elle resta un moment silencieuse :

— Tu ne le connais pas encore assez, dit-elle.

— Mais, ma tante, il me semble que ce n'est pas parce qu'on connaît quelqu'un qu'il vous plaît ou vous déplaît.

— Et pourquoi, alors?

— Ah! je ne sais pas. Il vous plaît parce qu'il vous plaît; il vous déplaît de même, sans raison.

— C'est absurde.

— Peut-être; mais enfin c'est ainsi, — au moins c'est ainsi pour moi. Pendant le temps que M. de Javerlhac a passé ici, j'ai fait ce que vous m'aviez demandé : je l'ai étudié, et de même que je vous ai dit très franchement que je le trouvais beau garçon, de même je vous dis aujourd'hui tout aussi franchement que je crois que c'est un bon garçon

— Eh bien?

— Eh bien, ce n'est pas parce qu'un homme est beau garçon et bon garçon qu'on l'épouse.

— Ah! Et pourquoi l'épouse-t-on, je te prie?

— Mais parce qu'on l'aime; et je n'aime pas M. de Javerlhac, je ne l'aimerai jamais.

— C'est absurde.

— Oui, ma tante; mais vous êtes trop bonne, trop juste, vous me témoignez trop d'affection pour vouloir que je devienne la femme d'un homme que je n'aime pas et ne peux pas aimer. Si vous tenez à me marier, ce n'est pas par amitié pour M. de Javerlhac, c'est par amitié, par tendresse pour moi; pour que je sois heureuse....

— Pour qu'on ne puisse pas gaspiller la fortune que je te laisserai.

— Eh bien, alors, vous ne tenez pas plus à M. de

Javerlhac qu'à un autre; c'est un mari que vous voulez me donner, un protecteur de votre fortune. M. de Javerlhac n'a pas certainement des qualités spéciales pour cet emploi, qu'un autre remplirait tout aussi bien que lui, puisqu'il suffit pour cela, si j'ai bien compris ce que vous m'avez expliqué, d'avoir le titre de mari ou plutôt que j'aie, moi, le titre de femme mariée.

— Les qualités spéciales de M. de Javerlhac, c'est sa naissance, c'est son éducation, c'est sa famille, c'est sa fortune; enfin, c'est tout ce qui fait de lui un mari que toute fille raisonnable serait heureuse d'épouser.

— Ces qualités seraient sans doute décisives si je l'aimais; mais comme je ne l'aime pas, elles n'existent pas pour moi.

— Peux-tu nier sa naissance?

— Non.

— Sa fortune?

— Non.

— L'honorabilité de sa famille, qui est à la tête de la noblesse du Midi?

— Je ne nie rien, ma tante; je dis seulement que tout cela, dans la personne de M. de Javerlhac, ne me touche pas.

— Alors, c'est du mariage que tu ne veux pas?

— Non; c'est du mari.

— S'il était vieux, s'il était laid, s'il était d'un rang au-dessous du tien, s'il t'avait vue sans émotion, si ce mariage était pour lui une affaire, je te comprendrais. Au contraire, vous semblez faits l'un pour l'autre, vous avez l'un et l'autre la jeunesse, l'un et l'autre la beauté; son éducation, ses idées, ses principes peuvent inspirer toute confiance pour l'avenir; il t'aime...

— Et moi je ne l'aime pas, interrompit Geneviève. Il n'y a que cela; mais c'est quelque chose, c'est tout; il l'a bien compris quand je le lui ai dit.

— Comment! tu lui as dit! Que lui as-tu dit?

— Que notre mariage était impossible.

— Et qu'a-t-il répondu?

— Que j'avais joliment raison de ne pas vouloir d'un mari sans volonté, qui n'ose élever la voix ni devant sa mère, ni devant son précepteur. Mais que quand il aurait une femme pour le soutenir, il résisterait; qu'il en avait assez de l'existence recluse, très chic, mais pas drôle; qu'une fois libres nous nous amuserions et rondement, ni à Cordes, ni à Javerlhac, mais à Paris, ou bien à Vienne, où je voudrais, car je serais la maîtresse. Ce sont ses propres paroles que je vous rapporte, ma tante; au reste, vous avez pu entendre que son dernier mot en partant a été pour me renouveler sa promesse : « Et rondement. »

Mademoiselle de Puylaurens fut stupéfaite, tandis que Geneviève triomphait du coup qu'elle venait de porter au rival d'Ernest.

## XVI

Les quinze jours qui devaient s'écouler avant la représentation des deux pièces de Faré furent d'autant plus longs à passer pour Geneviève qu'elle était sûre du succès. Chez elle c'était article de foi, et d'une foi que rien ne pouvait ébranler, ni la peur de l'inconnu, ni les inquiétudes de la solitude, ni même le souvenir de ce qu'il lui avait dit de la mauvaise impression des comédiens.

Alors elle pourrait parler et dire enfin à sa tante : « Vous voulez un mari; voici celui que j'aime. » Et comme M. de Javerlhac semblait fortement atteint par le coup qu'elle avait eu la chance de lui porter, ce n'était pas folie d'espérer que sa tante, bon gré, mal gré, accepterait ce mari.

Bien qu'Adélaïde dût être satisfaite de la leçon que sa curiosité lui avait value, Geneviève crut prudent de ne pas renoncer à sa promenade au bord de la rivière, et tous les jours elle la fit consciencieusement, non seulement après déjeuner, mais encore plusieurs fois par jour, le matin, avant de partir pour la messe, à midi, le soir, aussi souvent qu'elle eut un instant de liberté. De cette façon, Adélaïde serait déroutée sans doute et, comme sa surveillance devrait s'exercer du matin au soir, elle serait bien forcée à la fin de l'abandonner. Quinze jours de promenade la lasseraient.

Cependant ils s'écoulèrent ces quinze jours, coupés au milieu par une nouvelle visite de madame de Javerlhac et de son fils, qui cette fois n'était pas accompagné du père Élysée.

Il sembla à Geneviève que sa tante se montrait moins bienveillante pour le jeune comte qu'elle ne l'avait été jusqu'alors, en tout cas moins disposée à la mettre en avant et lui adressant, au contraire, de temps en temps, certaines question sur sa façon de comprendre la vie et d'arranger son avenir, qui l'embarrassaient fort, malgré le secours que sa mère lui apportait aussitôt.

Geneviève s'était trop bien trouvée de son premier entretien en tête à tête avec M. de Javerlhac pour ne pas tâcher d'en avoir un second, et comme de son côté il paraissait avoir le même désir qu'elle, l'occasion qu'ils cherchaient l'un et l'autre se rencontra assez facilement. Quand elle le vit se promener dans le jardin pendant que madame de Javerlhac et mademoiselle de Puylaurens étaient enfermées ensemble, elle descendit et le rejoignit.

— Si vous saviez, dit-il en venant au-devant d'elle, comme je suis heureux de voir que vous ne me fuyez pas !

— Au contraire, je vous cherche.

— Oh ! mademoiselle, s'écria-t-il en joignant les

mains dans un élan d'enthousiasme : alors je puis espérer que vous avez réfléchi à ce que je vous ai dit?

— Beaucoup.

— Vous voyez que j'ai déjà commencé à réaliser ma promesse : Le père Élysée est resté au château, cela n'a pas été facile; mais je vous l'ai dit : quand je me sens soutenu, j'ai du courage; j'ai tenu bon, j'ai représenté à ma mère que je ne voulais pas avoir l'air d'un petit garçon qui ne peut pas faire deux pas sans son précepteur, et je l'ai emporté. Ce n'est que le commencement; vous en verrez bien d'autres. Je continue à venir avec ma mère, parce que, dans les conditions présentes, cela est plus convenable; mais cela changera aussi.

— Savez-vous que ce n'est peut-être pas là un bon moyen pour plaire à ma tante?

— Qu'est-ce que cela fait, pourvu que cela vous plaise?

— Cependant c'est ma tante qui est disposée à ce mariage, ce n'est pas moi.

— Je ne vais pas être assez naïf pour lui dire mes intentions.

— Mais je les lui ai dites, moi.

— Vous les lui avez dites?

— Sans doute.

— Vous lui avez dit qu'une fois mariés, nous ne resterions ni à Cordes ni à Javerlhac?

— Et qu'une fois libres nous nous amuserions rondement, parce que si la vie recluse était chic, elle n'était pas drôle.

— On se dit ces choses-là entre soi, on ne les dit pas aux autres, s'écria-t-il avec un accent de colère et de reproche.

— Ma tante est une autre moi-même ; j'aurais été coupable envers elle de ne pas lui apprendre quelle serait ma vie si ce mariage, qu'elle désirait pour m'avoir près d'elle, se réalisait.

— Mais cela l'aura exaspérée contre moi.

— Ma tante ne s'exaspère pas ; cela l'a inquiétée, très sérieusement inquiétée.

— Alors vous l'avez donc fait exprès ?

— Mais oui.

— Est-ce possible ! Oh ! mon Dieu !

Ce cri fut si douloureux, qu'il toucha Geneviève. Jusque-là elle avait mené cet entretien presque gaiement, en s'amusant de l'étonnement et de l'embarras de M. de Javerlhac. Mais ce n'était plus de l'étonnement, ce n'était plus de l'embarras, c'était un chagrin réel, une douleur sincère et profonde, dont elle ne pouvait plus rire. Il souffrait, le pauvre garçon, non seulement dans son amour-propre, mais encore dans son cœur.

— Ne m'accusez pas de méchanceté, dit-elle. Si vous aviez voulu croire mes paroles quand je vous ai affirmé que ce mariage était impossible, je n'aurais pas répété notre entretien à ma tante. Vous vous retiriez de vous-même, je n'avais rien à dire. Mais vous avez persisté malgré tout.

— J'ai espéré... malgré tout.

— En partant, votre dernier mot a été une nouvelle affirmation de vos intentions ; alors je me suis défendue.

— Mais je vous aime, mademoiselle! Etait-ce un crime d'affirmer mon amour?

— Non, sans doute ; mais puisque, malgré ce que je vous ai dit, vous persistiez dans votre projet, j'étais bien obligée de mon côté de persister dans ma résistance et d'employer pour cela les moyens qui s'offraient à moi ; j'ai trouvé celui-là, je m'en suis servie.

— Je vous fais donc horreur?

— Je n'ai pas dit cela.

— Eh bien, alors?

— Pourquoi voulez-vous m'obliger à vous répéter ce que je vous ai dit : que je n'accepterais pour mari que l'homme que j'aimerais... et je ne vous aime point.

— Mais vous ne me connaissez pas. Laissez-moi vous voir souvent, et alors peut-être pourrai-je vous toucher, je ne dis pas par mes qualités et mes mérites, car je ne sais pas si j'en ai qui soient dignes de vous, mais par mon amour, que j'affirme, lui, et dont je sens la puissance à la douleur que j'éprouve en ce moment où se décide ma vie. De mérites, je n'en ai peut-être d'aucune sorte ; mais, vous aimant comme je vous aime, j'aurai quelques-uns des vôtres, puisque ce que vous voudrez que je sois, je le serai, puisque ce que vous voudrez que je fasse, je le ferai. Je ne vous demande pas d'être ma femme demain ou dans quelques semaines, mais dans quelques mois, quand je me serai fait connaître.

Elle avait cru que c'était fini, et alors elle avait eu un mouvement de pitié; mais c'était par sa douleur qu'il l'avait émue; par son espoir, au contraire, il l'exaspérait.

— Il n'y a rien de personnel dans mon refus, dit-elle en l'interrompant; si je vous dis aujourd'hui, comme je vous l'ai déjà dit, que ce mariage est impossible, ce n'est pas parce que je m'imagine que vous manquez de telles ou telles qualités. Que vous les acquériez ou ne les acquériez pas ces qualités, cela ne changera rien à mes dispositions.

— Mais si je touche votre cœur?

— Vous ne le toucherez point.

Il se débattait désespérément, et cependant s'efforçant de se contenir, sans laisser échapper un mot qui dix fois déjà lui était monté aux lèvres; mais il ne fut plus maître de sa volonté.

— Alors, vous aimez donc quelqu'un? s'écria-t-il.

Elle ne répondit pas; mais, un peu pâle, elle le regarda.

Devant ce regard il se troubla.

— Pardonnez-moi, dit-il. Le désespoir de vous trouver insensible m'a égaré. Je n'ai pas le droit de vous questionner. Ne voyez dans mes paroles qu'un cri de douleur.

Et il se tut, en proie à son émotion, que deux larmes qui roulaient dans ses yeux trahissaient.

Elle avait trop mal réussi en lui témoignant qu'elle compatissait à sa douleur pour oser lui montrer de nouveau de la sympathie. Il souffrait; sans doute cela était fâcheux; mais enfin, ce n'était pas sa faute à elle. Et puis, elle n'était pas libre; elle devait penser à Ernest et n'avoir qu'un souci : celui d'enlever tout espoir à M. de Javerlhac.

Après un moment de silence, il reprit, comme s'il se parlait à lui-même :

— Certainement j'ai été aveugle, dit-il. J'aurais dû voir que si vous refusiez si obstinément de m'entendre, c'est que votre cœur n'était pas libre. Je le comprends maintenant. Vous ne m'aimez pas, vous ne pouvez pas m'aimer, parce que...

Mais il ne prononça pas le mot qu'il avait sur les lèvres.

— Que voulez-vous, mademoiselle, reprit-il, j'ai cru ce qu'on m'a dit. Pouvais-je deviner la vérité? Je n'ai vu en vous qu'une jeune fille.... adorable qui pouvait être ma femme. Je vous ai aimée. Ma mère, votre tante, désiraient notre mariage. Je l'ai cru possible, et du jour où je vous ai connue, je n'ai plus vécu qu'avec cette espérance, arrangeant pour vous et pour moi notre vie à nous deux, une vie d'amour et de bonheur. C'était un rêve. Ah ! le réveil est dur.

Sa voix s'arrêta étouffée dans sa gorge serrée.

— Vous avez raison, mademoiselle, de m'enlever toute espérance, car plus je vous verrais, plus je vivrais près de vous, plus je vous aimerais, et dans quelques mois je souffrirais plus encore que je ne souffre aujourd'hui sans doute. Je ne vous verrai donc plus, et ces paroles sont les dernières que je vous adresse. Mais avant de quitter cette maison où je ne reviendrai jamais, je veux vous montrer quel était, quel est cet amour dont vous ne voulez pas, dont vous ne pouvez pas vouloir : je vais annoncer moi-même à mademoiselle de Puylaurens que je renonce à ce mariage.

— Vous ferez cela ? s'écria-t-elle dans un trouble de joie qu'elle ne put pas dominer.

— Ah ! mademoiselle ! murmura-t-il.

Confuse de sa cruauté, elle lui tendit la main.

Il la prit et, la serrant dans la sienne qui frémissait :

— Si vous pensez à moi, dites-vous que dans ce timide il y avait un passionné.

## XVII

Ernest n'avait qu'à venir.

Et chaque jour elle se demandait si les représentations qu'elle attendait si impatiemment et avec tant d'angoisse ne seraient pas retardées. En tous cas elles n'auraient pas lieu toutes les deux le même soir, de sorte qu'elle devrait attendre après la seconde pour savoir, par lui, comment aurait marché la première. N'était-ce pas exaspérant? Et elle recommandait à sa mère de lui parler des pièces de Faré, et de lui répéter tout ce qu'on en disait, soit autour d'elle, soit dans les journaux. Sans doute cette insistance pouvait étonner son père, qui lisait toujours ses lettres; mais le temps des ménagements était passé. A ce qu'il eût maintenant des soupçons, il n'y avait plus de danger; ils l'habitueraient à l'idée qu'elle pouvait aimer Ernest, et même il était bon qu'il admît cette idée de façon à n'être pas renversé quand Ernest lui adresserait sa demande.

Car, de ce côté aussi, il y aurait des difficultés à vaincre; des obstacles à écarter : l'orgueil du nom, l'ambition d'un grand mariage. Mais elle ne s'en inquiétait pas trop, s'imaginant que, quand ils pourraient s'appuyer sur la fortune de mademoiselle de Puylaurens, que celle-ci leur donnait en dot, cela emporterait tout. N'était-ce pas cette fortune que son père avait toujours poursuivie ? N'était-ce pas pour qu'elle la gagnât qu'il l'avait envoyée à Cordes ? Elle l'avait gagnée, cela méritait récompense sans doute, et la récompense qu'elle demandait, c'était Ernest. Elle ne voyait pas comment ni pourquoi les choses n'iraient pas ainsi. Puisque c'était à l'occasion de son mariage que sa tante lui assurait sa fortune, son père ne pouvait pas, quelles que fussent ses répugnances à accepter un gendre sans naissance, ne pas consentir à ce mariage. La gloire ne tient-elle pas lieu de naissance ?

Si madame de Mussidan avait eu la liberté d'écrire ce qu'elle voulait, elle aurait donné à sa fille tous les détails que celle-ci lui demandait : mais, obligée de montrer ses lettres à son mari, qui les ponctuait, elle ne pouvait parler de Faré qu'avec une certaine réserve. Cependant elle put fixer les dates des représentations quand elle les connut. Celle de *Chatelard*, à l'Odéon, devait avoir lieu le samedi 15 septembre, et celle de *Sylvie* au Gymnase, le lundi 17.

En admettant le mieux il ne pouvait donc pas arriver à Cordes avant le mercredi matin, c'est-à-dire qu'elle avait quatre jours à attendre si sa mère ne lui écrivait pas longuement le dimanche.

Elle mit tout son espoir dans cette lettre.

Quelle ne fut pas son émotion, le dimanche matin, en rentrant de la grand'messe, d'apercevoir sur sa serviette l'enveloppe bleue d'une dépêche télégraphique:

— Une dépêche, dit mademoiselle de Puylaurens, lis vite, mon enfant.

Elle avait déjà déchiré l'enveloppe et elle lisait :

« Très grand succès hier soir, un triomphe.

» MUSSIDAN. »

Mademoiselle de Puylaurens, qui la regardait avec inquiétude, n'eut pas besoin de l'interroger pour être rassurée; ce n'était point une mauvaise nouvelle qu'elle venait de recevoir : le bonheur illuminait son visage, la joie faisait trembler ses mains.

— Qu'as-tu, mais qu'as-tu donc? demanda mademoiselle de Puylaurens.

Elle tendit la dépêche à sa tante.

— Eh bien, quoi? demanda celle-ci ayant lu, un triomphe? C'est ton père, qui triomphe?

— C'est l'ami dont je vous ai parlé quelquefois, M. Faré, qui a eu hier soir une pièce en cinq actes et en vers jouée à l'Odéon avec le succès que dit cette dépêche.

— Ah!

Et, s'adressant à son valet de chambre :

— Buvat, faites donc servir.

Mais Geneviève, malgré ses efforts, ne put pas manger : la joie l'étouffait. Buvat, voyant cela, s'imagina qu'elle ne mangeait point parce que la côtelette qu'on lui avait servie était trop cuite; il en plaça une autre délicatement dans une assiette, et avec empressement il la lui apporta.

— Celle-ci est à point, murmura-t-il.

Mademoiselle de Puylaurens suivait son idée :

— C'est ton père qui t'annonce ce triomphe? demanda-t-elle.

— Mon père, ou maman.

— Alors ils sont très liés avec lui? Vous le voyiez souvent?

— Nous allions chez sa mère presque tous les dimanches.

Là-dessus mademoiselle de Puylaurens se mit à manger d'un air absorbé.

Jusqu'à la fin du déjeuner il ne fut plus question de Faré, mais lorsqu'elles furent seules dans le salon, les questions recommencèrent :

— Qu'est-ce donc au juste que ce M. Faré, dont le succès te met dans un pareil émoi?

— C'est notre meilleur ami.

— Il y a longtemps que vous le connaissez?

— Il y a quatre ans.

— Comment l'avez-vous connu?

— Il était le camarade de nos voisins, nos amis, les Gueswiller; je l'ai connu chez eux. Si j'ai eu quelques succès, c'est à lui que je les dois. Non seulement il m'a fait des articles, mais encore il m'en a fait faire dans tous les journaux.

— Ah! c'est un journaliste?

— Il a commencé par être journaliste, pour vivre, pour faire vivre sa mère avec laquelle il demeure et...

Elle eut un moment d'hésitation; mais l'heure était venue de parler.

— ... Et qui est muette, dit-elle. Jamais fils n'a été aussi tendre pour sa mère; aussi bon, aussi dévoué, aussi courageux.

— C'est bien naturel.

— Chez lui la tendresse et le dévouement vont au delà de l'ordinaire. Et le courage aussi. Il ne s'est pas contenté d'être journaliste et de vivre tranquillement de ce qu'il gagnait dans les journaux; depuis trois ans il a donné ses nuits au travail, et en voici enfin le résultat, — ce triomphe de *Chatelard*, à l'Odéon.

— Ah! c'est *Chatelard*, le titre de cette pièce? Un épisode de la vie de Marie Stuart?

— Demain on joue de lui, au Gymnase, une comédie moderne, qui a pour titre *Sylvie*, et il a encore d'autres pièces toutes prêtes.

— Quel âge a-t-il?

— Vingt-six ans.

— C'est un beau garçon? demanda mademoiselle de Puylaurens d'un ton un peu railleur.

— Oh! oui, répondit Geneviève avec enthousiasme.

Elle aurait voulu que sa tante l'interrogeât toujours, car ce n'était pas seulement du bonheur pour elle de pouvoir enfin parler de lui, c'était encore un devoir qu'elle accomplissait; mais comme elle préparait ce qu'elle allait dire pour le bien montrer tel qu'elle voulait qu'on le vît:

— Eh bien! c'est assez sur ce M. Faré, dit mademoiselle de Puylaurens.

Et il fallut qu'elle se tût. Après *Sylvie*, elle reprendrait.

Comme sa tante avait ouvert un livre, elle en profita pour se promener dans le jardin. Ce n'était pas au moment où il allait arriver qu'elle devait renoncer à sa ruse. Et puis elle avait besoin d'être seule et de réfléchir.

Un triomphe! C'était un triomphe! C'était le mot dont elle s'était toujours servie en pensant à cette représentation; mais comme il prenait dans la dépêche de sa mère une tout autre importance que celle qu'il avait dans sa bouche! C'était un fait maintenant, une certitude, et non plus seulement une espérance.

Comment sa tante n'avait-elle pas été touchée de ce triomphe, alors qu'elle lui disait que c'était celui d'un ami, de leur meilleur ami? Il y avait là quelque chose de caractéristique. Sans doute elle avait compris que ce meilleur ami était plus qu'un ami; de là ses questions, de là aussi son air ironique quand elle avait demandé s'il était beau garçon.

Eh bien, s'il en était ainsi, tant mieux : elle serait préparée, et quand elle apprendrait que cet ami était un mari, elle ne serait pas surprise; et de lui elle saurait déjà qu'il était un bon fils, un homme de courage et de volonté, un cœur tendre et dévoué, un esprit élevé, un grand écrivain, enfin qu'il était doué de toutes les qualités qu'elle lui avait données, — et qu'il possédait vraiment.

Et certainement cette préparation ne serait pas inutile, car il était évident que mademoiselle de Puylaurens n'était point sympathique à ce journaliste qui écrivait des drames et des comédies. Elle aimait peu ces gens-là. Au ton de ses questions on pouvait juger ses sentiments pour ce beau garçon. Mais elle le voyait de loin; elle ne savait pas ce qu'il était, et son opinion pour beaucoup était faite de préjugés. Quand elle saurait la vérité, quand elle le connaîtrait, quand elle pourrait apprécier ce qu'il y avait en lui de bonté et de tendresse de cœur, d'élévation d'esprit, de noblesse de caractère, ces préjugés s'effaceraient.

Si elle avait pu tout dire, elle les aurait déjà assurément ébranlés. Mais par bonheur elle n'avait plus longtemps à attendre. Encore trois jours, et elle pourrait librement parler : Et si sa tante voulait lui fermer la bouche en lui disant encore : « C'est assez sur ce M. Faré »; elle pourrait répondre : « Non, ce n'est pas assez, car c'est lui que j'aime, lui qui sera mon mari ou je n'épouserai jamais personne. »

Et si sa tante tenait tant à la marier, il faudrait bien qu'elle l'acceptât.

Après tout, elle n'était pas si obstinée qu'on pouvait le croire dans ses idées, sa tante; quand il le fallait, elle en changeait. Toute sa vie n'avait-elle pas été l'ennemie du mariage? Et maintenant elle voulait la marier.

Son entêtement n'était pas celui d'une bête; intelligente et bonne comme elle l'était, elle se laisserait gagner quand elle verrait que ce mari était fait pour le bonheur de sa nièce.

Il était impossible qu'elle ne fût pas touchée; si

elle ne se rendait pas à la tendresse, elle céderait à la nécessité.

Il pouvait donc venir, et comme *Sylvie* allait avoir sûrement la fortune qu'avait eue *Chatelard*, dans trois mois ils seraient mariés.

## XVIII

Enfin le mercredi arriva.

Avant sept heures elle était prête pour partir à la messe, ayant presque l'espérance de l'y voir.

Mais cette espérance fut déçue; elle ne l'aperçut ni dans l'église ni devant la maison de Guillaume de Puylaurens. Et ce fut une inquiétude qui s'ajouta à l'impatience qui depuis trois jours l'enfiévrait.

Etait-ce par prudence ?

Etait-ce parce que *Sylvie* n'avait pas encore été jouée ou bien parce qu'elle n'avait pas réussi? Mais quand cette pensée se présentait à son esprit, elle la repoussait aussitôt, comme si ce doute avait été un crime.

Il n'était pas venu parce qu'il n'avait pas cru devoir venir, et certainement les raisons qui l'avaient retenu étaient excellentes.

A une heure, il serait dans la prairie.

A midi et demi, elle put quitter sa tante et courir au bois de magnolias.

Il n'était pas encore arrivé; quoiqu'il ne fût pas l'heure, elle reçut un coup en ne le voyant pas à la place où elle l'avait aperçu la première fois, et dans sa confiance qu'il devait être là, elle vint jusqu'à la rivière, se disant qu'il était au bas du talus.

Il n'y avait personne.

Mais à courte distance, de l'autre côté dans une touffe de roseaux, un gamin pêchait à la ligne. Elle l'avait déjà vu là plusieurs fois ; elle ne le connaissait pas.

Elle s'assit et attendit sans se préoccuper de ce gamin ; c'était bien à lui qu'elle pouvait penser vraiment !

Elle était là depuis cinq minutes à peine, l'oreille tendue, les yeux fixés sur la prairie, quand elle le vit apparaître.

Elle se leva ; mais il l'avait vue, et de la main il lui avait fait un signe sur la signification duquel elle ne se méprit pas : ce n'était pas seulement le bonheur de la voir qu'il y avait dans cet élan, mais encore une joie complète.

En quelques secondes il fut près d'elle.

— Un triomphe? cria-t-elle avant qu'il fût arrivé.

— Un succès, dit-il.

— Un grand, un très grand succès?

— Très franc.

— Oh! que je suis fière !

— Et moi ; que je suis heureux, puisque je vais être votre mari.

— Mon père était à vos premières ?

— J'ai eu la chance de pouvoir lui offrir deux belles loges. Il a été un peu froid d'abord ; mais au quatrième acte de *Chatelard*, il a commencé à applaudir et, à *Sylvie*, il a applaudi tout le temps; il a été même jusqu'à m'embrasser en public.

— Et maman?

— Oh! heureuse comme vous.

— Vous m'avez apporté les journaux?

— Votre maman a dû vous les envoyer.

— Que disent-ils?

— Vous savez ce qu'est le succès au théâtre : une folie contagieuse; ils sont tous partis pour la gloire.

— Pouvez-vous plaisanter!

— Voulez-vous que je me laisse affoler aussi? Si je suis si heureux de cette unanimité dans l'applaudissement, c'est pour vous, c'est parce qu'elle va forcer, je l'espère, les défenses qui s'opposaient à notre mariage.

— Oh! assurément; j'ai déjà préparé ma tante avec la dépêche de dimanche.

— Et qu'a-t-elle dit?

— Elle n'est guère bien disposée en faveur d'un journaliste et d'un homme de théâtre; mais *Sylvie* va achever ce que *Chatelard* a commencé. Comptez sur moi; ma tante m'aime trop tendrement pour ne pas me vouloir heureuse. Pour vous, pendant que j'agirai ici, obtenez le consentement de mon père, et dans deux mois je serai votre femme, car ma tante veut me marier tout de suite.

Elle parlait en le regardant, penchée vers lui, tandis qu'il se haussait vers elle; comme elle lui disait ces derniers mots, elle eut la sensation qu'on marchait au loin dans la prairie en face, et instinctivement elle leva les yeux : c'était Adélaïde qui arrivait, suivie du gamin occupé à pêcher quelques instants auparavant.

Geneviève n'eut pas besoin de réfléchir pour comprendre la situation : Adélaïde avait posté là ce gamin depuis plusieurs jours et celui-ci avait été la prévenir.

— Nous sommes surpris, dit-elle à mi-voix, voici la femme de chambre de ma tante qui nous espionne, elle arrive.

— Que voulez-vous que je fasse?

— Je ne sais pas.

— Pourquoi nous cacher?

— Parce que je voudrais prendre les devants auprès de ma tante.

— Est-ce le bon moyen?

— Je le crois.

— Comme toujours je ferai ce que vous voudrez.

Ils parlaient à voix précipitée, mais Adélaïde, arrivait.

— Partez, dit-elle résolument, retournez à Paris, décidez mon père; c'est à moi de nous défendre ici. Vous ne pouvez rien sur ma tante, qui ne vous connaît pas.

Adélaïde n'était plus qu'à quelques pas de la rivière. Faré s'éloigna lentement, suivant le chemin par où il était venu.

Geneviève n'attendit pas qu'Adélaïde lui parlât; elle rentra sous les magnolias, et là, s'arrêtant appuyée à un arbre, car elle était tremblante, elle se demanda ce qu'elle devait faire.

Certainement ce n'était pas pour le plaisir de la surprendre qu'Adélaïde avait placé cet enfant en embuscade, elle avait une intention : la dénoncer à sa tante et exciter celle-ci contre elle.

Devait-elle attendre cela et paraître en coupable qui se défend ou qui nie?

Ni l'un ni l'autre de ces rôles ne pouvaient lui convenir.

Nier! Elle ne descendrait pas à un pareil moyen.

Se défendre? Elle ne se sentait pas coupable. Quel mal avait-elle fait? Ils s'aimaient, ils voulaient s'épouser, ils avaient le consentement de leurs mères.

On ne se défend pas quand on est dans ces conditions.

Sa résolution fut prise : elle se dirigea vers le château, où elle devancerait assurément Adélaïde, obligée de faire un détour.

Au moment de mettre la main sur le bouton de la porte du salon, elle s'arrêta, émue à la pensée de la responsabilité qu'elle prenait et du chagrin qu'elle allait causer à sa tante ; mais son amour l'affermit..

Elle entra.

— Tu reviens déjà? dit mademoiselle de Puylaurens, qui n'avait pas quitté son fauteuil.

Comme elle ne répondait pas, sa tante la regarda et la vit pâle, les lèvres frémissantes.

— Qu'as-tu, mon enfant?

— Une chose très grave, ma tante, la plus grave de ma vie : je viens de voir M. Faré.

— Où donc?

— Au bord de la rivière.

— Comment cela?

Elle hésita un moment, le cœur serré, puis, se décidant :

— Ma tante, je dois vous avouer que, quand je suis venue chez vous, j'étais fiancée à M. Faré...

— Fiancée ! Comment fiancée ! Par qui ?

— Par ma mère, par sa mère.

— Et ton père ?

— Nous attendions, pour lui parler de notre amour, comme j'attendais pour vous en parler à vous-même, que ses pièces eussent été jouées et qu'il eût une situation. *Sylvie*, sa seconde pièce, vient d'obtenir un succès égal à celui qu'a obtenu *Chatelard*; il est acclamé par tous, et par ce double début il s'est placé parmi les maîtres du théâtre. C'est pour m'annoncer ce succès qu'il est venu. Et c'est pour me demander à mon père qu'il retourne tout de suite à Paris.

Mademoiselle de Puylaurens était stupéfaite et indignée, tellement abasourdie qu'elle ne comprenait pas.

— Tu savais donc qu'il devait venir ? demanda-t-elle.

— Il est déjà venu il y a quinze jours !

— C'est lui qui t'a fait refuser M. de Javerlhac ?

— Oui.

Comme les personnes qui sont jetées hors d'elles-mêmes, mademoiselle de Puylaurens allait d'une idée à une autre :

— Mais ta mère ! demanda-t-elle, comment ta mère a-t-elle accepté ce mariage ?

— Elle l'a accepté quand elle a vu notre amour.

— Elle n'a donc pas conscience de votre rang ?

— Mon rang c'était d'être premier prix du Conservatoire et de gagner quelque argent en jouant dans les salons ; il me semble qu'il n'était pas supérieur à celui de M. Faré.

Puis, sentant qu'elle venait de se placer sur un terrain favorable, elle continua avec plus d'assurance :

— Et si j'étais restée ce que j'étais alors, si je n'étais pas venue ici, si j'étais toujours la petite pianiste de Montmartre, le rang de M. Faré serait aujourd'hui bien au-dessus du mien.

Mademoiselle de Puylaurens était trop raisonnable et trop juste pour n'être pas touchée de cet argument qui portait : il était certain que celle que ce Faré avait aimée ce n'était pas l'héritière de la fortune des Puylaurens, c'était la petite pianiste, et si cette pauvre pianiste avait su qu'elle hériterait un jour de cette fortune, sans doute elle aurait eu conscience de son rang. N'avait-elle pas elle-même une part de responsabilité dans cette situation ?

Mais cette idée de mariage la blessait trop dans ses principes et dans ses espérances pour qu'elle se rendît.

— Je ne sais, dit-elle, ce que ton père répondra à M. Faré ; mais, pour moi, je n'accepterai jamais ce mariage.

— Oh ! ma tante...

Mais mademoiselle de Puylaurens lui coupa la parole.

— N'essaye pas de me fléchir, mon enfant, cela

amènerait entre nous une lutte pénible qui n'aboutirait à rien. Tu me connais assez et tu es assez intelligente pour comprendre que tout en moi proteste contre un pareil mariage : mes croyances de chrétienne, ma naissance, mon éducation, mes idées, ma juste ambition pour toi, et aussi ma prévoyance, mon expérience de la vie ; ce jeune homme peut avoir tous les mérites dont ton enthousiasme le pare, mais il a contre lui une chose terrible : son origine, il est fils d'une muette ; et cette infirmité peut passer à ses enfants.

— Mais madame Faré n'est pas née muette.

— Il suffit. Je demande à ton affection de ne pas insister. Tu m'as fait beaucoup de peine, et je ne suis pas en état de supporter une discussion.

Comme Geneviève sortait, elle rencontra Adélaïde qui semblait attendre le moment d'entrer dans le salon :

— Ce n'est pas la peine que vous dérangiez ma tante, dit-elle ; ce que vous vouliez lui rapporter, je viens de le lui apprendre.

## XIX

Faré n'avait pas perdu de temps pour reprendre le train, et il courait sur Paris en réfléchissant aux difficultés de leur situation, car s'il n'avait pas répondu à Geneviève lui disant : « Dans deux mois je serai votre femme, » il n'imaginait pas que les choses allaient marcher ainsi.

Il n'était pas du tout sûr que parce qu'il était l'auteur applaudi de *Chatelard* et de *Sylvie* M. de Mussidan allait être heureux de lui donner sa fille.

Et d'autre part, il semblait que précisément parce qu'il était l'auteur de pièces de théâtre, mademoiselle de Puylaurens ne devait pas être disposée à lui donner sa nièce.

A la vérité, ils pouvaient se passer du consentement de la tante s'ils avaient celui du père ; mais alors c'était une rupture avec mademoiselle de Puylaurens, ce qui serait un chagrin pour Geneviève.

Quant à lui, il se trouvait placé dans des conditions telles qu'il devait souhaiter cette rupture plus tôt que la craindre, car, en se fâchant avec sa nièce, mademoiselle de Puylaurens la déshériterait, et alors il devenait plus facile pour lui d'épouser Geneviève pauvre que Geneviève riche. Et ce qu'il voulait dans ce mariage, ce n'était pas la fortune, c'était sa chère petite Geneviève.

Le rôle que Geneviève lui avait réservé n'était donc pas aussi simple à remplir qu'elle semblait le croire, et il ne fallait l'aborder qu'avec prudence.

Ce fut à le composer qu'il employa le temps du voyage.

Il avait décidé que le mieux était de s'entendre tout d'abord avec madame de Mussidan ; mais lorsque, dans ce but, il se présenta place Dancourt à une heure où jamais on ne trouvait le comte, il eut la mauvaise chance de rencontrer celui-ci dans l'escalier, sortant.

— Eh bien, vous êtes encore un joli garçon, vous! dit M. de Mussidan d'un ton fâché.

Faré tomba des nues. Il avait quitté M. de Mussidan de belle humeur, fier du succès de *Chatelard* et de *Sylvie*, comme si les pièces étaient de lui, et il le retrouvait fâché. Que s'était-il passé ? madame de Mussidan avait-elle fait une tentative malheureuse ?

Comme il regardait M. de Mussidan avec une curiosité inquiète, celui-ci continua :

— Vous êtes un lâcheur, tout simplement.

— Comment cela ?

— Je vous dis que vous êtes un lâcheur, mon jeune ami.

— Qu'ai-je donc fait ?

M. de Mussidan n'était pas homme à interrompre sa promenade pour son jeune ami ; il avait donc continué de descendre l'escalier accompagné de Faré. Arrivé sur le trottoir, il mit sa canne au port d'arme, cambra sa taille en effaçant les épaules de son air de vainqueur qui défie les années, et ayant pris le bras de Faré, il continua :

— Je n'ai pas à vous dire, n'est-ce pas, que vous avez toujours été de mes amis ?

— Certes non, monsieur le comte, et je sais tout ce que je dois à votre bienveillance.

— Il suffit, ne me remerciez pas. C'était bien naturel. Du jour où je vous ai connu, j'ai vu tout de suite que vous iriez loin. Je ne me trompe pas sur les hommes qui ont quelque chose en eux ; sur les autres, sur les nullités, c'est différent ; mais quand un homme a une lueur en lui, je sais la distinguer. Je n'ai donc pas attendu votre succès pour reconnaître votre talent.

M. de Mussidan oubliait que, quinze jours auparavant, il raillait son jeune ami, sur « ses petites machines » qu'on ne voulait décidément pas jouer, ce dont il ne pouvait pas blâmer les directeurs, car s'embarquer avec deux grandes pièces d'un inconnu qui n'avait pas d'autres titres à faire valoir que d'être Gardénia, était bien imprudent ; mais Faré se garda de lui rappeler ces railleries.

— Ce talent, continua M. de Mussidan, je l'ai affirmé hautement, non seulement parce que j'avais foi en vous, mais encore parce que je vous aimais, et votre aventure c'était la mienne.

— Oh ! monsieur le comte, dit Faré, se laissant prendre à cette parole chaleureuse.

— Vous n'avez jamais douté de ma sympathie, je l'espère, et vous lisez trop bien dans le cœur humain pour n'avoir pas vu les sentiments d'affection paternelle pour vous que je portais dans le mien. Je vous ai quelquefois rudoyé, quelquefois raillé ; mais cela vous était utile.

Ils approchaient d'un bureau de tabac.

— Avez-vous un cigare ? demanda M. de Mussidan, s'interrompant.

— Non, mais je vais en prendre quelques-uns, si vous permettez.

Et, sans attendre cette permission, Faré entra dans le débit de tabac, d'où il ressortit la main pleine de beaux cigares qu'il tendit au comte ; celui-ci en choisit cinq ou six qu'il mit dans sa poche, puis en ayant allumé un, il continua :

— Je vous ai donc soutenu de toutes les manières et avant même qu'on jouât vos pièces, j'ai affirmé leur mérite ; vous auriez été mon fils que je n'aurais pas parlé de vous autrement. Cela m'a si bien posé pour votre ami que, vos pièces jouées, on m'a demandé à les voir, et quand je vous ai cherché pour vous prier de mettre quelques places à ma disposition, je ne vous ai point trouvé. Voilà pourquoi je vous accuse d'être un lâcheur.

— J'ai été obligé de faire un petit voyage ; mais maintenant me voici tout à vous.

— Alors c'est différent, vous êtes pardonné. Voici ce qu'il me faut.

Et pendant que M. de Mussidan lui expliquait ce qu'il lui fallait, ce qui fut assez long, Faré se demandait s'il ne devait point profiter des bonnes dispositions dans lesquelles il le trouvait pour risquer sa demande. Pourquoi ne seraient-elles pas sincères, ces assurances d'amitié ? Sans doute, le succès de *Chatelard* et de *Sylvie* leur donnait un caractère particulier ; mais n'avait-il pas lui-même justement mis ses espérances dans ce succès ? Que gagnerait-il à attendre ? La fortune lui semblait favorable en ce moment, il ne devait pas la laisser passer. Il se décida donc. Ils étaient sur le boulevard, où ils pouvaient s'entretenir à peu près librement.

— Je ne saurais vous dire, commença-t-il, combien je suis heureux de l'amitié que vous me témoignez!

— Elle est sincère, et si je vous ai traité autrefois en gamin, je vous considère maintenant comme un homme de grand talent, d'un talent que je suis fier d'avoir deviné quand personne encore ne le soupçonnait. Dans l'avenir glorieux qui s'ouvre devant vous, vous serez heureux de vous rappeler cela : vous pourrez vous dire que quand vous doutiez de vous-même, il y avait quelqu'un qui avait foi en vous, et que ce quelqu'un c'était le comte de Mussidan. Est-ce que, sans cette confiance, je vous aurais accueilli chez moi comme je l'ai fait...

Et s'arrêtant, il lui serra la main.

— ... En ami, en père.

Faré n'était plus assez jeune pour accepter naïvement tout ce que M. de Mussidan lui disait; mais, d'autre part, il n'était pas assez sceptique non plus pour n'en pas croire un seul mot. Évidemment, il y avait une part de vérité dans ces paroles chaleureuses, comme il y avait une part de sympathie sincère dans ces effusions. En ce moment, M. de Mussidan l'aimait réellement, et c'était ce qu'il pouvait désirer de mieux pour le succès de sa demande ; il devait donc la présenter sans tourner davantage, — ce qu'il fit.

— Cette amitié, dit-il, et la confiance qu'elle vous inspire en mon avenir....

— Il sera superbe.

— .... Me décident à vous faire un aveu que je ne dois plus différer.

— Un aveu ?

— J'aime depuis longtemps mademoiselle Geneviève....

— Geneviève !

— Et je vous la demande pour femme.

— Vous aimez ma fille, vous !

— Je l'aime !

— Et vous me la demandez, vous !

— Elle est d'âge à se marier.

— Et vous m'adressez cette demande ici, dans la rue !

— J'ai été entraîné par l'amitié que vous me témoigniez.

— Ah çà ! est-ce que le succès vous a rendu fou ?

Et M. de Mussidan l'examina avec un air de pitié.

— Voyons, mon cher garçon, ce n'est pas sérieusement, n'est-ce pas, que vous vous êtes imaginé que moi, comte de Mussidan, je pouvais vous donner ma fille à vous... Ernest Faré ?

A une question ainsi posée, Faré ne pouvait répondre qu'en blessant M. de Mussidan dans son orgueil et sa vanité. Il se tut.

— Je ne veux pas vous humilier, continua M. de Mussidan d'un ton adouci ; je laisse donc de côté cette considération que vous pèserez dans votre conscience ; mais il en est une autre qui, sans doute, ne s'est pas présentée à votre esprit ; celle que vous voudriez épouser n'est pas seulement la fille du comte de Mussidan, elle est encore la nièce et l'héritière de mademoiselle de Puylaurens, une vieille fille qui lui laissera une belle fortune.

Sur ce point, Faré pouvait reprendre :

— C'est pour elle que je l'aime, non pour sa fortune. Je ne vous demande pas de dot ; je vais maintenant gagner assez pour lui assurer une position convenable, qui, je l'espère, ira en grandissant.

— Allons décidément, s'écria M. de Mussidan, vous êtes plus jeune que je ne croyais, et pourtant vous avez du talent.

— Mais, monsieur le comte...

— Restons-en là, je vous prie. Je tâcherai d'oublier votre demande ; vous, de votre côté, oubliez votre rêve. Au revoir.

Et, d'un geste plein de noblesse, M. de Mussidan arrêta Faré ; puis il s'éloigna dignement.

Un moment abasourdi, Faré se mit en route pour remonter à Montmartre et voir madame de Mussidan. Il la trouva chez elle et lui raconta ce qui venait de se passer.

— Pourquoi ne m'avez-vous pas fait part de votre projet ? dit-elle tristement.

— Je le voulais ; j'ai été entraîné.

— Ah ! cette fortune de mademoiselle de Puylaurens, s'écria-t-elle, il est écrit qu'elle fera le malheur de toute la famille ! Après le père et les fils, c'est la fille maintenant, c'est vous, c'est moi, dont depuis quinze ans elle a empoisonné la vie.

— Mais je n'en veux pas de cette fortune, et j'espère bien que mademoiselle de Puylaurens va renoncer à son idée de testament.

— Cela seul peut amener votre mariage, car tant que M. de Mussidan s'imaginera que sa fille, qui n'a que quinze ans, héritera demain de cette fortune, il ne la mariera pas ; c'est à Cordes que votre mariage se décidera.

Ce cri lui avait échappé ; elle s'arrêta, honteuse d'en avoir tant dit.

## XX

Ce n'était pas seulement la discussion sur ce mariage que mademoiselle de Puylaurens ne pouvait pas supporter, ainsi qu'elle l'avait dit à Geneviève, c'était aussi, c'était surtout le mariage lui-même.

— Cette petite! est-il possible!

A ce moment Adélaïde était entrée pour raconter ce qu'elle venait de voir; mais mademoiselle de Puylaurens ne lui avait même pas permis de commencer son récit.

— Ouvrez une fenêtre, avait-elle dit.

Une fenêtre ouverte était, au château, un fait tellement extraordinaire, qu'Adélaïde avait regardé sa maîtresse sans bouger, se demandant ce qu'elle devait faire.

— Vous n'entendez donc pas ce qu'on vous dit? Ouvrez cette fenêtre.

— Mais il fait froid.

Ce n'était point l'habitude de mademoiselle de Puylaurens de parler sur ce ton à ses domestiques;

mais au contraire, toujours avec douceur et sans s'impatienter jamais.

Adélaïde obéit, indignée, mais, d'un autre côté, satisfaite de voir dans quel état de colère était sa maîtresse : — La petite payerait cela.

— Maintenant, laissez-moi, dit mademoiselle de Puylaurens; si l'on vient pour me voir, je n'y suis pour personne.

Elle était dans un état d'émotion et d'anxiété qui rappelait les crises que M. de Mussidan avait si souvent provoquées au temps où elle espérait le sauver, et aussi celles qui s'étaient tant de fois répétées avec Sébastien et Frédéric. En serait-il donc de la fille comme il en avait été du père et des frères? Était-il possible que cette enfant si douce, si tendre, d'une humeur si facile, d'une nature si droite, d'un cœur si bon et si généreux, fût perdue à jamais? La malédiction de Dieu s'abattrait donc ainsi successivement sur tous les membres de la famille?

Et pendant plusieurs heures elle était restée accablée, insensible à ce qui se passait autour d'elle, suivant sa pensée ou plutôt allant d'une idée à une autre fiévreusement, sans pouvoir s'arrêter à rien de précis.

Ce fut un sentiment de froid très vif qui la rappela à la réalité des choses matérielles; elle était glacée, avec des frissons et un claquement de dents.

Elle alla fermer la fenêtre, puis elle sonna pour qu'on allumât le feu qui était toujours attisé dans la cheminée.

Ce fut Geneviève qui entra.

20.

— Vous avez besoin de quelque chose, ma tante ?
— Je voudrais du feu ; j'ai froid.

Geneviève l'alluma elle-même et il ne tarda pas à flamber, car c'était une des précautions de mademoiselle de Puylaurens d'avoir dans ses bûchers des provisions de bois sec pour plusieurs années à l'avance.

Mais les frissons et les claquements de dents ne cessèrent point, malgré la chaleur qui ne tarda pas à emplir le salon, et malgré la flamme qui frappait en plein mademoiselle de Puylaurens assise en face de la cheminée.

— Je vais vous préparer une tasse de tisane bien chaude, dit Geneviève.

— Je veux bien, mon enfant, j'ai pris un mauvais froid.

La tasse de tisane ne fut pas plus efficace que ne l'avait été la flamme de la cheminée ; tremblant toujours, mademoiselle de Puylaurens voulut se mettre au lit, et elle envoya chercher le docteur Azema, qui arriva aussitôt.

Il se fit expliquer comment ce refroidissement s'était produit, et elle lui raconta les choses sans rien cacher : à la suite d'une violente contrariété, elle avait éprouvé un étouffement ; pour respirer elle avait fait ouvrir une fenêtre ; puis, sans penser que par cette fenêtre le froid entrait, elle était restée plusieurs heures à réfléchir, et c'était un violent frisson qui l'avait rappelée à elle.

— Puis-je vous demander la cause de cette contrariété ?

Elle l'avait dite, car le docteur était plus qu'un médecin pour elle, un vieil ami. Et une fois en train, elle s'était laissée aller à son désespoir.

— Comprenez-vous, docteur, une enfant en qui j'avais tant d'espérances, aimer un homme de théâtre !

Mais à son grand étonnement, le docteur n'avait pas dit comme elle.

— Homme de théâtre ! homme de théâtre ! Ce n'est pas un comédien, et d'ailleurs l'Église n'a-t-elle pas fait un saint d'un comédien ; Corneille a écrit *Polyeucte*.

— N'allez-vous pas l'excuser !

— Avant de la condamner, il me semble qu'il faudrait savoir quel est au juste ce jeune homme ; les journaux font le plus grand éloge de ses pièces.

— Êtes-vous donc d'accord avec elle ?

— Je vous donne ma parole qu'elle ne m'a jamais parlé de lui.

Lorsqu'il se retira, après avoir fait son ordonnance pour la nuit, ce fut lui qui parla de Faré à Geneviève postée dans le vestibule où elle l'attendait inquiète, se demandant quelle part de responsabilité lui incombait dans cette crise.

— Comment trouvez-vous ma tante ?

— Pas bien, le froid est si dangereux pour elle ; enfin nous verrons demain matin.

— C'est bien le froid, n'est-ce pas, qui est la cause de ce malaise ?

— Le froid et aussi l'émotion très vive que vous lui avez causée.

— Vous savez...

— Elle m'a tout dit; maintenant si, de votre côté, vous voulez faire comme elle, je pourrai peut-être vous servir; quand deux mères désirent un mariage, il me semble qu'il doit avoir le bon droit pour lui.

Elle n'était pas en situation de refuser un appui ainsi offert; d'ailleurs le docteur Azema s'était toujours montré de ses amis; enfin comment n'aurait-elle pas été heureuse de parler de celui qu'elle aimait?

— Comptez-sur moi, dit-il, lorsqu'elle fut arrivée au bout de son récit; demain je plaiderai votre cause et la sienne; il m'inspire une vive sympathie; il est charmant.

— Si vous saviez...

— J'espère que je saurai. Rentrez près de votre tante et soignez-la bien.

Le surlendemain, mademoiselle de Puylaurens avait une fluxion de poitrine, et son état était assez caractérisé pour que le médecin ne pût pas la lui cacher. D'ailleurs, c'était la cinquième, et elle savait à ne pas se laisser tromper quelle était la symptomatologie de cette maladie, comme disent les médecins.

Ce fut même elle qui l'annonça au docteur Azema lorsque, le matin, il lui fit la première visite :

— Je crois que j'ai une fluxion de poitrine, mon cher docteur.

— Pouvez-vous dire cela!

— J'en suis sûre. Je le sens, je m'y connais.

Après examen, le médecin déclara que c'était, en effet, une fluxion de poitrine, mais qu'elle était très légère et qu'elle ne présenterait aucune gravité

— Enfin, je peux mourir.

— Mais non.

— Vous savez bien que la mort n'a en soi rien d'effrayant pour une chrétienne. Ce qui m'épouvante, c'est la pensée de ce qu'il adviendra de cette pauvre enfant.

— Il est évident que mieux aurait valu qu'elle fût mariée.

— Elle ne l'est pas.

— Pourquoi ne la mariez-vous pas?

— En aurais-je le temps?

— Si vous acceptiez celui qu'elle aime.

— Ce n'est pas possible.

— Avant de dire : « ce n'est pas possible » ne faudrait-il pas le connaître?

— Ce que je sais de lui suffit.

Le médecin n'osa pas insister : mais, en sortant du château, il monta au presbytère et mit le curé au courant de ce qui se passait.

— Les scrupules de mademoiselle de Puylaurens me paraissent légitimes, dit celui-ci.

— Peut-être le sont-ils en effet jusqu'à un certain point; mais l'avenir de cette enfant doit, il me semble, passer avant tout. Mademoiselle de Puylaurens est gravement malade, elle peut mourir ; sans doute elle peut guérir aussi, mais enfin elle est en danger. Qu'elle meure, que deviendra la fortune qu'elle laisse à Geneviève et qui sera administrée par M. de Mussidan?

— Cela est effrayant. Pourquoi n'a-t-elle pas

épousé M. le comte de Javerlhac, un si bon jeune homme!

— Parce qu'elle en aime un autre. Et c'est justement cet amour qui l'empêchera de se marier si ce n'est pas avec ce garçon; beaucoup de talent, vous savez, un avenir superbe.

— Fâcheuse affaire.

— Si vous interveniez, mon cher doyen, à nous deux nous déciderions sans doute mademoiselle de Puylaurens. Voulez-vous que cette fortune soit gaspillée, que ce château soit vendu, que ce musée soit dispersé? Mariée à Ernest Faré, la petite Geneviève garderait tout cela; elle continuerait toutes les générosités, les charités de sa tante.

— Encore faudrait-il savoir ce qu'est ce M. Faré, dit le doyen, ébranlé par ce plaidoyer chaleureux.

— Il faut nous hâter.

— On pourrait écrire.

— Écrire!

— Télégraphier et tâcher d'avoir sur lui des renseignements précis puisés à une source qui inspire toute confiance.

— N'avez-vous pas à Paris quelqu'un à qui vous pourriez vous adresser?

— Oui, je connais des personnes sûres.

— Eh bien, télégraphiez; nous sommes trop les amis de mademoiselle de Puylaurens pour ne pas la défendre, elle et sa fortune; c'est à nous d'agir pour elle et de lui faire une violence dont elle nous saura gré plus tard, si elle réchappe. En tout cas, c'est notre devoir. Et j'ajoute que nous devons bien cela à cette chère petite, si bonne, si bien faite pour remplacer sa tante.

— Il est vrai qu'à sa naissance elle a été bénie du Seigneur.

— Eh bien alors, télégraphiez.

— De ce pas je vais au télégraphe; en revenant je m'agenouillerai à l'autel de la très sainte Vierge pour lui demander le rétablissement de la santé de notre digne amie.

— Moi, je vais faire préparer un bon vésicatoire de quinze centimètres et je redescends le lui poser moi-même.

— Espérez-vous la sauver, mon bon ami?

— Soixante-dix ans, vous savez, c'est là le grave; enfin, agissons comme si nous devions la perdre.

## XXI

La réponse des « personnes sûres » ne se fit pas attendre ; elle arriva dès le lendemain :

« Au point de vue du monde, excellent jeune homme ; vie honnête et régulière ; bon fils, grand travailleur, bel avenir. »

— Vous voyez, dit le docteur Azema quand le doyen lui communiqua cette dépêche.

— Oui, sans doute ; mais vous voyez aussi : « Au point de vue du monde. »

— Quand il sera votre paroissien, vous en ferez un excellent jeune homme au point de vue chrétien : si nous avions le temps de choisir, je comprendrais vos scrupules ; mais ce temps, nous ne l'avons pas. Hâtons-nous de faire faire le contrat de mariage ; je réponds de rien.

Le curé se rendit à ces raisons ; il connaissait M. de Mussidan et ses fils, et il avait à leur égard les mêmes craintes que mademoiselle de Puylaurens.

— Descendons au château, dit le médecin, qui ne voulut pas le laisser à ses hésitations, mademoiselle de Puylaurens est déjà ébranlée, vous enlèverez ses dernières défenses.

— C'est bien grave un mariage. Quelle responsabilité nous prenons, mon bon ami !

— Et celle que nous prendrions en laissant cette fortune tomber aux mains de M. de Mussidan, ne serait-elle pas grave aussi ?

— Sans doute.

— Voulez-vous que cette chère enfant soit réduite à la misère ?

— Pourquoi n'a-t-elle pas voulu du comte de Javerlhac ?

Le médecin avait dit vrai ; mademoiselle de Puylaurens était déjà ébranlée : la peur de la mort, dont elle sentait la main glacée sur ses épaules, sa tendresse pour Geneviève, son horreur pour M. de Mussidan, les hallucinations de la fièvre, les paroles de son médecin, la faiblesse de la maladie, les torts qu'elle se reprochait d'avoir eus envers cette enfant, tout se réunissait et se heurtait en elle pour la troubler. Les choses en seraient-elles là, si elle avait élevé Geneviève et si, au lieu de se fâcher des sottes lettres de M. de Mussidan, elle avait persisté dans ses intentions premières ?

Quand le doyen vint la voir avec le médecin et qu'après le départ de celui-ci il resta seul avec elle, elle lui fit part de ses inquiétudes et de ses remords.

— Certainement, certainement, dit le curé, tout cela est terrible ; cependant, si le jeune homme offrait des garanties...

— Vous aussi, monsieur le doyen ?

— J'ai beaucoup réfléchi, beaucoup pensé à vous, à vos tourments, à vos espérances, et aussi à la chère enfant, et j'ai envoyé une dépêche à Paris pour qu'on fît une enquête sur ce jeune homme ; oh ! une enquête discrète, sans que vous paraissiez en rien, et voici la réponse que je viens de recevoir.

Il lut la dépêche en glissant vivement sur la restriction des premiers mots et en insistant au contraire sur les derniers : « Vie honnête, bon fils, grand travailleur. »

Bien que mademoiselle de Puylaurens fût absorbée par la fièvre et surtout par la difficulté de respirer qui la rendait anxieuse, elle avait toute sa raison et elle ne laissa point passer les premiers mots sans les remarquer.

— Au point de vue du monde, dit-elle.

— Sans doute, mais c'est déjà beaucoup.

— Vous me conseillez donc ce mariage ?

— Je vous conseille... je vous conseille...

Le curé eut un moment d'hésitation qui le fit rougir et presque aussitôt pâlir, tant son émotion était forte Il n'aimait pas à donner des conseils... « parce que, vous comprenez... » et il ne pouvait pas se décider à les donner sous une forme aussi affirmative, par oui ou par non.

— S'il est une affaire grave, dit-il, c'est le mariage d'une jeune fille ; son bonheur dans le présent, son salut dans l'avenir, le repos de sa famille, tout cela est à considérer, à peser. Avant de donner un conseil il faut donc s'entourer de garanties. Cependant pour ce qui est de ce jeune homme, et dans les circonstances présentes, il semble que... en présence de cette dépêche... et, d'autre part, en considérant vos justes préoccupations, il semble que... oui, je n'hésite pas à le dire, le mieux serait peut-être d'accepter ce mariage.

Puis, effrayé de sa hardiesse, il ajouta :

— C'est surtout à votre santé que je pense ; je suis sûr que si vous aviez la tranquillité de l'esprit, cela contribuerait pour beaucoup à votre rétablissement ; enfin, réfléchissez, bien souvent la maladie donne une grande lucidité à la pensée.

Et satisfait d'avoir accompli son devoir sans s'être avancé au point de se compromettre, il se retira laissant mademoiselle de Puylaurens de plus en plus tourmentée.

Et le terrible c'est qu'elle n'avait pas le temps de réfléchir comme le doyen le lui conseillait ; la lucidité, que la maladie lui donnait, ne lui montrait qu'une chose et toujours la même : M. de Mussidan d'un côté, Sébastien et Frédéric de l'autre assaillant Geneviève pour la dépouiller. Et cette vision, elle ne pouvait pas l'écarter ; qu'elle fût éveillée, qu'elle s'endormît, elle revoyait le père et les fils mendiant l'argent de cette petite comme ils lui avaient si souvent mendié le sien, à elle, en pleurant, en menaçant, en jouant toutes les comédies auxquelles elle s'était laissé prendre.

Qu'elle mourût, et la pauvre enfant restait exposée à leurs assauts, sans défense, car jamais son père, tant que durerait pour lui l'autorité paternelle, ne lui donnerait son consentement pour qu'elle se mariât; il faudrait donc qu'elle vécût harcelée, isolée, pour finir ruinée.

Non, cela n'était pas possible, ni digne, ni honnête, ni chrétien.

Pendant qu'elle raisonnait ainsi, à moitié assise sur son lit, la tête élevée, Geneviève se tenait dans la chambre, auprès d'une fenêtre, immobile, silencieuse sur sa chaise, attentive, et toute prête à arriver au moindre signe.

— Mon enfant, dit-elle.

Geneviève se leva vivement et accourut auprès du lit.

— Vous avez besoin de quelque chose, ma tante?

— Assieds-toi là et écoute-moi.

Quand elle se fut assise sur une chaise basse faisant face à la fenêtre, mademoiselle de Puylaurens la regarda assez longtemps sans parler.

Puis d'une voix attendrie :

— Tu l'aimes donc bien?

Par le docteur Azema, Geneviève connaissait les hésitations de sa tante, et quand elle restait recueillie dans son coin ce qu'elle se demandait, c'était à quoi elles aboutiraient.

Ce mot la souleva de joie; prenant la main de sa tante, elle l'embrassa :

— Oh! si je l'aime! s'écria-t-elle.

— Eh bien, télégraphie-lui de venir.

— Vous consentez?

— Je ne peux pas faire ton malheur; il me semble

que dans cette maladie il y a comme un avertissement du ciel.

Mais Geneviève n'écoutait plus :

— Je vais envoyer Buvat, dit-elle, ce sera plus sûr.

— Avant il faut faire la dépêche ; écris-la, je vais te la dicter.

En un tour de main Geneviève fut prête ; mais il fallut un certain temps avant que mademoiselle de Puylaurens, prise d'un accès de toux, pût parler ; enfin, la suffocation passée elle dicta :

« Ma tante consent ; venez vite ; mais avant voyez mon père et qu'il vous donne son consentement par-devant notaire. »

— Mais il doit l'avoir, ce consentement, dit Geneviève, il est retourné à Paris pour le demander.

— Ta mère ne t'a pas écrit que ton père l'avait donné ?

— Non, pas encore.

Puis changeant de sujet, Geneviève dit :

— Ne puis-je pas ajouter un mot sur votre santé ?

— Garde-t'en bien. As-tu écrit à ta mère que j'étais malade ?

— Non, pas encore, c'est aujourd'hui mon jour.

— Eh bien, ne lui en dis rien ; cela est très important.

Au coup de sonnette de Geneviève, ce fut Adélaïde qui entra.

— Envoyez-moi Buvat, dit mademoiselle de Puylaurens.

Le vieux valet de chambre arriva presque aussitôt.

— Portez cette dépêche au télégraphe, dit mademoiselle de Puylaurens, hâtez-vous ; ne parlez à personne de son contenu.

Il était trois heures quand Buvat déposa cette dépêche au bureau de Cordes ; à quatre heures elle parvenait à Faré au moment où il allait descendre à Paris. Il courut place Dancourt où comme il l'espérait, il trouva madame de Mussidan seule, travaillant, tandis que le comte se promenait noblement sous les arbres au feuillage jaunissant des Champs-Élysées.

— Voici une dépêche que je reçois de Geneviève, dit-il.

Et il la lut.

— Hélas ! dit madame de Mussidan avec désespoir.

— Vous ne croyez pas qu'elle décide M. de Mussidan ?

— Il y a une chose que cette dépêche ne dit pas, c'est que mademoiselle de Puylaurens, atteinte d'une fluxion de poitrine, est en danger de mort.

— Vous avez reçu une lettre de Geneviève ?

— Geneviève ne parle pas de cette maladie ; mais M. de Mussidan a reçu ce matin une lettre de Ceydoux, son homme de confiance à Cordes, lui annonçant cette nouvelle qui est pour lui d'un intérêt capital. Vous savez qu'il a toute sa vie visé la fortune de mademoiselle de Puylaurens ; ce n'est pas au moment où il va l'avoir entre les mains, ne serait-ce que comme administrateur, qu'il va la lâcher. Il faut comprendre cela.

— Je ne le comprends que trop.

— Cette mort de mademoiselle de Puylaurens serait un grand malheur pour vous, mes pauvres enfants ; ce serait une fatalité, car j'espérais avoir un moyen pour amener M. de Mussidan à consentir à votre mariage; tandis que maintenant je ne peux rien. Que faire contre un rêve caressé pendant vingt ans, au moment même où il semble prêt à se réaliser ?

Faré avait trop réfléchi à cette situation pour ne pas sentir combien madame de Mussidan avait raison, et il commençait aussi à trop bien connaître M. de Mussidan pour se flatter que des considérations de sentiment et de famille auraient de l'influence sur lui; et cependant il devait se conformer à la dépêche de Geneviève.

— Je dois risquer une nouvelle demande, dit-il.

— Assurément; M. de Mussidan rentrera vers six heures, attendez-le.

## XXII

Un peu avant six heures M. de Mussidan rentra, et en apercevant Faré il montra plutôt de la satisfaction que du mécontentement.

— Bonjour, mon jeune ami, dit-il en lui tendant la main ; comment va la location ?

— Très bien.

— Enchanté. Je vous l'ai dit, jeune ami : grand succès.

Mais ce n'était pas pour entendre parler du succès de ses pièces que Faré avait attendu M. de Mussidan ; il tira de sa poche la dépêche de Geneviève :

— Voici une dépêche que je viens de recevoir, dit-il.

— De qui cette dépêche ?

— De mademoiselle Geneviève.

M. de Mussidan, qui s'était assis dans le seul fauteuil qui restât à peu près solide sur ses quatre pieds et qu'on réservait à son usage exclusif, se leva d'un bond.

— Comment ! s'écria-t-il, vous êtes en correspondance avec ma fille !

Et se tournant vers sa femme avec indignation :

— Vous saviez cela, vous, madame?

— Il s'agit d'une dépêche, dit-elle timidement.

— Quelle est cette distinction casuistique? Une dépêche, une lettre, qu'importe? Et vous le tolériez, vous l'encouragiez, peut-être, madame!

Madame de Mussidan ne répondit pas, ce qui était sa manière la plus ordinaire de répondre.

Faré voulut venir à son secours :

— Si vous vouliez prendre connaissance de cette dépêche, dit-il, vous verriez qu'il a fallu des circonstances impérieuses pour qu'elle me soit envoyée.

— Il n'y a pas de circonstances impérieuses contre l'honneur.

Quand M. de Mussidan avait trouvé une maxime de ce genre, il se calmait aussitôt, comme si sa responsabilité était du même coup dégagée.

— Voyons cette dépêche, dit-il, au bout d'un certain temps.

Il la lut; puis en silence il regarda sa femme et Faré comme deux complices qu'il voulait accabler.

— Alors, s'écria-t-il, c'est pour me conduire chez un notaire où je donnerai mon consentement à votre mariage que vous venez me chercher?

— Mais...

M. de Mussidan lui coupa la parole :

— Eh bien, je vous répète ce que je vous ai déjà dit : « Vous êtes jeune, plus que jeune. » Vous me prenez donc pour une girouette de vous imaginer que j'ai changé depuis notre dernier entretien?

— Ce sont les circonstances qui ont changé.

— Je n'aime pas qu'on parle toujours des circonstances ; mais enfin, puisque ce mot vous plaît, je vous répondrai que si elles ont changé pour vous, elles ont changé pour moi aussi. Quand vous m'avez demandé la main de ma fille, vous vous êtes adressé à moi naïvement, sous l'influence d'un sentiment sincère, sans réflexion ; et je vous ai répondu, malgré ma surprise, en ayant égard à cela. Mais aujourd'hui il ne s'agit plus de naïveté ni de sincérité. Cette dépêche est un outrage, un outrage voulu, prémédité...

— Elle est de Geneviève ! s'écria Faré, interrompant malgré lui.

— Elle est écrite par Geneviève, c'est possible ; mais elle est dictée par cette vieille coquine, sa tante, mademoiselle de Puylaurens ; j'en suis sûr comme si je l'avais vue, comme si je l'avais entendue ; et c'est là ce qui constitue l'outrage. Vous savez ou vous ne savez pas que cette vieille folle est mourante, et, dans sa méchanceté diabolique, elle voudrait soustraire ma fille à mon autorité paternelle en la mariant. Comprenez-vous mon indignation ?

Ce que Faré comprenait, c'est que M. de Mussidan, ne voulant pas lui donner les raisons vraies qui le faisaient refuser son consentement, lui jouait une scène de dignité et, comme on dit dans un certain monde, « la lui faisait à l'autorité paternelle » ; mais cela justement rendait sa situation plus difficile encore, puisqu'il ne pouvait pas laisser voir qu'il n'était pas dupe de ce noble langage auquel il devait répondre sérieusement.

— Je ne comprends qu'une chose, dit-il, c'est que mademoiselle de Puylaurens, dans sa tendresse pour mademoiselle Geneviève, s'est laissé toucher, et que, malgré sa fierté nobiliaire, malgré l'ambition que sa fortune pouvait justement lui inspirer, elle a consenti à m'accepter, moi qu'elle ne connaît pas.

— Et c'est justement cela qui prouve que ce consentement qu'elle donne *in extremis*, est dirigé contre moi ; si elle vous connaissait, je comprendrais, jusqu'à un certain point, qu'elle eût été entraînée...

— Elle l'a été par son affection pour sa nièce.

— Elle l'a été par sa haine pour son neveu ; je sais ce que je dis, moi qui la connais depuis cinquante ans. Elle a voulu me déshonorer, m'abaisser, et je serais un lâche, je ne serais pas un père digne de ce titre si je m'inclinais devant une pareille volonté. Vous n'aurez pas plus mon consentement aujourd'hui que vous ne l'avez eu l'autre jour. Et même vous l'aurez moins, car, pour que je vous le refuse, il y a aujourd'hui des raisons qui n'existaient pas l'autre jour.

— Mais, l'autre jour, j'étais seul ; aujourd'hui votre fille se joint à moi. La repousserez-vous comme vous m'avez repoussé ?...

— Ils s'aiment, interrompit madame de Mussidan

— Taisez-vous, madame, c'est au chef de la famille de parler. Ce n'est ni elle ni vous que je repousse aujourd'hui, c'est mademoiselle de Puylaurens.

Faró devait employer tous les moyens et ne

négliger aucun de ceux qui pouvaient porter : insensible à l'affection et à la tendresse paternelle, ce père ne se laisserait-il pas toucher par l'intérêt ?

— Peut-être, dit-il, mademoiselle de Puylaurens, déçue dans son idée de mariage, changera-t-elle ses dispositions ; cela n'est-il pas possible si elle est la femme que vous dites ?

— Croyez-vous donc que moi je sois homme à céder à des raisons d'intérêt ? ce serait alors que je mériterais le mépris dont elle veut me charger.

Que dire ?

Cependant Faré allait continuer ; mais, sur un signe de madame de Mussidan, il se tut, comprenant qu'elle voulait intervenir dans ce débat et qu'elle ne pouvait pas le faire devant lui.

— Allez-vous-en, semblait-elle dire, maintenant laissez-moi agir.

Elle était trop prudente, trop dévouée pour qu'il n'eût pas confiance en elle, il se leva.

M. de Mussidan lui tendit la main :

— Au revoir, dit-il.

Dans la rue, Faré se demanda s'il devait répondre tout de suite à Geneviève ou attendre au lendemain pour lui dire en même temps ce que madame de Mussidan avait obtenu ; mais, après réflexion, il lui sembla que, si mademoiselle de Puylaurens était dans l'état désespéré que disait M. de Mussidan, les avantages qu'il y avait à ne pas attendre le lendemain l'emportaient sur les inconvénients, et il entra dans un bureau où il déposa cette dépêche:

« Votre père vient de me refuser; votre mère fait une nouvelle tentative. Attendons à demain. »

Après le départ de Faré, madame de Mussida était restée silencieuse et son mari, qui craignait quelque prière de sa part, avait été satisfait de son attitude.

— Elle n'ose pas, s'était-il dit.

Cependant, s'il l'avait examinée, il aurait remarqué qu'elle était dans un état de trouble extraordinaire, pâle, tremblant à ce point qu'elle s'y prenait à plusieurs fois pour piquer son aiguille.

— Je suis bien aise que Faré soit parti, dit-elle enfin d'une voix rauque.

— Moi aussi, car il m'ennuyait à la fin.

— Ses instances cependant étaient bien naturelles, car il aime passionnément Geneviève et elle lui rend son amour; vous n'avez pas réfléchi, je pense, à ce qu'ils vont souffrir?

— Que voulez-vous que j'y fasse?

— Que vous leur épargniez ces souffrances en leur donnant votre consentement.

— Alors vous aussi vous trouvez que je dois m'humilier devant mademoiselle de Puylaurens?

— Ce n'est pas sérieusement que vous me dites cela?

— Parce que?

Elle hésita un moment et pâlit plus encore.

— Parce que vous savez bien que je ne crois pas aux raisons que vous avez données à Faré pour justifier votre refus.

— Vous ne croyez pas, vous...

Il la regarda de son air terrible; mais elle ne

baissa pas les yeux et ne courba pas le dos, comme elle en avait l'habitude devant ses colères.

Ne voulant pas paraître démonté, bien qu'il le fût jusqu'à un certain point :

— Alors que vous permettez-vous de croire? demanda-t-il d'un ton de défi.

— Je crois que, comptant sur la mort prochaine de mademoiselle de Puylaurens, vous voulez jouir de la fortune qu'elle laissera sans doute à Geneviève.

Du coup, M. de Mussidan fut interloqué; mais il se remit assez vite :

— Eh bien, quand cela serait, n'est-ce pas la loi qui me donne la jouissance de cette fortune? En réalité n'est-elle pas la mienne, cette fortune, et dois-je la donner à M. Faré?

— Il ne la demande pas.

— Non, mais il la prendrait volontiers. Comment êtes-vous si réservée pour admettre une pensée d'intérêt chez les autres, et si peu pour la soupçonner chez votre mari?

— Parce que je n'ai en vue que le bonheur de ma fille.

— Il faudrait aussi avoir en vue l'honneur de votre mari, que vous oubliez.

— Je parle en mère en ce moment, non en femme.

— Beaucoup trop en mère, pas assez en femme.

— A qui la faute? N'est-ce pas mon devoir de défendre cette enfant que je vois sacrifiée à l'argent?

— Qui vous donne l'audace de me parler ainsi?

— Mon amour pour ma fille que rien ne fera taire et qui vous parlera ainsi tant que vous n'aurez pas senti toute la cruauté, toute l'injustice de votre refus, et qui, si vous ne le sentez pas, ne reculera devant rien.

— Que voulez-vous dire avec vos sottes menaces?

— Croyez-vous que si mademoiselle de Puylaurens savait que vous refusez votre consentement parce que vous croyez qu'elle doit mourir dans quelques jours, elle ne trouverait pas moyen d'assurer sa fortune à Geneviève sans que vous puissiez en toucher jamais un sou?

— Je l'en défie.

— Si cela n'est pas possible, croyez-vous qu'elle hésiterait dans ce cas à déshériter Geneviève?

— Est-ce donc vous qui feriez déshériter votre fille?

— Que m'importe qu'elle soit pauvre pourvu qu'elle soit heureuse!

— Vous êtes folle.

## XXIII

La dépêche que Faré avait déposée à Paris le soir n'arriva à Cordes que le lendemain matin et ne fut remise à Geneviève qu'à neuf heures.

En s'éveillant, mademoiselle de Puylaurens, qui avait passé une nuit moins mauvaise que la veille, avait demandé si cette dépêche était arrivée, et, sur la réponse négative de Geneviève, elle avait manifesté une certaine impatience.

— Je voudrais tant avoir une certitude tout de suite !

Par ce mot on pouvait juger quelles étaient ses craintes.

Enfin Buvat monta la dépêche à Geneviève qui ne quittait pas la chambre de sa tante.

— Lis vite.

Elles restèrent l'une et l'autre sans parole, ne se regardant pas, Geneviève tournée vers la fenêtre pour cacher ses larmes.

Un temps assez long s'écoula ainsi ; ce fut mademoiselle de Puylaurens qui se remit la première.

— Il ne faut pas désespérer, dit-elle, si j'avais été sage j'aurais prévu ce qui arrive.

— Vous comptez sur maman.

— Non, mon enfant, car ta mère, je le crains bien, ne pourra pas grand'chose; je compte sur moi.

— Comment?

— Il faut que je consulte mes amis, car malheureusement je n'ai pas la tête à moi. Toute la nuit j'ai eu la sensation que j'étais tombée à l'eau dans la Gironde, à Pauillac, et que je m'étais cramponnée à une bouée, que le flux et le reflux faisaient tournoyer; ma tête tourne donc encore. Mais, quoi qu'il en soit, j'ai vaguement conscience qu'il y a quelque chose à faire; seulement il faut que je m'entoure de conseils. Tu vas écrire un mot au doyen, au docteur et au notaire Lacaze pour les prier de venir tout de suite, et tu enverras Buvat les chercher.

— Oui, ma tante.

Et pendant que Geneviève écrivait, mademoiselle de Puylaurens ajouta :

— Tu recommanderas qu'on dise à tout le monde que je vais mieux, beaucoup mieux; dis-le toi-même.

— Mais c'est vrai, ma tante.

— C'est vrai; c'est vrai; est-ce si vrai que cela?

Ce fut le docteur Azema, rencontré par Buvat dans les environs du château, qui arriva le premier; lorsqu'il entra dans la chambre, Geneviève sortit.

— Vous sentez-vous donc plus mal? demanda-t-il vivement, en venant au lit.

— Mieux, beaucoup mieux, guérie.

Un accès de toux suivi d'un étouffement lui coupa la parole.

Quand elle eut repris sa respiration et un peu de calme, elle continua :

— Il faut qu'on me croie en voie de guérison, et je compte sur vous pour cela.

— Que voulez-vous dire ?

Elle lui tendit la dépêche

— Il perd donc la tête, M. de Mussidan ! dit le docteur, après avoir lu.

— Au contraire, il calcule, et très bien. Il y a quelqu'un ici qui certainement le tient au courant de ma santé.

Le docteur le connaissait, ce quelqu'un, mais il se garda de le nommer.

— Ce quelqu'un, poursuivit mademoiselle de Puylaurens, lui a écrit que j'étais malade, mourante peut-être, et M. de Mussidan, se voyant à la veille de mettre la main sur ma fortune, refuse de consentir à un mariage qui ruinerait ses espérances coupables. Qu'il apprenne maintenant que je vais mieux et que par conséquent la réalisation de ses espérances se trouve indéfiniment retardée, et peut-être consentira-t-il à nous donner ou plutôt à nous vendre son consentement.

— Sans aucun doute.

— Qui m'aurait dit que je me donnerais tant de peine pour faire réussir ce mariage dont je ne voulais pas moi-même il y a quelques jours. Mais pour qu'il réussisse, il me faut du temps, et voilà pourquoi je vous ai fait appeler. Combien de jours me donnez-vous ?

— Comment, combien de jours ? C'est combien d'années que vous voulez dire.

— Je vous en prie; mon ami, répondez-moi franchement, je ne suis pas une femme sans courage, et si je tremble en ce moment, ce n'est pas pour moi, c'est pour l'avenir de cette enfant. Le médecin ne doit-il donc pas dire la vérité à un malade qui regarde la mort en face !

— Je vous jure que s'il ne survient pas de complications, qui d'ailleurs ne paraissent pas probables, j'espère vous sauver; seulement ce que je vous demande, ce que j'exige, c'est que vous ne vous fatiguiez pas; cela pourrait être grave.

— Encore quelques mots au doyen et à M. Lacaze et je vous obéis; vous comprenez qu'avant de nous lancer dans ces ruses et ces mensonges, j'ai besoin de consulter mon directeur.

— Est-ce là des mensonges ?

— Il le dira. S'il les permet, j'ai aussi des instructions à donner au notaire.

— Enfin parlez le moins possible; je reviendrai bientôt voir comment vous avez supporté ces fatigues.

Comme le docteur Azema remontait à Cordes, il croisa Ceydoux qui descendait. C'était son habitude de le saluer sèchement et de le tenir à distance; mais ce jour-là, il l'aborda. Cependant il ne lui parla pas le premier de mademoiselle de Puylaurens, certain qu'il n'avait qu'à attendre.

— Est-ce que vous avez beaucoup de malades dans ce quartier ? demanda Ceydoux.

— J'en ai eu ; je n'en ai plus, dit-il d'un air affligé.

— Est-ce que mademoiselle de Puylaurens est morte? s'écria Ceydoux tombant dans le piège qui lui était tendu.

— Morte, mademoiselle de Puylaurens ! Qui diable a pu vous donner cette idée ?

— N'est-elle pas malade?

— Elle l'a été ; elle est guérie.

— Je croyais qu'elle avait une fluxion de poitrine.

— Elle avait cru qu'elle était menacée d'une fluxion de poitrine, mais ce n'était qu'un simple rhume comme elle en a souvent. Les vieilles filles ne meurent pas ainsi ; on ne peut pas les tuer, même quand on est leur médecin.

Et il s'éloigna en riant, se disant que ses paroles ne seraient pas perdues, et, paroles de médecin, elles avaient de l'importance ; avant le soir, elles courraient vers Paris.

La conférence qui eut lieu entre mademoiselle de Puylaurens et son directeur ne fut pas longue, et lorsque le notaire Lacaze arriva à son tour, il fut reçu aussitôt.

Il s'attendait à trouver sa cliente mourante; au contraire, il la trouva souriante.

— Croyez-vous donc que je vous appelais pour faire mon testament? dit mademoiselle de Puylaurens en voyant son air étonné. C'est d'un mariage qu'il s'agit ; M. le doyen va vous expliquer ce que j'attends de votre ministère.

Et le curé donna ces explications.

— Une lettre à écrire, dit-il, à votre collègue Mᵉ Le Genest de la Crochardière, notaire à Paris. Mademoiselle de Puylaurens désire marier sa petite-nièce, mademoiselle Geneviève de Mussidan, avec un jeune homme de grand avenir dont vous avez lu le nom certainement en ces derniers temps : M. Ernest Faré.

— L'auteur de ces deux pièces qui viennent d'obtenir un si beau succès ?

— Précisément. Pour cela, il nous faut le consentement de M. le comte de Mussidan, consentement que mademoiselle de Puylaurens, par suite de sa rupture avec son neveu M. de Mussidan, ne peut pas demander elle-même, mais qu'elle prie Mᵉ Le Genest de la Crochardière d'obtenir. Pour cela, il devra représenter à M. de Mussidan qu'en vue de ce mariage, et par contrat, c'est-à-dire d'une façon irrévocable, mademoiselle de Puylaurens fait donation à sa nièce de toute sa fortune, mais à la charge par mademoiselle de Mussidan, devenue madame Faré, de servir à son père une rente viagère de douze mille francs, et à ses deux frères une rente viagère de six mille francs à chacun d'eux. De plus, Mᵉ Le Genest de la Crochardière versera à M. le comte de Mussidan, le jour même où celui-ci signera le consentement du mariage, une somme de vingt mille francs. Telles sont bien vos intentions, n'est-ce pas, mademoiselle ?

— Parfaitement, répondit mademoiselle de Puylaurens ; cependant je vous prie d'ajouter encore quelles considérations morales le notaire de Paris devra faire valoir auprès de M. de Mussidan, pour trancher les hésitations de celui-ci, s'il en éprouve.

— J'y arrive.

— Avant tout, je vous prie de me laisser noter les points principaux de la proposition, dit le notaire.

Et prenant son portefeuille il écrivit :

— Douze mille francs de rente viagère au père, six mille francs de rente viagère à chacun des frères.

Puis s'adressant au doyen :

— Je vous écoute, monsieur le doyen.

Celui-ci continua :

— Le point sur lequel M⁰ Le Genest de la Crochardière devra insister, car il est décisif, est celui-ci : jamais mademoiselle de Puylaurens ne consentira à ce que M. de Mussidan mette la main sur sa fortune, de sorte que si ce mariage ne se réalisait pas comme elle le désire, elle déshériterait sa nièce de peur d'être surprise par la mort, et elle ne l'instituerait sa légataire universelle que le jour où mademoiselle de Mussidan serait d'âge à échapper à l'autorité paternelle. Vous rendrez cela clair, n'est-ce pas ?

— Parfaitement ; M. de Mussidan consent au mariage, dans ce cas mademoiselle de Puylaurens institue sa nièce légataire universelle ; au contraire, M. de Mussidan refuse, dans ce cas mademoiselle de Puylaurens, par précaution et par un testament en quelque sorte provisoire, institue un autre légataire.

— Très bien, dit le doyen.

— Vous pouvez supprimer « en quelque sorte », dit mademoiselle de Puylaurens, c'est tout à fait provisoire qu'il faut dire, maintenant, car j'espère bien en avoir rappelé et pour longtemps.

Elle se souleva à demi, avec effort, mais en souriant cependant de façon à bien montrer qu'elle en avait rappelé, comme elle disait et que maintenant elle était guérie.

Et le doyen, qui savait ce que ce sourire courageux cachait de souffrances et d'angoisses, se moucha avec affectation pour que le notaire ne surprît pas son attendrissement.

— Je vais vous signer un chèque de vingt mille francs, dit-elle.

— Ne vous pressez pas, mademoiselle, répondit le notaire. Je vais, si vous le permettez, écrire ma lettre à M° Le Genest de la Crochardière ici même, afin de vous la soumettre.

— M. le curé va vous conduire dans mon cabinet. Je vous serai reconnaissante de dire à M° Le Genest de la Crochardière que je le prie, au lieu d'appeler M. de Mussidan à son étude, d'aller le trouver et de ne rien négliger pour obtenir ce consentement.

Et tandis que le doyen sortait avec le notaire, elle s'abandonna, épuisée par les efforts qu'elle venait de faire.

Vivrait-elle assez?

## XXIV

Il était dix heures du matin quand, le lendemain, madame de Mussidan remit à son mari, encore au lit, la lettre que Ceydoux avait écrite après avoir rencontré le docteur Azema.

— Voici une lettre, dit M. de Mussidan en reconnaissant l'écriture, qui m'annonce sans doute la mort de cette vieille folle.

Et il déchira l'enveloppe d'une main tremblante.

Ce n'était pas l'habitude de madame de Mussidan de rester auprès de son mari pendant qu'il lisait ses lettres ; que lui importait à elle, qui se tenait en dehors de ses calculs et de ses espérances ? mais, ce jour-là, une lettre de Ceydoux était un événement trop grave pour qu'elle n'attendît pas qu'elle fût ouverte.

Aux premières lignes elle vit son mari lever le poing avec fureur.

— Comprend-on ! s'écria-t-il.

Il était évident qu'elle n'avait pas besoin de l'interroger et qu'il parlerait tout seul.

— Elle en réchappe encore, dit-il lorsqu'il fut

arrivé au bout de la lettre ; un simple rhume et non une fluxion de poitrine, comme on l'avait dit. Elle est en si bon état, qu'elle se prépare à partir pour Toulouse. Elle ne crèvera jamais !

Madame de Mussidan se remit au travail, pleine d'espérance. Ce rétablissement était providentiel ; en voyant mademoiselle de Puylaurens guérie, son mari n'aurait plus les mêmes raisons pour s'opposer au mariage de Geneviève.

Comme elle réfléchissait aux conséquences heureuses qui allaient tout naturellement résulter de cette guérison, on sonna à la porte. Elle alla ouvrir et se trouva en face d'un monsieur tout de noir habillé, cravaté de blanc, au visage rasé, qui la salua cérémonieusement.

— M. le comte de Mussidan est-il chez lui ?

— Oui, monsieur.

— Voulez-vous bien le faire prévenir que Mᵉ Le Genest de la Crochardière, notaire, lui demande quelques instants d'entretien pour une affaire importante.

Comme elle aurait voulu interroger ce notaire qui apportait sûrement des propositions de mademoiselle de Puylaurens ! Mais elle n'osa pas, et elle le fit entrer dans le salon.

Pour rien au monde M. de Mussidan ne se serait montré à un étranger au saut du lit, même quand cet étranger n'était qu'un simple notaire ; Mᵉ Le Genest de la Crochardière eut donc une longue station à faire devant le portrait de Dubufe, avant de voir paraître l'original.

Enfin, la porte de la chambre s'ouvrit et M. de Mussidan s'avança lentement avec son grand air.

Ce n'était pas la première fois qu'ils se trouvaient en présence, et ils se connaissaient bien : M. de Mussidan détestait le notaire, et le notaire méprisait M. de Mussidan; aussi leur abord manqua-t-il de cordialité.

— C'est de la part de mademoiselle de Puylaurens que j'ai l'honneur de vous faire cette visite, dit le notaire, pour vous communiquer une lettre que mon collègue de Cordes m'a écrite sous sa dictée.

— Elle ne peut plus écrire, mademoiselle de Puylaurens? demanda M. de Mussidan, se cramponnant encore et malgré tout à son espérance.

— Comme il s'agit d'une affaire, elle charge ses hommes d'affaires de la traiter; ne soyez donc pas inquiet de sa santé, qui est très bonne présentement, me dit mon collègue. Au reste, voici la lettre.

Et il la lut.

En entendant parler du consentement qu'on lui demandait, M. de Mussidan secoua la tête, mais sans interrompre; à l'offre de douze mille francs de rente viagère il fit une moue dédaigneuse et son regard ne s'alluma que lorsqu'il fut question des vingt mille francs qu'on devait lui verser contre la signature de l'acte de consentement au mariage.

Comme le notaire lisait lentement, faisant une pause après chaque mot important, il voyait l'effet que produisait sa lecture. Ce fut ainsi qu'au passage où il était dit que, si le consentement n'était pas donné, mademoiselle de Puylaurens déshériterait sa

nièce de peur d'être surprise par la mort, il vit
M. de Mussidan se lever violemment, s'écriant :

— La coquine ! la folle !

Mais le notaire l'interrompit froidement :

— Je vous ferai remarquer, monsieur le comte,
que je représente mademoiselle de Puylaurens, ma
cliente, pour qui je n'ai que des sentiments de vénération ; toute injure qui s'adresse à elle s'adresse à
moi. Nous ne faisons pas du sentiment, nous traitons une affaire, et elle est des plus simples. Si vous
me signez le consentement au mariage que j'ai fait
préparer et que voici, je vous remets à l'instant les
vingt mille francs que j'ai apportés.

Il les tira de la poche de sa redingote et les montra en les froissant, de façon à ce que la vue et le
bruit agissent en même temps, car il connaissait
cette double puissance, le notaire, et il n'était pas
homme à la sacrifier en s'adressant à un personnage
tel que le comte de Mussidan.

A un tremblement de mains de M. de Mussidan,
qui trahissait une impatience inconsciente, il vit
que l'effet qu'il attendait était produit ; alors lentement il remit la liasse dans sa poche et boutonna sa
redingote avec soin.

Il fit une pause assez longue ; puis, voyant les
sentiments contradictoires qui agitaient M. de Mussidan, en vieux notaire qu'il était, habitué aux hypocrisies de la conscience, il lui tendit adroitement la
perche :

— Je n'ai pas de conseil à vous donner, dit-il.

— Et pourquoi donc ?

— N'étant pas votre notaire...

— Vous êtes notaire, monsieur, c'est-à-dire homme d'honneur et de bon conseil, cela suffit.

— Si vous l'exigez...

— Je vous en prie.

— Eh bien, le conseil que je vous donnerais, ce serait d'accepter cet arrangement, et cela non seulement dans votre intérêt, mais encore dans celui de vos fils qu'il ne faut pas oublier.

— J'y pense, j'y pense beaucoup.

Si M. de Mussidan pensait à ses fils, il pensait aussi au marquis d'Arlanzon qui venait d'épouser une jeune comédienne. A qui marier Geneviève maintenant? Où lui trouver un grand mariage?

Pendant ce temps le notaire continuait.

— Sans doute, si mademoiselle de Puylaurens était mourante, la situation changerait; mais elle ne l'est pas ou plutôt elle l'est comme elle l'a été depuis trente ans, comme elle le sera pendant trente ans encore peut-être. Voltaire n'a-t-il pas été à l'agonie pendant quatre-vingt-quatre ans?

— C'est à mes fils que je pense; la fortune leur a été contraire.

— Cette rente viagère leur permettrait de se retourner.

— Allons, cette considération l'emporte.

L'affaire fut vite conclue, la signature donnée, et, la liasse de billets de banque comptée, elle disparut dans la poche de M. de Mussidan.

Le notaire parti, M. de Mussidan passa dans sa chambre où il acheva de s'habiller; puis, au lieu de se mettre à table pour déjeuner, il annonça à sa femme qu'il sortait.

Elle voulut le questionner, mais il ne répondit pas :
— Ce soir, dit-il.

Sur la place il remit à un commissionnaire, qui stationnait là, sa carte sur laquelle il avait écrit au crayon : « Venez tout de suite déjeuner avec moi au Café Anglais », et il lui recommanda de la porter en courant rue Girardon, à M. Ernest Faré en personne.

Cela fait, il descendit au boulevard, fier, superbe, ne pensant qu'aux billets de banque qui craquaient dans la poche de sa redingote lorsqu'il se redressait en faisant des effets de torse. Le présent était tout, le passé, l'avenir rien ; et le présent c'était vingt mille francs en poche.

En attendant l'arrivée de Faré il employa son temps à dresser son menu ; des huîtres d'Ostende (il y avait longtemps qu'il n'en avait mangé) et une bouteille de Château-Yquem d'une grande année pour les arroser, une belle truite, un caneton rôti, un chaud-froid de caille, des légumes, des fruits, pêches, raisins, Château-Laffitte et Clos-Vougeot.

Cela l'occupa si agréablement que Faré, en entrant dans le petit salon où il s'était installé, le surprit.
— Déjà !

Faré accourait pour parler, non pour déjeuner, sentant bien que si M. de Mussidan l'invitait, c'était pour lui annoncer quelque chose de décisif ; mais il fallut qu'avant tout il fît honneur au menu : aux huîtres, aux vins, au poisson, au rôti, au gibier, et ce fut seulement quand le dessert fut servi que M. de

Mussidan, posant son coude sur la table, aborda ce qu'il avait à dire.

— Eh bien ! oui, mon cher enfant, oui... vous avez vaincu.

Bien que ces paroles parussent claires, Faré n'osa pas se livrer à son espoir.

— Mon amour pour ma fille, continua M. de Mussidan, mon estime, mon affection pour vous l'emportent... je vous la donne.

Se levant d'un bond, Faré prit les deux mains de M. de Mussidan et longuement il les lui serra.

— Oui, mon cher enfant, dit M. de Mussidan, oui, remerciez-moi ; vous ne saurez jamais la grandeur du sacrifice que j'accomplis.

Le mot n'était pas poli, mais Faré ne laissa pas paraître qu'il en fût blessé.

— Bien entendu, continua M. de Mussidan, je ne me place qu'au point de vue moral, mes idées, mes principes, je dirai même mes ambitions, et j'en avais de grandes ; je ne parle pas de la question d'intérêt, qui cependant a une certaine importance ; mais pense-t-on à l'intérêt quand il s'agit de ses enfants ?

— Les enfants y pensent, eux.

— Supposons que je ne vous donne pas mon consentement et que mademoiselle de Puylaurens meure dans quelques jours (et avec elle c'est une probabilité), je jouis pendant trois ans du revenu de la fortune qu'elle a laissée à ma fille ; total : quatre cent cinquante mille francs ; c'est ma dot. Je regrette, mon cher enfant, de ne pas pouvoir vous en offrir une plus grosse.

Cela fut dit d'un air dégagé et désintéressé.

— Croyez que je saurai le reconnaître.

— Oh! on dit cela avant, mais après...

— Mais quand on prend un engagement formel.

— Ne parlons pas de cela.

— Au contraire, c'est un devoir pour moi d'en parler en ce moment; je vous ai dit que je voulais Geneviève sans fortune; je vous le répète maintenant, et cette dot que vous me donnez pourrait être la base de mon engagement.

— Allons donc, cela n'est pas sérieux.

— Rien n'est plus sérieux, et je vous donne ma parole de le remplir religieusement.

— Votre parole?

— Ma parole d'honneur.

M. de Mussidan le prit dans ses bras et l'embrassa.

— Maintenant, mon cher fils, venez annoncer votre mariage à votre belle-mère, et ce soir, partez pour Cordes.

Puis avec des larmes dans la voix :

— Vous allez voir ma fille. Vous êtes bien heureux; je vous envie.

## XXV

Mademoiselle de Puylaurens avait exigé que, pour fixer la date du mariage, on ne tînt compte que des délais imposés par la loi, et non de sa maladie. Si elle était guérie, elle assisterait à la cérémonie ; si elle ne l'était point, elle resterait dans sa chambre ; si elle était morte, le mariage aurait lieu quand même à la date convenue.

Sur ce dernier point, elle avait tenu à un engagement formel, à une promesse solennelle de Geneviève et de Faré, en donnant à celui-ci les raisons pour lesquelles il fallait que leur mariage ne fût pas retardé même d'une heure.

Bien que Faré arrivât dans des conditions difficiles, ou peut-être parce qu'il arrivait dans ces conditions, il avait su lui plaire, et tout de suite il lui avait inspiré des sentiments de confiance et de sympathie : aussi s'était-elle expliquée franchement avec lui sur le compte de M. de Mussidan.

— Vous avez tout à craindre de lui, vous n'avez rien à en espérer. Si je mourais avant le mariage, il serait homme à revenir sur son consentement donné.

soit pour vous le refuser, soit pour le vendre très cher.

Heureusement, rien ne faisait craindre qu'elle dût mourir de sa fluxion de poitrine, qui, comme celles qu'elle avait déjà eues, avait été assez bénigne et suivait une marche régulière sans fâcheuses complications.

— C'est un fameux médicament que la satisfaction morale, disait le docteur Azema en constatant l'amélioration qui se produisait entre ses visites.

Cependant cette satisfaction n'était point complète pour mademoiselle de Puylaurens.

Assurément, elle était heureuse d'arracher Geneviève à son père, et, puisqu'elle était contrainte d'accepter un mari autre que celui qu'elle voulait tout d'abord, elle était heureuse aussi que ce mari imposé eût les qualités qu'elle reconnaissait à Faré.

Mais, d'autre part, la célébration même du mariage serait pour elle une source de contrariétés qui, à l'avance, l'affectaient vivement. Ainsi elle allait être obligée non seulement de se trouver en face de M. de Mussidan, mais encore de le recevoir chez elle, et la pensée seule de ce contact l'enfiévrait. Que serait la réalité quand elle devrait lui parler, l'écouter ? En même temps il lui faudrait recevoir aussi madame de Mussidan et madame Faré ; car elle ne pouvait pas imposer à ces enfants le sacrifice de se marier sans leurs parents. Sans doute, il n'y avait aucune comparaison à établir entre l'horreur que lui inspirait M. de Mussidan et l'ennui que lui causeraient ces deux mères ; mais enfin que son sentiment fût juste ou non, qu'il fût ou ne fût pas engendré par l'orgueil, il n'en était pas moins vrai qu'elle aurait voulu, ne pas les connaître.

C'était là, pour elle, un réel tourment dont elle se plaignait sans cesse, non à Geneviève ni à Faré, mais à ses confidents ordinaires, le médecin et le curé.

— Pourquoi ne logeriez-vous pas vos hôtes dans la maison de Guillaume de Puylaurens comme vous y avez logé le fiancé? dit celui-ci. M. de Mussidan, il me semble, ne pourrait être qu'honoré d'habiter la maison de son ancêtre, et si, le jour du mariage, vous n'étiez pas assez bien pour recevoir, vous seriez dispensée de sa visite.

— Vous me sauvez, mon cher doyen.

Les invitations à M. et madame de Mussidan, ainsi qu'à madame Faré étant parties, mademoiselle de Puylaurens n'eut plus d'ennui qu'à propos de celles que Geneviève aurait voulu qu'on adressât à ses deux frères et à Clara; mais sur ce point rien ne put la fléchir.

— Que je les laisse revenir ici, dit-elle avec une franchise qu'elle ne pouvait montrer quand il s'agissait de M. de Mussidan, et ils n'en sortiront plus ; ils me harcèleront du matin au soir et me tueront.

Devant ce refus formel, Geneviève n'avait pu qu'écrire à ses frères et à sa belle-sœur pour s'excuser, ce qu'elle avait fait affectueusement.

Les choses étant ainsi arrangées, mademoiselle de Puylaurens n'avait plus eu à s'occuper que de la toilette de Geneviève et du déjeuner qu'elle offrirait à ses invité.

Comme il paraissait à peu près certain qu'elle ne pourrait pas quitter sa chambre le jour du mariage et que d'ailleurs le moyen d'éviter M. de Mussidan, que lui avait proposé le curé, pesait inconsciemment sur ses résolutions, il avait été décidé que ce serait dans la grande salle de la maison de Guillaume de Puylaurens qu'on servirait ce déjeuner.

Pour la toilette, pressée par le temps, elle s'était adressée à la couturière de Toulouse qui avait déjà habillé Geneviève, pour lui commander la robe de mariée et des toilettes de voyage.

— Ce ne sera peut-être pas la perfection d'élégance d'une grande couturière parisienne, avait-elle dit à sa nièce, mais les dentelles que j'ai à te donner couvriront tout.

Et elle lui avait offert pour son voile et sa robe un vrai trésor en vieux point d'Alençon, pieusement gardé depuis de longues années, car elle n'était pas femme à porter ses dentelles, mademoiselle de Puylaurens.

En même temps qu'elle faisait ouvrir ses coffres par Geneviève, elle en faisait tirer aussi ses écrins ou plutôt ceux dont elle avait hérité, car elle n'avait jamais acheté, ni jamais mis un bijou; et il y avait là en pierreries une fortune.

Elle gardait le plus qu'elle pouvait Geneviève et Faré dans sa chambre, pour les faire parler et surtout pour apprendre à connaître celui à qui elle donnait sa nièce; et dans ces entretiens on avait agité la question du voyage de noces. Où se ferait-il? L'Espagne avait été choisie. Et cela à la grande satisfaction de mademoiselle de Puylaurens, qui voyait Geneviève et son mari partir pour Toulouse, tandis que M. de Mussidan et les mères partaient pour Paris.

— Puisque j'ai poussé à l'Espagne, dit-elle, il est juste que je me charge de vos frais de voyage; voici votre bourse, mes enfants. Je voulais y mettre vingt-cinq mille francs, mais je me trouve un peu gênée, et je les partage par moitié entre vous et les pauvres. Vous me reviendrez plus tôt, voilà tout.

Geneviève avait fait un signe à Faré, tandis que, de son côté, il lui faisait le même.

— Eh bien ! qu'avez-vous donc ? avait demandé mademoiselle de Puylaurens.

— C'est que, répondit Geneviève avec un sourire de confusion, je ne sais plus comment vous exprimer ma reconnaissance; je lui disais de trouver des mots, et lui me le disait en même temps.

Ce n'était pas seulement du bonheur de ses enfants que mademoiselle de Puylaurens avait souci; elle n'oubliait personne. C'était la croyance du pays que l'archevêque viendrait bénir le mariage, et le curé en était malade.

— Préparez-vous votre allocution, monsieur le doyen ? lui demanda un jour mademoiselle de Puylaurens.

— C'est donc moi qui les marie ?

— Vous me connaissez bien mal si vous avez pu croire sérieusement que je ferais cette injure à notre amitié.

Il approchait, le jour du mariage; on y touchait. M. et madame de Mussidan devaient arriver la veille seulement avec madame Faré; mais le matin de ce jour on reçut une dépêche de celle-ci annonçant qu'à son grand regret, elle n'était pas en état d'entreprendre ce voyage; mais, qu'à l'heure de la cérémonie elle assisterait à la messe dans l'église de Montmartre et prierait pour ses enfants. Ce fut un soulagement pour mademoiselle de Puylaurens, mais en même temps un attendrissement :

— Pauvre brave femme de mère ! se dit-elle, et elle se reprocha son orgueil.

A la fin du déjeuner, qu'on servait dans la chambre de mademoiselle de Puylaurens, Buvat remit à Faré une lettre qu'on venait d'apporter, et celui-ci en la lisant, laissa échapper un mouvement de surprise; puis aussitôt qu'on se leva de table, il annonça qu'il avait besoin d'aller à Cordes.

Il y avait à peine une heure qu'il était parti, quand Adélaïde, entrant, fit un signe furtif à Geneviève pour lui demander de sortir.

— C'est une dame qui veut parler à mademoiselle, elle est dans le salon bleu.

Geneviève était surprise; mais elle le fut bien plus quand, dans cette dame, elle reconnut sa belle-sœur Clara, éplorée, affolée.

— Oui, moi ! s'écria la vicomtesse, moi qui me cache dans cette maison. Mais je ne viens pas te reprocher ton habileté. Tu as réussi, c'est bien. Je viens pour que tu nous sauves, ma petite sœur.

Une histoire terrible : Sébastien avait eu l'imprudence de signer des billets d'un nom qui n'était pas tout à fait le sien; si elle ne lui reportait pas dix mille francs il était perdu; elle venait les demander à Geneviève.

— Je ne les ai pas.

— Tu as les bijoux de notre tante; confie-les-moi; je ferai remplacer quelques perles par des fausses, personne ne s'en apercevra.

— Jamais !

— Laisseras-tu déshonorer ton frère ! Je n'aurais pas cru que la fortune devait te sécher le cœur.

Geneviève pensa à la bourse de voyage que sa tante lui avait donnée et qu'elle avait serrée dans sa chambre.

— Je reviens, dit-elle.

Mais dans le vestibule, elle rencontra Faré.

— C'est un bonheur de vous trouver, dit celui-ci. Voulez-vous me permettre de disposer de la bourse de voyage que votre tante vous a donnée, j'en aurais besoin pour venir en aide à votre frère Frédéric.

Enfin et après avoir longtemps couru après la fortune, c'est-à-dire après la fondation d'un cercle, Frédéric était à la veille de voir ses espérances réalisées ; un cercle splendide rue Royale qui lui ferait gagner plus de trois cent mille francs par an; il avait pour président un ancien ministre, pour vice-président un député, pour secrétaire un journaliste influent, il ne lui manquait que vingt mille francs pour son premier apport.

Alors, à son tour, elle lui raconta la fâcheuse affaire de Sébastien, et ils décidèrent de partager la bourse entre eux par moitié. Clara fut furieuse, et

Frédéric ne cacha pas à son beau-frère le mépris qu'une pareille lésinerie lui inspirait.

Quand M. de Mussidan arriva le soir avec sa femme et avec Lutan, qui devait être un des témoins de Faré, il voulut bien prendre pour une attention l'arrangement qui le faisait habiter la maison de Guillaume de Puylaurens.

— Et puis je ne suis pas fâché de ne pas voir cette vieille folle, dit-il tout bas à Faré.

Le lendemain, pendant la cérémonie, il fut superbe dans l'élégante toilette qu'il avait commandée pour cette circonstance, — celle même de son portrait de Dubufe; on n'avait jamais vu à Cordes un père aussi décoratif. Après le mariage il fit à ses invités les honneurs de sa maison avec une bonne grâce parfaite.

Entraîné dans les histoires de sa gloire, il ne s'aperçut même pas que sa femme, sa fille et son gendre quittaient la table, car mademoiselle de Puylaurens, qui n'avait pas voulu qu'à son bonheur se mêlât un remords, avait dit à Geneviève de lui amener sa mère.

En se trouvant seule en wagon dans les bras de son mari, Geneviève souriante lui dit :

— Où allons-nous ?

— A Toulouse.

— Et puis après, maintenant que nous n'avons plus notre bourse de voyage ?

— Je vais me faire envoyer de l'argent.

— J'ai une idée.

— C'est la mienne alors.

— Si au lieu d'aller en Espagne, nous allions tout simplement à Saint-Firmin, qui est un petit village de la forêt de Chantilly, où mon père m'a menée une fois. Nous pourrions prendre votre mère et la mienne avec nous. Elles seraient si heureuses! Et nous nous promènerions seuls toute la journée dans la forêt.

Un long baiser fut sa réponse.

— Et notre tante? dit Faré.

— Ah! notre tante? Elle est si bonne qu'elle passe sa vie à accepter ce qu'elle ne voulait pas.

Le lendemain, au lieu de prendre la route d'Espagne, ils prirent celle de Paris.

Au moment de monter en wagon Faré acheta un journal, ce qui fit faire la moue à Geneviève.

— Simplement pour voir le temps qu'il fait à Paris, dit-il, si les théâtres sont pleins ou s'ils sont vides.

Mais ceux dont le nom est souvent cité dans les journaux ont un œil spécial pour le trouver où qu'il soit. A peine Faré avait-il ouvert son journal :

— Tiens, dit-il en mettant le doigt sur un article pour le montrer à sa femme, on parle de notre mariage, et, juste retour des choses d'ici-bas, on l'annonce dans la forme ridicule que j'employais pour annoncer celui des autres.

FIN

F. Aureau. — Imprimerie de Lagny.

RAPPORT 15

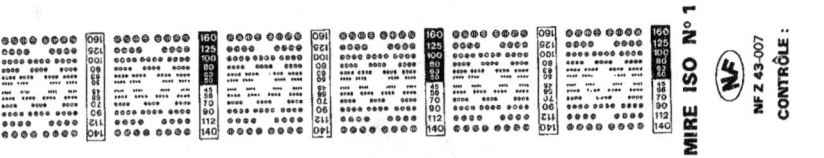

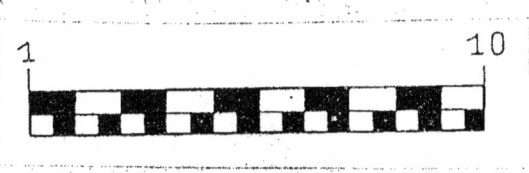

# BIBLIOTHÈQUE NATIONALE

# CHÂTEAU
de
# SABLÉ
# 1984

www.ingramcontent.com/pod-product-compliance
Lightning Source LLC
Chambersburg PA
CBHW071908230426
43671CB00010B/1519